兰州大学马克思主义学院"马克思主义理论学术著作丛书"

丛书总主编◎张新平

先验哲学的存在论题

谢亚洲◎著

中国社会科学出版社

图书在版编目(CIP)数据

先验哲学的存在论题 / 谢亚洲著．—北京：中国社会科学出版社，2020.4
(兰州大学马克思主义学院“马克思主义理论学术著作丛书”)
ISBN 978-7-5203-6430-0

Ⅰ.①先… Ⅱ.①谢… Ⅲ.①先验论—研究 Ⅳ.①B081.2

中国版本图书馆 CIP 数据核字(2020)第 071210 号

出 版 人 赵剑英
责任编辑 任 明
责任校对 郝阳洋
责任印制 郝美娜

出 版 中国社会科学出版社
社 址 北京鼓楼西大街甲 158 号
邮 编 100720
网 址 http：//www.csspw.cn
发 行 部 010-84083685
门 市 部 010-84029450
经 销 新华书店及其他书店

印刷装订 北京君升印刷有限公司
版 次 2020 年 4 月第 1 版
印 次 2020 年 4 月第 1 次印刷

开 本 710×1000 1/16
印 张 16
插 页 2
字 数 262 千字
定 价 88.00 元

凡购买中国社会科学出版社图书，如有质量问题请与本社营销中心联系调换
电话：010-84083683

序　言

一个多世纪以前，马克思提出科学论断：问题是时代的声音、实践的起点。马克思主义最可贵的理论品格是与时俱进，作为科学的理论和开放的理论体系，马克思主义是随着时代的发展、在回答时代提出的问题中不断丰富和发展的。马克思主义之所以具有强大的生命力、感召力和影响力，就在于它能在不断发展的实践的基础上深刻地洞察时代本质，科学地回答时代问题，及时地拓展时代视野，正确地把握时代方向。马克思主义的每一次创新发展都带来了世界社会主义运动的发展和进步，都推动了世界历史的发展进程。

中国化的马克思主义，是马克思主义的科学理论同中国革命、建设和改革的时代特征和历史实践相结合的产物，是中国共产党人把马克思主义基本原理应用于中国所处的时代和中国的实际，在解决中国革命、建设和改革的历史进程中所面临的重大时代问题和现实问题中所形成的科学的理论体系。因此，它正确地回答了中国所面临的问题、科学地把握了中国发展的方向，推动了中国社会的发展与进步。

仅就中国改革开放的历史来看，今年，中国的改革开放已经走过了40年的历程，40年来中国人民在中国共产党的领导下，以一往无前的进取精神和波澜壮阔的创新实践，谱写了中华民族自强不息、顽强奋进的壮丽史诗。中国的面貌发生了历史性的变化。这是一个中华民族发展的时代，创新的时代。早在1982年党的十二大上，邓小平就坚定地宣告："把马克思主义的普遍真理同我国的具体实际结合起来，走自己的路，建设有中国特色的社会主义。"此后，我们党的理论创新和实践探索，都是紧紧围绕中国特色社会主义这个主题展开的。可以说，中国特色社会主义是改革开放以来我们党的全部理论和实践的主题。党的十三大提出"沿着有中国特色的社会主义道路前进"，十四大将"加快改革开放和现代化建设步伐，夺取有中国特色社会主义事业的更大胜利"作为主题，十五大的主题是“高举邓小平理论伟大旗帜，把建设有中国特色事业全面推向二十一世纪”，十六大的主题是“全面建设小康社会，开创中国特色社会主义事业的新局面”，十七大的主题是“高举中国特色社会主义伟大旗帜，为夺取全面建设小康社会新胜利而奋斗”，十八大的主题是“坚定不移沿着中国特色社会主义道路前进，为全面建成小康社会而奋斗”，2017 年召开的十九大则明确提出“决胜全面建成小康社会，夺取新时代中国特色社会主义伟大胜利”。从十三大到十九大，中国特色社会主义这一主题一以贯之！

回顾 40 年来中国共产党的理论创新和实践探索，可以清晰地看到，40 年来，中国共产党坚持把马克思主义基本原理应用于中国实际，团结带领全国各族人民不懈奋斗，推动我国经济实力、科技实力、国防实力、综合国力进入世界前列，推动我国国际地位实现前所未有的提升，党的面貌、国家的面貌、人民的面貌、军队的面貌、中华民族的面貌发生了前所未有的变化。经过长期努力，中国特色社会主义进入了新时代。40 年来，中国共产党和中国人民始终坚持与时俱进的精神状态，围绕着“什么是社会主义、如何建设社会主义”，“建设一个什么样的党、怎样建设党?”“实现什么样的发展、如何发展”，“坚持和发展什么样的中国特色社会主义、怎样坚持和发展中国特色社会主义”等重大理论和现实问题，不断推进马克思主义中国化，使马克思主义理论在与中国现代化建设丰富实践相结合的进程中不断创新发展，先后形成了邓小平理论、“三个代表”重要思想、科学发展观、习近平新时代中国特色社会主义思想等重大理论成果，中国特色社会主义理论体系得以不断丰富发展。特别是党的十八大以来，以习近平同志为核心的党中央创立的习近平新时代中国特色社会主义思想，作为马克思主义中国化的最新成果、作为中国特色社会主义理论体系的重要组成部分，为新时代中国的进一步发展奠定了坚实的理论基础，指明了前进的方向。40 年改革开放的历史事实也进一步证明，中国特色社会主义的深化过程，是改革开放和社会主义现代化建设不断发展的实践探索过程，也是马克思主义理论与中国实际不断结合的理论创新过程，每一次的思想突破和理论创新，都带来了中国经济的腾飞和社会的进步。

显然，中国改革开放 40 年波澜壮阔的历史进程是中国社会不断进步的历史进程，也是马克思主义在中国不断丰富发展、马克思主义中国化取得重大成果的进程。面向未来，中国共产党要带领全国各族人民继续奋斗，实现“两个一百年”的奋斗目标和中华民族伟大复兴“中国梦”，这一进程还任重而道远。为此，习近平指出：“我国哲学社会科学的一项重要任务就是继续推进马克思主义中国化、时代化、大众化，继续发展21世纪马克思主义、当代中国马克思主义。”从这一历史任务和时代要求出发，用马克思主义和中国化的马克思主义统领我国的哲学社会科学工作，坚持把马克思主义基本原理与当今时代和中国发展的实际结合起来，开展创新性研究就成为中国哲学社会科学工作者义不容辞的责任。

以高度的文化自觉和坚定的文化自信，建设具有中国特色、中国风格、中国气派的哲学社会科学，引领中国经济社会发展和文明进步，是兰州大学哲学社会科学工作者矢志不渝的追求和义不容辞的责任。110年来，一代代兰大人秉承“自强不息、独树一帜”的兰大精神，直面清贫、乐于奉献、淡泊名利、严谨治学，书写出百年兰大辉煌的历史篇章，奠定了兰州大学百年厚重的人文底蕴。作为西部地区马克思主义研究和教学的重镇，兰州大学马克思主义学院经过改革开放40年以来的建设和发展，学院目前已经发展为拥有马克思主义理论一级学科博士后科研流动站、博士点、硕士点和两个本科专业的教学和科研实体，形成了层次完整、学科完备的人才培养体系。在长期的教学科研实践中，学院会集了一支结构合理、教学科研能力突出的马克思主义理论专业人才队伍，产出了一批充分反映马克思主义中国化最新成果、充分反映中国特色社会主义丰富实践、充分反映马克思主义理论学科发展前沿的研究成果，特别是在马克思主义基本原理、中国特色社会主义理论与实践、党的建设、思想政治教育、马克思主义国际关系理论与中国对外关系研究等方面，形成了一批有特色、有影响的高质量研究成果。

为了深入推进马克思主义中国化、时代化、大众化，坚持和发展中国特色社会主义，构建具有中国特色、中国风格、中国气派的哲学社会科学体系，进一步提升兰州大学哲学社会科学研究能力和水平，促进兰州大学马克思主义理论学科内涵建设，为繁荣国家哲学社会科学事业、为国家马克思主义理论人才培养做出自己的贡献，兰州大学马克思主义学院以学院教师为主体，联合相关高校及研究机构的专家学者，组织研究团队，开展学术攻关，主要围绕马克思主义原理、党的建设、思想政治教育、中国外交等选题，编写“马克思主义理论学术著作丛书”。目前，列入该套丛书主要有《马克思、恩格斯、列宁、斯大林论共产主义》《中国共产党论共产主义》《现当代西方思想家论共产主义》《中国共产党科学化建设研究》《中国共产党文化自觉研究》《改革开放以来中国共产党干部教育研究》《科学发展观的伦理蕴涵研究》《彷徨与呐喊——青年信仰危机与信仰教育研究》《思想政治教育协同论》《社会主义核心价值观仪式化传播研究》《当代社会生命道德教育研究》《儒家教化思想研究》《时尚文化与青年发展》《中华人民共和国对外关系重要文献导读》《当代中国外交理念发展研究》等十余部。

为了促进兰州大学马克思主义理论学科的进一步发展，我们将这套丛书设定为研究性、开放性和学术性的丛书，不断吸纳新的学术研究成果，丰富和拓展研究内容。我们希望这套丛书能充分反映兰州大学马克思主义学院的学术发展历程，展示学院科学研究成果，凸显学院的研究特色，增进与同行的学术交流，推动马克思主义理论研究的发展，为我国马克思主义理论学科的繁荣做出贡献。

当然，我们深知，科学研究是永无止境的事业，学科建设与发展、理论探索与创新绝非一朝一夕之事，它需要我们坚持不懈地努力和一代又一代人的接续奋斗。值得欣慰的是，我们处于一个国家创新发展伟大时代，正如习近平指出的，“当代中国正经历着我国历史上最为广泛而深刻的社会变革，也正在进行着人类历史上最为宏大而独特的实践创新。这种前无古人的伟大实践，必将给理论创造、学术繁荣提供强大动力和广阔空间”。我们坚信，只要坚持马克思主义的基本立场、基本观点和基本方法，坚持以马克思主义和中国化的马克思主义为指导，坚定中国特色社会主义道路自信、理论自信、制度自信、文化自信，积极投身中国特色社会主义伟大实践，潜心研究、勇于探索、自强不息，就一定能够取得更加丰硕的成果，为马克思主义理论研究和哲学社会科学的繁荣贡献我们一分力量。

丛书编审委员会主任　张新平

2018 年 8 月 20 日

目　　录

导　　言

海德格尔哲学可以说是一部西方哲学的展开史，被海德格尔解读的哲学家一般被认为是哲学史上记录在案为数不多的哲学家。就海德格尔的康德解读这个思想事件而言，可以看作两位思想者关于思想本身的对话。这个对话得以进行的前提就是两位思想者的思想等深。在海德格尔看来，他对康德解读的主要原因在于康德在一定程度上预见了他的思想——先验哲学启明了存在之路。具体来说，在海德格尔看来，先验哲学所固有的先天何以可能、先验何以可能、主体何以可能等问题本来就是一种关于人的形而上学问题——该问题的基本主题因此应该是一种来自人之存在本身的必然性问题，对这些问题的分析和论述本身就是一种关于此在（人）的生存论分析，而此在是唯一可以通达存在的存在者——此在的生存论在此意义上可以被理解为一种基础存在论，因此康德哲学中存在一种通向“存在”本身的隐秘路径。正如 Charles M. Sherover 在 *Time*，*Freedom and The Common Good*，*Heidegger*，*Kant&Time* 与 *From Kant and Royce to Heidegger* 中对这个思想事件发表的看法，海德格尔对康德的解读不只是一个历史导论，而且是《存在与时间》的导论，海德格尔虽然是拒绝建立一个形而上学系统，但海德格尔还是要勾画出形而上学的一切内在可能性，还是要让形而上学的地基显形。

根据康德先验哲学的内在可能性，海德格尔发现了在先验哲学中存在一种隐秘的存在之路。通过对先验哲学的内在可能性追问，海德格尔把先验哲学的基本论题转化为一种关于存在问题的存在论题。通过这种追问，海德格尔说出了康德想说但没有说出的东西，发现了康德先验哲学中的思想事件——存在及其问题。这是海德格尔的一贯思想气质，他关注的不是康德说了什么，而是在康德哲学中到底发生了什么。也许，海德格尔的追问和解读是一种思想暴力，但是通过海德格尔的追问和解读，我们会跟随海德格尔一起进入先验哲学的深处和“几微”之处，毕竟这是一种真正的思想对话。海德格尔具体追问并阐释了先验哲学中的以下问题（存在论题）：（1）先天何以可能；（2）先验何以可能；（3）先天与先验的结合如何可能，或者说先天的先验进路如何可能；（4）主体何以可能；（5）由主体的主体性出发，探究先验哲学中的存在问题。

第一个问题对应于海德格尔对先验感性论的研究。先天（a priori）这个词在先验哲学中有多种含义。它首先指的是纯粹的自我给予的可能性，具体说就是先验哲学中纯粹直观如何可能的问题。其次，这个纯粹直观能不能作为“在先”（先天），也就是作为直观的形式；或者说，直观如何可以作为一个在先者（as a priori）。再次，如果可以作为直观的形式，那么这个“在先”的先天能不能作为知识的构成要素，也就是说这个“先天”是不是必然地具有先验的规定（指先天为什么总是意味着先验）；最后，这样的“先天”在何种意义上才是可能的。先天如何可能的问题贯穿于海德格尔对康德的整个解释，但最直接的是体现在对纯粹直观以及有某种纯粹的东西可以作为直观的形式的可能性追问。归根结底，是对时间的追问，要回答在康德哲学中时间本身是如何可能的问题。另外，a priori 这个词在康德哲学中有多种用法，这只有在具体运用中加以区分。必须说明的是在康德哲学中，先天和先验既有区别，又有联系。我们追问康德的问题只是：先天怎么会成为一个具有先验（作为经验的形式条件）特征的东西？由此，先天的先验进路（特征）该如何理解，这样的先验该如何理解，同时先天该如何理解。这些问题在具体的论述中都给予了说明。

第二个问题对应于海德格尔对范畴的先验演绎的研究，主要是指具有存在论本质的范畴如何可能的问题。具体说，按照康德的先验演绎，一个事先的统一性是必需的，但这个事先的统一性的给予成为问题。同时，这个事先的统一性必须要朝向对象，那么问题就是“是什么东西来保证这个‘朝向’”（必然性问题）。也就是说，范畴的对—象（ob-ject）是如何可能的，或者说先天地与对象相关是如何可能的。如果说这个事先的统一性是由主体给出，那么这个主体的主体性何在，或者说这个主体应该是一个什么样的主体。这个对我作为主体的要求决定了范畴必须是一个具有存在论本质的范畴。与此相关，先验哲学中的“先验”不是一种方法论的条件，而是具有存在论地位的主体性。这个问题直接与第四个问题相关。

第三个问题是指先天和先验的结合问题，也就是直观与范畴、感性与知性的结合问题，即想象力与图型的问题。归根结底，这个问题是先验哲学中的表象问题。康德哲学中有很多种表象，其中就有一个表象的复制问题。康德先验哲学中缺少这个复制成为可能的保证机制，只是有一个逻辑意义上的先验主体，但这个主体本身又不能保证表象的复制，也就是不能保证表象的对—象意义（摆置在对面）。因此，对先天来说，它必须朝向思想（先验）；对先验来说，它必须朝向对象。因此，先天与先验只有具有一个共同的根源才是可能的。只有这样，才能保证我们能力之间的通力合作，才有可能在与物的关联中提供出一个主体的形象来。

第四个问题与前三个问题相关，是指海德格尔对康德自我理论和主体问题的研究。这个问题包括两个含义：（1）康德是如何提供出主体的；（2）主体要作为主体必须具有什么样的内在本质结构。就前者而言，是指康德不是简单的通过意识分析（统觉）来给出主体，给出一个作为最后的逻辑条件的先验主体。后者指的是康德哲学中主体作为主体应该是一个什么样的主体，主体的主体性在于什么。根据先验哲学的内在可能性，在海德格尔看来，先验主体本质上应该是一个具有自身性的自我。这两个方面总起来说就是时间和“我思”的关系。只有一个具有自身关涉的自我主体才能完成一种先验使命，否则这个主体是完不成它应该承担的思想任务。具体说，在与对象（物）关系中，只有一个具有自身性的自我才能承担“那个事先的统一性的朝向”以及“表象复制的保证机制”这个思想任务（对象的在场），同时只有这样的主体才能拥有一个纯粹的自我给予机制（这又与第一个问题相关）。这个主体应该是一个能领会存在之意义并能够“在起来”（出离自身）的自我，也就是具有时间性本质的自我。在海德格尔看来，根据康德提出的对主体的思想要求，只有这样的自我才有资格作为主体。这个“自我”其实是“此在”的变式，已经很接近海德格尔的“此在”了。由此进入了第五个问题。

第五个问题主要讨论的是康德哲学中的存在问题——存在是一个断定，这个问题建立在前四个问题的基础之上。自我的时间性本质使存在之意义的领会和生成成为可能，时间不但可以作为显示自我（此在）的存在意义的视域，而且更是一个关于一般存在问题的基本视域——通过时间到达存在本身的意义（这里与我们所说的海德格尔的思想“转向”[①] 有关）。通过先验哲学，海德格尔发现了先验哲学所具有的隐秘的存在之路。

需要说明的是，由于康德哲学的概念和思想的严密性，我只是从整个讨论中清理出了这五个主题，以突出海德格尔对康德解读的主要关注点，但这几个主题并没有先后的区分。这些主题散见于对各个具体问题的考问中。考虑到康德哲学的复杂性和严格性，在论著的体例安排上我仍然是根据海德格尔对康德的追问为思想的演进之路。值得说明的是，是追问构筑了本书的基本思想之路。海德格尔的康德解读对我们的意义就在于这个对话为我们提供了一个思想的地形学，让一些基本的思想语汇在其中形成碰撞，将康德哲学中一些基本概念的基本思想意义呈现出来，从而帮助我们来理解康德哲学。

① 海德格尔思想有没有“转向”（Kehre）以及与之相关的早、中、晚期的区分，国内学术界至今没有统一的说法。关于这个“转向”可参见张祥龙《海德格尔传》，商务印书馆 2007 年版，第 227—244 页。在我看来，这是由现象学到思想的一个道路，这个道路都是由“存在”本身所牵引。不同的是，在《存在与时间》中，海德格尔是要向世人表明：“存在是一个问题!”这是通过现象学的方法来完成的，即对此在的生存论分析。提出存在问题的目的无非是表明“存在存在着”。既然“存在存在着”，那么存在的意义何在。所以这个道路的延伸就是对“存在之意义”的显明，但这个显明绝对不是由现象学和此在所能承担的，因此海德格尔在此走向了思想本身。

第一章　直观与时间

就《纯粹理性批判》中的先验感性论和先验逻辑之间的关系而言，马堡学派的新康德主义代表柯亨（Hermann Cohen）和纳托普（Paul Natorp）都认为先验逻辑部分构成了整个康德对纯粹理性批判的主要思想。他们试图将先验感性论消解于先验逻辑，甚至认为康德给时间和空间（先验感性论）较之以范畴的优先性是一个很有意义的错误（a well-meant mistake）。在新康德主义者看来，先验感性论对康德的思想来说并没有基础意义。与新康德主义相反，海德格尔并不打算将先验感性论消解于先验逻辑，而是通过阐明两者如何奠基于一个共同的源始基础之上以使二者在各自的独立性中来保持自身。这个基础在海德格尔看来对康德来说也是晦暗不明的，而这也正是一种解释学的力量之所在。对康德的先验感性论和先验逻辑部分的解读的主要任务就是让这个共同的基础得以显明和确定。按照海德格尔对康德的解读思路，这个基础的阐明是必要的，因为这是将康德的先验哲学解读为某种存在论问题的前提①。我们说海德格尔将《纯粹理性批判》解释为一种形而上学奠基，那么关键就在于这个基础的获得，由此才能展开那种在这个基础之上的统一性现象的分析。这个基础的获得只有通过对思想本身的内在本质和结构的分析才能得出，也就是对纯粹理性本质的澄清。同时，对纯粹理性本质的澄清就是对存在论知识可能性的揭示（这是由基础本身的那种存在论特征所决定的），因为在海德格尔看来，康德的形而上学问题本质上应该是一个基础存在论问题。针对新康德主义的先验逻辑中心论，海德格尔精辟指出：“先验逻辑作为这个批判的核心？是的，但不是作为逻辑！事实就是逻辑作为核心正好是

① 关于先验哲学是方法论的理解，可参见陈嘉明《建构与范导——康德哲学的方法论》，社会科学文献出版社 1992 年版，第 14—18 页。同时可参见［法］科耶夫《康德的先验方法论》，见刘小枫、陈少明主编《康德与启蒙》，华夏出版社 2004 年版，第 22—39 页。

因为在这样的逻辑中康德不但讨论思想（thinking）的解释，而且讨论作为思想的直观（thinking intuition）的整个知识的运用，这一点说明既不是‘感性’也不是‘逻辑’乃康德所基础性处理的恰当主题。”① 海德格尔的工作首先是要对先验感性论部分做出一种存在论的现象学解读，并在此基础上来阐明先验感性论对先验逻辑的基础意义，只有这样先验逻辑才是一个思想的事情，我们才能展开康德思想中那康德想说但没有说出的东西。

第一节 对直观的本质追问

在康德之前和之后，直观在思想中的地位发生了根本的变化。因为康德，直观作为一种知识的构成要素而首先被思想家们所关注，同时也暗示着某种现象学的到来。直观让很多与思想有关的语词（如有限性、存在论、必然性、现象等）的意义得到了重新理解和解释。在海德格尔看来这正是康德的功劳，但包括康德本人和新康德主义在内并没有从思想的深处对此进行理解。康德让作为“先天综合判断何以可能的”所需要的构件之一的直观出现，海德格尔认为这样的直观只有作为一种思想的直观才是可能的，那么康德的直观到底是什么？

一 直观与有限性

“一种知识不论以何种方式和通过什么手段与对象发生关系，它借以和对象发生直接关系、并且一切思维作为手段以之为目的的，还是直观。”②

---

① Martin Heidegger, *Phenomenological Interpretation of Kant's Critique of Pure Reason*, Translated by Parvis Emad and Kenneth Maly, Bloomington: Indiana University Press, 1997, p. 53.

② ［德］康德：《纯粹理性批判》，邓晓芒译，人民出版社 2004 年版，A19 = B33，第 25 页。李秋零将这句话翻译为：“无论一种知识以什么方式以及通过什么手段与对象发生关系，它与对象直接发生关系所凭借的，以及一切思维当做手段所追求的，就是直观。”（［德］伊曼努尔·康德：《纯粹理性批判》，李秋零译，中国人民大学出版社 2004 年版，第 31 页。）这里最难确定的是“一切思维作为手段”“一切思维当做手段”这句话，是不是说在知识中思维（思想）只是作为手段，而不是目的。通过英文本的翻译（all thought as a means，参见 Kant, *Critique of pure reason*, Translated and Edited by Paul Guyer and Allen W. Wood, Cambridge University Press, 1997, p. 155），我们发现康德这里确实强调“思想只是作为手段”。

海德格尔非常重视先验感性论的第一句话，认为这首次很好地回答了什么是我们的知识一般（knowledge in general）以及知识一般的原本性质的问题，并且为我们对康德的任何解读提供了充分的指引。这里，康德说得很清楚，所有的知识都要与对象①建立关系，真正的知识就在于那种和对象建立关系的可能性。同时，所有的思想（thinking，又译为思维）只是一种手段和方式（means），它们追求直观，但又都是建立在对对象的直观基础之上。思想在此服务于那些让我们可以通达直观的解释和断定。在海德格尔看来，康德第一次回答了我们知识一般的本质——直观。直观既是知识和思想的来源，又是知识和思想所追求的目的。这好像是一种悖论，一种“现象”怎么可能同时既是起源，又是目的？很显然，这与直观本身的特质有关。

海德格尔现在要追问的是，康德的“直观”到底意味着什么，它为什么能具有对知识的奠基意义。首先，我们必须弄明白康德关于直观的论述及其思想意义。就康德对直观的论述，我们可以用以下几点概括：(1)“直观只是对象被给予我们时它才发生”②；(2) 直观具有接受表象的功能，具有接受性；(3) 直观是由感性所提供；(4) 直观具有纯粹直观和经验直观之分。就康德关于直观的思想我们可以简单的做出如下论述：感性为我们提供直观，当对象被给予我们时，直观就可以发生并且让对象在直观中得到表象，而这个表象之所以可能是因为我们感性的纯形式——纯粹直观（时间和空间）。现在我们可以看出是感性让我和对象之间的关系成为可能。当一个对象刺激我们时我们便产生表象及其感觉。这个对象在这里向我们显现还是一个质料意义上的现象，还没有其现象的形式。或者干脆说这个对象还没有向我们显现，因为它是质料意义上的现象，与知识和我毫无关联。更进一步说，即便我感觉到这个对象刺激了我，我也不能说出它什么——它的存在、它的性状等。而要让这个对象能和我们发生关系，要让我能对它说出点什么，我们必须要有整理这个表象

① 康德哲学中的对象问题是一个很重要的问题，在康德哲学中有 Der Gegenstand 与 Das Objekt 的区分，前者一般英译为 object，后者为 ob-ject。前者指作为主体表象的思想的客体，“它告知什么正在现象学地发生，是一个现象学的制定（enactment)；后者偏重于统觉统一的杂多，是在主体内的一个经验。关于这个问题，可参见陈嘉明《建构与范导——康德哲学的方法论》，社会科学文献出版社 1992 年版，第 97 页。

② ［德］康德：《纯粹理性批判》，邓晓芒译，人民出版社 2004 年版，A19=B33，第 25 页。

和感觉的感性形式（康德把这种形式叫作纯直观）。也就是说现象在此必须要有其形式时，现象才向我们显现。在康德看来感性的形式是由感性本身提供的，它让我们和对象之间的关系成为可能。这同时也是感性向我们所能先天地提供出来的唯一的东西，是感性的一切的先天原则，也是先验感性论的主要问题。由此我们可以看出，在康德这里，与他之前的思想家不同（在康德之前，感性并没有作为一种科学的研究对象），感性因为其形式而获得了思想（知识）意义。感性是让我们和对象以及其他有感觉的动物之间能得以区分的直接原因，但同时也意味着与其他存在者的一种真正关联，以至于在此基础上所形成的知识只是对感性本身的一种领会和意义的生成。由此可见，先验哲学第一次让感性获得了思想的意义，但同时感性也会规定思想。感性为我们赢得了思想的起点，但这个起点对思想本身来说又意味着什么。

就感性及其直观的接受性而言，我们可以看出它的本质就在于能接受（因为感性的形式——纯直观）。那么现在问题就是感性的接受到底是一个什么样的接受。它对对象和我又具有什么样的意义。这一点，是康德把匿名的我转化为具有行动能力和认识能力的“我”（主体）的第一步。也就是与所谓的康德哲学中的“先天如何可能”问题相关的一个主要论题。就对象而言，它是部分的接受还是全部的接受，或者是一种不负责任的接受。就我而言，它表现了我的哪些确定性和可能性——先天如何可能。因为感性作为一种思想的开端，这是与它所承担的思想负重所相应的问题，是必须进行澄清的问题。就对象而言，海德格尔认为：“直观意味着一种行为，通过它某物作为某物自身而具体地向我被表象。简单地说，去直观就意味着允许某物将自己作为一个具体的是其所是的物本身而给出；去直观就意味着让一个存在者在它自身的当下而被面对（相遇）。”① 海德格尔把直观称作“让……被相遇”（letting-be-encountered）。直观在此把对象作为对象自身，也就是说作为一个具有周围域的整体而接受。同时也让对象在直观中来显现自身，将某物作为某物自身给带上前来。这样的直观行为同时也是一种自由的行为，它让某物在我们的包围与处置中自身来临。

就感性及其直观对我的意义而言，海德格尔认为这是对人的有限性的

① Martin Heidegger, *Phenomenological Interpretation of Kant's Critique of Pure Reason*, Translated by Parvis Emad and Kenneth Maly, Bloomington: Indiana University Press, 1997, p. 58.

表达。我们只能直观我能直观的，不能直观我们所不能直观的。海德格尔就此对直观做了一次词源学的考查。在传统语词中，直观（intuition）意味着 intuitus，这个词意味着精神的绝对知晓。在中世纪和近代哲学中指的是全能的上帝和理智体的一种本源性的知晓。直观是专属于它们的。除此之外，它们不需要任何方法（不像我们人类，需要思想的方法，需要一种意识的进程）。这样的直观可以创造和生产那个被直观的东西，是一种无限的直观。与这样的直观相反，我们人类的直观是有限的直观，它并不创造和生成那个被直观的对象，是派生性的直观（intuitus derivatives）。就这一点而言，康德在先验感性论的总说明中说得很清楚。这说明我们的感性直观是有限的，但这个有限性并不在于我们在数量上知道的比上帝的少，“而是它在于这样的事实，那就是那个被直观的对象必须从某个地方被给予——那个被直观的对象不是由直观所生成。人类认识的有限性就在于那个被抛向和抛进存在者们之中的存在者”①。直观之所以能表达我们认识的有限性的原因就在于直观的这种存在论事实。“直观（intuiting）不是自由地起源于一个认识着（knowing）的存在者……而是可被直观的存在者必须通过它自身而显示自身，也就是说这个存在者正如它所是的那样必须关注着这个认识着的存在者，必须触发这个认识着的存在者，必须对它做某事，并且必须使它自己是引人注目的——这个存在者必须去刺激这个认识着的存在者。正是这个认识着的存在者必须被那个将要被相遇的存在者所刺激以及这个存在者对认识着的存在者的烦扰的事实才是那个让我们人类的直观成为有限的东西。”② 这也就是说，我们的感性直观本身就包含着一种与已经存在的存在者们的一种存在关联（a being-referred-to beings），或者说直观本身就是一个存在的事件（直观来自其他存在者的存在烦扰）。直观的有限性在此不是在与上帝的对比中来说的，而是在于直观本身具有的存在论事实，因此直观的有限性在此表达的是人的存在论意义上的有限性。

海德格尔在此对有限性的说明是一种很彻底的存在论解释。我们知道，在康德看来我们的知识是有限的——我们只能认识我们所能认识的，

① Martin Heidegger, *Phenomenological Interpretation of Kant's Critique of Pure Reason*, Translated by Parvis Emad and Kenneth Maly, Bloomington: Indiana University Press, 1997, p. 59.

② Ibid..

我们不能认识我们所不能认识的。同时，我们的认识必须是有内容的认识，我们的言说必须是关于对象的言说，而且总是正确的言说——这也是先验逻辑所要求的。也就是说，“先天（A priori）为什么能让自然存在者提交给我们而我们又没有扭曲和弄错自然存在者”①。自然存在者为什么总是以一种真理的客观方式来和我们打交道——当我们言说自然时，我们为什么总是正确地言说？

首先，就我们人类知识的有限性而言，我们的有限性必须在我们的感性那里被找到。因为知性只是负责一种在某种规则之下表象之间的联结和主谓的归属，它的真理性在于逻辑的不矛盾性和系统的统一性，是一种逻辑性的真理。这种真理从逻辑的统一性原理出发来看是趋向于无限的。这种知性对表象的联结从理论上讲的无穷多虽然不等于无限，但它至少不是有限的。就知性本身的游戏规则而言，还没有什么东西让它成为有限的。更何况在康德哲学那里在没有主体出现之前，我们根本无从谈论知性及其运用。这样的知性就不是康德所要的知性，它无疑就是人类理性自身的一种非本质的胡来。这样的知性也是没有内容和对象因而不会产生知识和真理的知性，而在康德看来我们的知性和真理都是在与被给予的对象的客体的关系中获得的。显然，知性需要一个界限的给定者和执行者，这个给定者在康德哲学中只能是感性。感性让知性受到规定，从而使知性的联结成为具有内容和真理性的知识，从而也保证我们的言说总是在言说对象，而且是正确的言说。由此可见，我们只有在我们的感性那里发现我们人类知识的有限性。这样的有限性才是一种真正意义上的有限性，它可以把我们引向真理。因此，海德格尔在此对有限性的追问对康德哲学来说是要命的。海德格尔对有限性的追问是他对整个康德哲学实现存在论解读最为关键的一步。“存在论问题在海德格尔看来就是人的形而上学问题，它指示着人的有限性”，“而比人的存在更为源始的是人的有限性”，因此我们必须说明的是直观给出的有限性是一个存在论意义上的有限性，而非一种简单地与上帝的对比中得来的有限性。那么就康德而言，有限性是如何被给出并且它对整个康德哲学来说又有何思想意义？康德是不是在存在论意义上来说有限性的呢？

---

① Martin Weatherston, *Heidegger's Interpretation of Kant*, New York: PALGRAVE MACMILLAN, 2002, p. 9.

现在我们必须把直观与我们的有限性给出的这个事情进行澄清。直观的有限性的本质就在于“被刺激”（be affected），这个“被刺激”对我来说不是我去刺激对象，而是我必须被对象所刺激。这意味着什么呢？我必须被对象所刺激，这在海德格尔看来首先说明对象在没有刺激我之前已经存在了。同时这个存在者在没有刺激我们之前已经烦扰我们了，刺激我们的只是为了“让我们去关注……”“直观（intuiting）不是自由地起源于一个认识着（knowing）的存在者……而是可被直观的存在者必须通过它自身而显示自身，也就是说这个存在者正如它所是的那样必须关注着这个认识着的存在者，必须触发这个认识着的存在者，必须对它做某事，并且必须使它自己是引人注目的——这个存在者必须去刺激这个认识着的存在者。”直观在此把作为认识着的“我”一同带入了这个与可被直观的对象的一种存在关联（可被直观的对象在此意味着那些过去、现在和将来都可能被直观的对象）之中。在康德哲学中直观其实是根源于一种与其他存在者之间的存在论关系。这也就是说，我们只有拥有构建这种与其他存在者之间的存在论关联的能力，我们才可能拥有直观。作为存在论关联，不论是康德还是海德格尔都认为只有先天完成时才是可能的（这是康德为什么进行时间和空间的形而上学阐明的主要原因[①]）。

通过对直观之存在论根源的说明，直观在此本质上意味着我与其他存在者一道存在的可能性，这同时意味着对直观的本质的分析的必要性。这里必须注意这与《存在与时间》当中对此在的分析是有相似之处（事实上海德格尔正是以《存在与时间》为出发点来解读康德的，也就是以自己的存在论的现象学出发来解读康德的）。由此直观让“我”作为一个在世的“现象”（海德格尔意义上的）而出场的那个可能性——直观和我的“与世存在”之间其实有着本质性的关联。没有直观，我们就没有拥有通达其他存在者并与其他存在者一道存在的方式，因而存在的存在论意义就不会发生。或者说，如果不能确定什么是我们人类自身先天具有的一种直观（纯粹直观），那么我就不可能确定我是在“一个世界之中的”。这里暗含着直观是那个让我们人类自己获得一种“自我意识”的前提，暗含着康德的先天——先验进路（这是康德对空间和时间进行先验阐明的根

① 其实从这个思想我们可以看出康德哲学中先天总是意味着先验，即表明康德是从存在论意义上来把握“先天”，来进行先验哲学建构。

本原因所在）。

只有解决了直观与“我”的存在的可能性之间的本质关系这个问题，关于我们有限性的给出问题才会明确起来。首先我们得分析一下康德在先验感性论的最后部分的道说：“我们也并不需要把空间和时间中的这种直观方式局限于人类的感性；有可能一切有限的有思维的存在者在这点上是必须与人类必然一致的（尽管我们对此无法断定），所以这种直观方式毕竟不会由于这种普遍有效性而不再是感性。”① 对有限的思维存在者而言，直观也许是普遍有效的，至少对我们人类来说是这样的。这意味着只要认识着的我存在，我就会以直观的方式和对象打交道，我就会直观对象。对有限的思维存在者而言直观同时也是我和对象之间建立关系的唯一方式。没有直观，我无法与其他同我一道存在的对象得以区分并建立关系。我只要存在，我就要去直观，直观把我带入了与其他存在者一道存在的存在境地，同时直观又作为我与其他存在者建立关联的唯一方式而本质地属于我的存在现象。并且就对象和其他存在者而言，直观原本就是我的存在现象——直观表达了我和外在的对象（物）一道存在的可能性、表达了我和外在的对象一道存在的存在事实。至于这种存在事实会不会获得一种存在论的效果，或者说直观作为我的存在现象的这个现象本身会不会是一种存在论现象，这个事情对康德来说就在于先天——先验进路的可能性。那么，在康德哲学中，直观的有限性本质其实是来源于“我与物共在”这个存在事实，“正是这个认识着的存在者必须被那个将要被相遇的存在者所刺激以及这个存在者对认识着的存在者的烦扰的事实才是那个让我们人类的直观成为有限的东西”②。至此，我们可以对我们以上提出的问题做出回答：直观所标明的有限性是一种存在论意义上的有限性，或者说是让我的存在成为可能的有限性。当然，“让我的存在成为可能”对康德来说本身就会包含一种“我作为主体”的可能性。

在海德格尔看来，康德的直观其实就是一个现象学概念。直观作为存在现象，并被我们源始地据为己有（这也是海德格尔认为康德有时候把纯粹直观叫作“源始表象”的原因）。通过对直观是那个让我们拥有与物

---

① ［德］康德：《纯粹理性批判》，邓晓芒译，人民出版社2004年版，B72，第50页。

② Martin Heidegger, *Phenomenological Interpretation of Kant's Critique of Pure Reason*, Translated by Parvis Emad and Kenneth Maly, Bloomington: Indiana University Press, 1997, p. 59.

的境遇关联的东西的说明，康德从直观出发来说明的知识本质上是一种存在论知识。不难看出，康德对直观的规定在此同时也规定了思想本身——直观让思想成为可能。由此，我们对直观以及在此基础上对整个理性的批判都可看作一种人的形而上学问题，也就是一种基础存在论的问题。与此同理，对先天及先验的可能性的追问可以看作一种对“我”的生存论的分析。这个生存论的分析从根本上说会让存在到场，会使一种基础存在论得到现形。这一切当然是以一种现象学为前提，以一种存在论的现象学为前提。那么我们可以说康德哲学不仅是现象（appearance，Erscheinung）学①，而且是一种关于“我”的在世的现象学（phenomenology）。以上这些都表明了直观在康德哲学中的思想意义，对直观的理解不同会导致对整个康德哲学的理解不同，要想对康德哲学做出一种存在论的现象学解读的关键就是让直观作为一种“我的存在现象”。通过海德格尔对直观的存在论解读，我们对直观的本质已经很明确。由此，直观和思想的关联也会明确起来。

总之，“认识着（knowing）首先是直观着（intuiting）……所有思想（thinking）仅仅都是在为直观服务。思想不是简单的和直观在一起，也就是说在其手边，而是就其内在结构而言，它服务于由直观首先并不断地所指引的东西”②。直观首先规定了我们思想（认识）的“视界”，思想总是受直观的规定。从这个意义上讲，直观作为一种“给定性”在规定着我们的思想，同时直观能作为一种“视界”的给定者是因为它自身是有限的。“人类知识的有限性本质首先必须在其直观的有限性本质中被看到。”③ 只有明白了直观的有限性本质，思想才能在其正确的道路上被弄清楚，知识的有限性本质才可以理解。直观使思想成为可能，让我获得了

① 关于康德的现象学问题，可参见陈嘉明《建构与范导——康德哲学的方法论》，社会科学文献出版社 1992 年版，第 93—96 页。陈嘉明先生认为：现象可分为两类：外部现象与内部现象。但不论是内部现象还是外部现象，它们都无一例外的是我们主观的表象。也就是说，它们都不能有自己独立的存在，而只能存在于我们心中。一离开我们的表象，这种表象也就不复作为对象而存在。因此，现象学可以在这里理解为一种“表象学”，即通过表象这个现象的研究来走向“事情本身”。

② Martin Heidegger, *Kant and the Problem of Metaphysics*, Translated by Richard Taft, Bloomington: Indiana University Press, 1990, pp. 15-16.

③ Ibid., p. 17.

思想的起点，同时让思想成为思想本身——思想在直观这里获得了自身的规定。

至此，我们可以说康德哲学中感性的意义了。感性给我们提供了直观，而且提供了一个有限的直观。弄清楚了直观的含义我们就弄明白了康德哲学中感性的含义。“感性意味着有限直观”①，感性的本质就在于直观的有限性。直观就是那个让感性成为可能的东西。感性的本质不在于感官，不是直观依赖于感官而让直观有限，而是直观的有限才让我们的感官可能。“感性的本质就在于直观的有限性”，同时，人的直观也只能是感性的。所以，海德格尔认为“康德是首先在存在论意义上而不是在感觉主义上获得了感性这个概念”②。毫无疑问，直观这个概念也是在存在论意义上获得的。由此，海德格尔声称：“《纯粹理性批判》的第一句话已经不是对认识一般的定义，而是对人类的知识本质的判定。”③ 对人类知识的本质的判定意味着，知识本质是来源于人自身的本质，“纯粹知识是属于人的有限性”④。康德的知识论是存在论的知识论，是属于我们人类自身的知识论。康德在此获得了一个让我们的思想得以继续前行的概念——直观（感性）。我们现在可以说直观构成了我们所有知识与思想得以构建的原初地基，同时思想都是在作为一种手段来服务于它，而这是由直观存在论意义上的有限性本质决定的。

正如直观的起源告诉我们的一样，康德说我们人类拥有直观，主要原因在于我们拥有一种先天地构建和对象（其他存在者）的一种存在论关联的能力。那么问题就是：在我们之中我们有没有一种先天的东西同时可以被叫作直观（指康德的形而上学阐明）。同时就直观如何在康德的知识论中具体地实现其统一性现象以及它缘何能实现的问题还远没有回答（指康德的先验阐明）。援用海德格尔的追问就是：“这个批判的核心问题——先天综合判断何以可能——能被更精确地表达为这个问题：什么是直观，它隐藏着存在论知识以及哲学思想都以之为目的问题。康德对这个

① Martin Heidegger, *Phenomenological Interpretation of Kant's Critique of Pure Reason*, Translated by Parvis Emad and Kenneth Maly, Bloomington: Indiana University Press, 1997, p. 59.

② Martin Heidegger, *Kant and the Problem of Metaphysics*, Translated by Richard Taft, Bloomington: Indiana University Press, 1990, p. 19.

③ Ibid., pp. 16-17.

④ Ibid., p. 30.

问题回应的精神——一个对所有的康德主义者都很危险的回应——就是：时间是那个能构建一种作为直观的存在论知识的东西。这意味着什么并在何种程度上可以说时间应该是一个直观，或者说，如果我们比康德走得更远的话，在何种程度上可以说时间甚至是任何直观和知识的可能性条件——这是一个困难和挑衅的问题。”① 由此，为了回答“先天综合判断何以可能”的问题，康德必须要在“我们的心灵”和本性中发现那些可以作为一种直观的东西、发现那些本质上能带来我和对象的存在论关联并是直观的东西——不难看出，这其实是对我们自己本性的研究，这个问题其实是一个人的形而上学问题。

二 纯粹直观

要回答“在我们之中我们有没有一种先天的东西同时可以被叫作直观”这个问题，康德首先要做的说明是我们有没有一种先天的、纯粹的直观，而不是说我们有没有直观的形式，因为能带来一种我们与对象的存在论关联的东西首先是先天完成的。

我们首先是因为有纯粹直观才因此把这种直观作为我们之于对象的经验直观的形式。我们有没有直观首先意味着我们有没有纯粹直观。“有没有纯粹直观”意味着我有没有和我之外以及和我自己发生一种“观”“看”的关系的可能性。假如没有纯粹直观，人无论是对对象、还是对自己而言都是封闭的、黑暗的。那么连康德自己的哲学都不可能了——康德也许正是在我们有纯粹直观这个大前提下来“看”我们人类自己。假如，没有纯粹直观，我们关于对象的任何言说从实际性上讲都是胡乱地说，因为我们不知道根据什么来说。其实，也许正是言说（命题）为我们自己提供了启示：我是向对象敞开的，（像上帝一样）我具有通达对象的通道。这里必须注意的是，康德在理论理性部分更多的是在我们之于对象而言地敞开性和“看”的意义上来说纯粹直观的，而很少在一种我们向自己敞开的意义上来讲纯粹直观。也许，正如海德格尔以后的解读所说明的那样，这种我们自己向自己的敞开是在实践理性批判部分来完成的。现在，按照康德自己的先验哲学的内在理路来看康德是怎么论述纯粹直

① Martin Heidegger, *Phenomenological Interpretation of Kant's Critique of Pure Reason*, Translated by Parvis Emad and Kenneth Maly, Bloomington: Indiana University Press, 1997, p. 58.

观的。

（一）先天纯粹直观的必要性

我们知道对康德来说所谓的真正的知识就是先天综合知识。先天意味着“不是来自经验”、独立于经验，也就是说不是依赖于经验[①]。综合意味着谓词对主词（概念）的内容增加。“对综合来说——在它之中我走的比主体的概念更远，一个尺度（dimension）与一个视域（horizon）是必需的，它（综合）进入它（在超越概念的行进中）并能从它（视域）里面得出并奠基那个不是位于主体概念之中的谓词。”[②] 对综合来说，某个视域是必需的，只有从这个视域中我们一种真正的综合行为（主词与谓词的联结）才能发生。在康德哲学中，这个视域的提供者只能是直观，但又不能是经验直观。也就是说，先天综合判断之所以是“综合的”就是因为它与直观的关联。于是，一种既可以使综合成为可能而又绝不是经验直观的先天纯粹直观对我们的知识成为必要。这是就康德自身的思想来说。

但我们关于对象的直观不可能不是经验的，只是某种先天纯粹直观作为一种经验直观的形式使经验直观成为可能。因为如果不是经验的，我们就不可能获得关于对象的知识。这也就是说，在我们知识和思想开始的地方——直观——已经有某种东西向我们显明了，它使我们的经验直观成为可能并和经验直观在一起。更进一步说，有经验直观发生的地方就有某种东西让经验直观成为可能。因此，对康德来说经验直观（经验的开始）其实就意味着某种“源始现象”的发生。这一点，是海德格尔一直批判康德的地方，因为康德忽视了这个问题。“虽然康德在每一种情况下都确定‘对象’（object，Gegenstand）这个词的意味，这种习惯的运用暗示了康德曾经提出并断定了人类知识以及和它仅仅在某个特别方面的真理问题。康德曾经忽视了那个显明（敞开，das Offenbare）的东西。康德没有就它（对象）自身的本质去追问和断定那个在一个对象化（objectification，Vergegenständlichung）之前就进入一个经验对象来面对我们的东西。

① 关于康德哲学中的经验概念以及对经验的结构分析问题，可参见陈嘉明《建构与范导——康德哲学的方法论》，社会科学文献出版社 1992 年版，第 47—51 页、第 59—81 页。

② Martin Heidegger, *Phenomenological Interpretation of Kant's Critique of Pure Reason*, Translated by Parvis Emad and Kenneth Maly, Bloomington: Indiana University Press, 1997, p. 65.

显然，就它必须回到的这个境地（domain）内而言，也就是在一个仅仅是知觉与经验的区分范围内，这个比较的程序总是从经验到知觉。"[①] 显然，海德格尔认为虽然康德总是拿知觉来谈经验，但康德的"经验"远不至于和知觉的区分意义。从康德本身的思想来看它还有更深远的现象学意义。就先验哲学来说，经验既是其起点也是其终点。对康德来说，经验就是那个"事情本身"，"人类的经验当下即具备其应具备的'结合性'（Verbindung），因而对当下即对吾人为实在和有意义……前者（经验实在）指的正好是'如其对吾人所显示的事物'（Wie sie uns erscheinen）。换言之，经验的实在作为吾人眼中的事物，可谓'即主即客'。它的提出，令哲学得以掌握一个与人类认知能力相称的论域和一个从人的角度可以着手的反省起点"[②]。我们知道，一般认为范畴"是先行于一切经验并使一切经验按其形式首次成为可能的"。但问题是没有经验直观，何来经验。经验直观是经验得以完成和实现的开端，没有经验直观，经验便无从发生。甚至可以说，经验首先就是经验直观，而不是范畴的。我们之所以认为范畴可以作为某种使经验成为可能的形式的东西的原因就在于它和那个可以作为直观的形式的纯粹直观一道通力合作使经验开始（发生）并使经验在意识中得到完成并因此构成了一个统一的整体经验。因此，经验的开始在于直观，经验的完成和其完成时具有的表现方式（判断、命题等）得力于范畴和纯粹直观的通力合作。所以经验直观意味着纯粹的当下，它对我们的知识具有发生学的意义。

经验直观要对我们具有知识的开端意义或者说实在意义，我们必须把它把握（对康德来说就是接受性）为一种"当下"——当下在此意味着意识的发生。[③] 否则，经验对我们没有意义。因为如果我们没有对经验直观的当下把握，那么我们能意识到经验直观的存在吗？我们的意识会获得表象的对象吗？由此，通过对经验直观的现象学追问，有一种东西

① Martin Heidegger, *What is a Thing?* Translated by W. B. Barton, South Bend: Regnery / Gateway, 1967, p. 141.

② 关子尹：《康德与现象学传统——有关主体性哲学的一点思考》，见倪梁康等编著《中国现象学与哲学评论》（第四辑），上海译文出版社 2001 年版，第 143—144 页。

③ 对康德来说就是先验自我的最初形象，一种"世界到来"的可能性，"当下"的先验意义在于更进一步的自我意识。其实在先验哲学中，任何意识都是自我意识——意识要意识到一种意识的到来。

向我们自身显明了——把握就在于能把握。同时，经验直观作为一个从我们自己现象的角度出发的反思点，它是不是也是显明了我们自身的“源始现象”。具体说，基于对康德的先天综合知识的可能性的考察，一种经验直观是必需的。通过对经验直观的追问，有一种东西向我们显明，同时这种东西是某种人自身的源始现象。这也就是说，知识论同时意味着某种人的存在的现象学，而这一切都是由康德哲学自身的性质决定的——知识来自经验同时是先天的。这里，就我们对经验直观的现象学分析而言，某种形式的东西也是必要的——我们要把经验直观把握为“当下”。

由此可见，不论就康德哲学一种先天综合知识的理路而言，还是我们对这个理路的更深的现象学分析而言，将某种纯粹的东西作为形式性的东西去把握对康德来说是需要的，一个能让综合发生的视域是需要的。这个视域原则上是必须向我们自身显明——纯粹直观。那么现在的问题就是：我们应该到哪里去发现这样的直观，同时我们怎样去对自己解释这种直观的可能性。这也是回答我们“主观的”东西为什么具有客观意义的第一步。“就连康德也不是要对制定方向进行专题阐释。他不过是要指出凡制定方向都需要某种‘主观原则’。但在这里，‘主观’所要意味的将是：先天。然而，依左右而定向的先天性却奠基于在世的‘主观’先天性。”①我们之所以说“直观作为现象”、海德格尔对康德的解读是存在论的，关键就在于海德格尔对直观的存在论分析，也就是对经验直观与纯粹直观的存在论分析。我们只有明白了在经验直观中发生了什么，我们才可能去追问那个使经验直观成为可能的纯粹直观。

（二）纯粹直观的经验直观论证

1. 直观的悖论

以上我们只是论述了直观是我们人类的直观，我们的直观是有限的直观以及这个有限性的本质，但我们没有说明什么东西必然的属于我们的直观本身，我们只知道直观有经验直观和纯粹直观的区分。但这种区分本身是一个悖论式的，经验的直观为什么要有一种先天的可能性。而且，直观作为有限的我们人类的直观只有一个直观，那就是直观本身，所谓直观的

---

① ［德］海德格尔：《存在与时间》，陈嘉映、王庆节译，生活·读书·新知三联书店1999年版，第127—128页。

经验性（内容）与纯粹性的（形式）区分只是为了阐明那些必然的属于直观本身的东西。这种悖论是由康德的先验哲学的特点决定的。我们知道康德的先验哲学的主要问题就是“先天综合判断如何可能”，这也就是说我们要有一种来自经验但又独立于经验的知识。这说明这种知识的一个显著特征就是它的联结规则是出自我们自己的但同时这些规则的运用又是受对象限制的。这些规则好像注定是要运用于对象的，但又不是来自对象。如前面所说经验即康德先验哲学的起点，同时也是其终点。追问经验的可能性虽然说在《纯粹理性批判》中主要追问其范畴的形式可能性，但我们发现，对经验来说首先还是经验直观，没有经验直观我们的经验就没有与对象的关系，也就是没有其来源。我们的经验直观事实上构成了经验的起点，那么我们的知识又怎么可以说是独立于经验的呢。“思维无直观则空，直观无概念则盲。”正如胡塞尔所言：“只有将范畴行为立义为直观，在思维与直观之间的关系——至今为止，任何一个认识批判都没有能对这个关系作出可以使人忍受的澄清——才能得到透视，从而认识的本质和成效才能得到理解。”① 直观首先是经验直观，而不是别的东西。正如海德格尔认为，康德的知识论是存在论的知识论，是追问我们人类自身的知识，而不是别的。现在的问题就聚焦在经验直观上了。同时经验直观向我们敞开了这个悖论——经验与先天。如果我们给经验直观强加一个先天形式，可这样的经验又不是我们的经验，也就是说不是一个发生的经验，经验不是人的存在的现象。经验之所以为经验就是我们如实发生的经验，只有这样才能保证我们在此基础上所谈论的知识才是人类的知识。就经验直观如何可能的问题，康德认为是直观的形式所为，也就是直观的先天形式（纯粹直观），而且我们的直观形式可以在我们的内心中被找到。“在我们的内心中”，康德是怎么知道的，它究竟意味着什么。这难道是康德对自己的直观行为反思的结果，还是事实上在我们直观的同时已经有其某种东西显明了。如果经验直观形式的给出是康德的一种行为反思，这个形式充其量只是一种“笛卡儿”式的主体设定，没有存在论意义。这样整个康德哲学的知识论就不会获得构建的基础——直观。直观之所以成为先天综合知识的基础，关键就在于直观本身作为我们的一种实事性（facility）。我

① ［德］埃德蒙德·胡塞尔：《逻辑研究》（第二卷　第二部分），埃尔玛·霍伦斯坦编，倪梁康译，上海译文出版社 1999 年版，第 169 页。

们说的"直观作为现象"也是由这种"实事性"本身决定的。由此可见，这种形式的给出不是来自某种需要而给出，而是由直观自身给出。也就是说在我们直观的同时已经就有那些必然属于我们的直观本身的东西（作为直观形式的纯粹直观）显明了。那么问题就是直观是否包含着先天，或者如 Herein 追问："先天的东西如何能归于直观并在内心中准备好了以及它更能在对象中被立即遇到？"① 这也就是说是不是直观作为我们人类的直观本身、作为我们的一种非意识性的活动方式就有某种先天和纯粹性质并因此而使对象能被我们遇到，而且这些先天的和纯粹的东西必须对我们自己来说是不言自明的（直观的）。因为，不可否认的事实是，我们确实有（经验）直观（如粉笔是直的），而且直观作为对对象的直观永远只能是经验性的。对这些问题的回答只有我们对直观的本身进行一种现象学的分析才是可能的。

2. 对直观的现象学分析

在康德哲学中，我们可以肯定地说康德的直观指的就是我们人类的有限直观。有限直观意味着与那些现实的存在者（the thing is already extant）有所关联，也就是我们的有限直观总是要被那些现实的存在者对我们的影响所引导，同时那些存在者通过对我们的影响来显明自己。海德格尔认为康德就是把这个"显明自己"叫作感觉（sensation）。"感觉意味着这个正在面对的对象的首先被给予。"② 首先被给予的东西就是具体的在颜色、硬度、声音等方面可以被我们感官可以明确感知的东西。经验直观就是我们可以明确感知的东西所归属的那个直观。也就是说，直观首先对我们人类来说指的是经验直观。那么在经验直观中到底发生了什么呢？

"一个经验性的直观的未被规定的对象叫作现象（Erscheinung）。"③ "现象是能够被直接给予我们的唯一的对象，而凡是在现象中直接与对象相关的就叫作直观。"④ "最初被给予我们的东西是现象，而现象当它

---

① 参见 Martin Heidegger, *Phenomenological Interpretation of Kant's Critique of Pure Reason*, Translated by Parvis Emad and Kenneth Maly, Bloomington: Indiana University Press, 1997, p. 73。

② Ibid., p. 72.

③ ［德］康德：《纯粹理性批判》，邓晓芒译，人民出版社 2004 年版，A20，第 25 页。

④ 同上书，第 121 页。

与意识联结起来时就叫作知觉。”[①] 最初给予我们的就是在经验直观中被遇到的现象。在海德格尔看来，这个现象到底在康德那里意味着什么？“可以确定的是，现象不仅仅预示着与‘这个至少可能的意识联系’，不仅仅预示着我们如此的拥有关于现象的知识，现象——作为被相遇的东西——不仅仅指向一个正在直观的主体，而且现象同样是作为某物的现象——正如康德所说：是作为物自身（thing in itself）的现象。”[②] 现象作为物自身的现象意味着现象就是对象自身，就是那个我们有限的人类直观在世界当中能够遇到和发现的持存的东西。通过直观，某物将某物表现为物自身。对我们有限的人类来说，事情至少是这样的。反过来讲，这样的直观正好表明了我们人类的有限本质。现象就是物自身的现象，现象与物自身的区分只是对我们人类有限本质的一种标识。所以在海德格尔看来，康德整个对纯粹理性的批判——也就是为形而上学的存在论奠基——都是以人类的有限性为基础：在康德哲学中有限知识和无限知识的区分是最基本的事件。就这一点而言，海德格尔同时引用了康德遗稿当中的内容以说明物自身并不是一个不同于现象的存在者。“物自身与现象概念之间的不同不是客观上讲，而是主观上讲的。物自身不是一个另外的对象，而是同一个对象的表象的另一个方面。”[③] 现象和物自身的区分只是同一个对象对不同的主体而言，也就是对有限的人类直观（认识）与无限的上帝等智性直观而言。康德所说的我们认识的仅仅是现象不是指我们没有认识物的本质，而是对我们有限的人类直观（认识）而言，现象就是本质，就是那个物自身。我们说“仅仅是现象”对对象而言不是指物的非本质，而是说现象就是物的真实现象。“仅仅是现象”意味着对象（存在者、物）对我们有限存在者的通达。也就是说，现象在此意味着我（我们）和对象之间的一种真实关联的可能性，它是对我们与对象之间的关联的可能性的肯定，而不是否定，这是康德现象概念的主要意义。由此，海德格尔认

① ［德］康德：《纯粹理性批判》，邓晓芒译，人民出版社 2004 年版，A20，第 127 页。

② Martin Heidegger, *Phenomenological Interpretation of Kant's Critique of Pure Reason*, Translated by Parvis Emad and Kenneth Maly, Bloomington: Indiana University Press, 1997, p. 69.

③ 参见 Martin Heidegger, *Kant and the Problem of Metaphysics*, Translated by Richard Taft, Bloomington: Indiana University Press, 1990, p. 23。

为，“一个经验性的直观的未被规定的对象叫作现象”的“未被规定”（undetermined）的意思具有双重意义。“未被规定”只是意味着一个对象没有给予在理论上和科学上的数学—形而上学的认识，但这并不意味着在现象中就没有“被思想的规定”（thought-determinations）。[①] 事实上，对象在现象中就已经有朝向思想的规定，“这些现象是在每天的生活中要遇到的首要东西，也就是说，是在世界的最广泛的意义上被知觉的东西……现象是那些在前科学经验知识中被遇到的存在者”[②]。至此，我们明白了在经验直观中发生的事情，但我们仍然没有阐明哪些东西是属于作为我们人类直观本身的，或者说哪些东西是本质上就属于我们的直观的。

显然，我们已经明白了在经验直观中发生了什么，但我们还没有搞清楚我们有限直观的基本结构。要让我们的经验直观的结构能够自身呈现出来，我们还需要具体的说明对象被遇到的东西到底是什么。我们知道，在经验直观的现象中我们遇到了对象的颜色、硬度等东西（康德把这些东西叫作现象的质料），这些东西通过我们的感觉给予我们而不需要我们去注意我们的感官。但是，这些质料不是杂乱地被遇到，而是有次序的。不论在广度还是在深度以及空间等方面都是按照一个确定的比例被遇到——一个在桌子上面的盒子等。“物自身现在这里以其整体性与其他东西有确定的协调。”[③] 一会儿在这里，一会儿在那里、前面、后面、先于、后于等都不是感官所能给予的。很显然，这些比例式的与时间性的东西不是感官给予的。这也就是说对每一个直观来说，总有很多我们的感官所不能给予的东西。而这就是感性的本质所在，也是感性的本质在于直观的关键所在。我们在经验直观中不只是遇到对象的性状，而且遇到了对象在空间上的比例与时间上的次序关联。

在康德看来，这个次序关联不是由我们的感觉提供的，而是来源于“我们自己、我们内心”，它在我们的内心是“准备好了的”，先天地在我

① 事实上，康德的“现象”同时意味着一种知识的可能性——它朝向思想。现象意味着我们构建知识的开始，同时也意味着经验的可能。

② Martin Heidegger, *Phenomenological Interpretation of Kant's Critique of Pure Reason*, Translated by Parvis Emad and Kenneth Maly, Bloomington: Indiana University Press, 1997, p. 70.

③ Ibid., p. 71.

们的内心中。这也就是说通过我们对经验直观的分析，我们发现能提供物的时间与空间关联的东西是在我们自己。作为在我们内心中存在的东西（时间与空间），它独立于经验，但它本质上是属于我们的有限直观的。更进一步讲，通过对经验直观的现象学分析，某种在内心中先天的东西已经在直观的经验中显明了。康德把这种东西叫作直观的形式。作为直观的形式，它原本就属于（直观）经验的事情本身。所以我们可以说，康德的经验直观就是直观的经验本身，它是出于人类的有限性。因此直观的形式不是我们强加在经验直观以外的东西，而是属于经验直观本身，它的意义就在于让我们能去直观（经验）。由此可见，直观的形式其实本质上属于我们有限的人类直观的，是我们人类自己具有的一种能通达对象的东西。但是，这个在内心中的东西为什么会成为一种直观的形式呢，怎么会是那个让经验直观成为可能的东西呢？康德在这里只是说明了确实有一种东西在我心中。但这个在我心中的东西要成为经验直观得以可能的直观形式是应该由这个东西的本质决定的。对康德来说，在此要回答的问题就是在我们内心中的东西为什么会必然地带来一种我和对象之间的经验（直观）关系。因此，康德在此必须阐明这个在我内心中的东西的本质。不但要说明这个东西（时间与空间）对我们来说是先天可能的，而且还要说明它是一个直观、一个让其他直观（经验直观）作为基础的本源的直观。

直观的形式是先天的，它在我们的内心、先于我们的经验，这是我们通过对经验直观的现象学分析得出的。当我们直观对象时，它事先使我们的直观成为可能，它给我们的直观表象提供时间和空间意义上的关联的统一性，给感觉提供的杂多以最初的统一性。这种统一性的给出让我们看出了直观的形式的自发性（spontaneity）。我们可以看出自发性是感性（直观）的接受性的前提，没有自发性我们并不会如此这般地接受对象。这种统一性是来自何处呢？这只有一种可能，那就是这个在我内心的东西能直观自己，能通过直观这种自发性行为来提供出这个统一性，因此直观只有作为一种纯粹直观（自己直观自己）才可能作为直观的形式。直观的形式在我们内心，而且是某种自发性，那么我们就必须调查我们自己。因此，对直观的研究同时也是对我们自己的研究，即对人自己的存在本身的研究。在康德的哲学中，自发性是知性的一种能力，如果直观形式的自发性是来源于知性，那么纯粹直观将获得知性的规定，它就与范畴同质（两者都来源于知性）。这样时间和空间（纯粹直观）就获得某种先验的规定，它必然的就作为先天综合知识的组成部分（要素之一）。但这样的时间和空间就是那个彻底与经验无关的形式，是某种知性的东西，它根本就不是什么直观的形式，因为我们发现这种形式的东西仍然要是一种直观。所以康德并没有在知性那里寻求这种形式的统一性和自发性。

那么，时间和空间作为“直观的先天形式”中的先天是什么意思？海德格尔认为，在康德哲学中，先天这个概念有狭义和广义之分。狭义的先天就是指来源于知性的，它彻底地独立于我们的经验，它首先意味着思想作为思想本身所完成的东西，这也就是我们通常所说的先验（transcendence）。广义的先天除了包含狭义的先天，同时也包括那个我们直观的形式。我们现在所说的先天指的就是广义的先天，所以我们的直观的形式（时间和空间）并没有获得思想（知性）的规定。我们知道，直观和范畴是构成康德的先天综合知识的两个基本源泉和要素。如果说时间和空间没有获得思想的规定，那么我们怎么能够确定这种形式及其表象能够必然的归属于知性的综合行为呢？也就是说“先天”如何能和“先验”结合在一起呢，或者说先天的先验进路是如何可能的？如果说时间和空间没有获得思想的规定，那我们的知识就是不可能的。但同时如果说时间和空间要有思想的规定，但它又怎么会是一种直观呢？所以，现在康德要做的就是要证明。首先，时间和空间是一种直观，是纯粹直观。这是对时间和空间的本质的阐明，也就是康德对时间和空间的形而上学阐明所要做的事情。同时，康德还要证明时间和空间作为纯粹直观并因此作为直观的形式是作为先天综合知识的构成要素，它必然地要与知性的综合行为结合在一起，与先验范畴结合在一起。这是康德对时间和空间的先验阐明要做的事情。对海德格尔来说，这个问题就是要论证时间和空间作为纯粹直观首先使某种确定的先天综合知识成为可能，并在此基础上来证明知识首先是直观，直观是思想的直观。这也是康德为形而上学奠基的关键所在。

第二节 时间与空间的两个阐明

康德对时间和空间的形而上学阐明和先验阐明对整个康德的知识论是

基础性的，同时，也是最受挑战性的。包括尼采、海德格尔在内的很多哲学家都认为康德这部分的内容很模糊，不具有彻底性和说服力。康德在这部分没有回答他自己针对这部分所提出的问题。正因为如此，包括胡塞尔在内的哲学家都认为康德还没有进入真正的先验哲学，或者说康德还处在一种前先验状态，因为在这里康德没有一种彻底的“悬置”。我们知道，康德哲学是探讨当对象刺激我们时，我们思想中的必然性因素。这个必然性的因素最主要的就是指直观与范畴。直观与范畴的关系的可能性是一切先天综合知识可能的前提，而直观与范畴的关系的可能性在于直观的本质。对时间和空间的两种阐明就是要证明什么东西是必然地属于直观，同时要阐明由直观的本质决定的那种先天综合知识的可能性。现在的问题就是，我们的直观为什么总是与范畴能保持一种关系的必然性，这种必然性的保证何在。正如德勒兹对各种对康德的批判的总结：“他们还指责康德思想中互不相关的术语之间竟然残存着不可思议的和谐。”[①] 事情确实如此，为什么直观与范畴能保持关系的和谐呢？我们要知道，如果要阐明范畴和直观之间的和谐必须确定它们都来源于同一个东西，或者说范畴与直观之间的关系的可能性是由任何一个概念的起源性质决定的。但康德哲学中对起源的论述是很模糊的，尤其是直观作为知识的起源。所以，批判者们认为在康德哲学中没有赢得一个起源[②]。“他们要求原则对于客体而言不仅仅是制约性的，而且是真正起源性的生产性的（永恒差异或永恒确定的原则）……至于一种关于内在差异和内部决定的原则，他们则不仅要求综合要有根据，而且要求在这种综合中多样性的复制同样要有根据。”[③] 如果说在胡塞尔那里通过“悬置”的方法使他的先验哲学“把世界的起源当作决定性的问题”，[④] 那么在康德这里又是什么让康德获得了一种起源呢？

康德哲学好像只把批判作为一种方法而使自己的哲学获得了一种体系的完整性。如果批判只作为一种方法，那么批判就会失去那种来自起源的

① ［法］吉尔·德勒兹：《尼采与哲学》，周颖、刘玉宇译，社会科学文献出版社 2001 年版，第 77 页。

② 海德格尔对康德哲学的内在可能性的追问首先就是为了让康德哲学赢得一个起源。

③ ［法］吉尔·德勒兹：《尼采与哲学》，周颖、刘玉宇译，社会科学文献出版社 2001 年版，第 77 页。

④ 参见王恒《时间性：自身与他者》，江苏人民出版社 2006 年版，第 23 页。

动力，整个先验原则的立法能力就会丧失。我们要阐明康德哲学的起源性质就是要阐明康德哲学中批判的力量源泉何在。可“在康德那里，批判未能发现使之得以实现的真正能动的例证。它在妥协中耗尽了精力：它从未令我们克服在人、自我意志、理性、道德和宗教那里表现出来的各种反动力。它甚至具有相反的效应——它使这些力变得更像‘我们自己’的东西”[①]。如果事情真的是这样，那么我们可以说“康德的先验原则是限定性的原则，却不是内在的起源性原则”[②]。那么，我们要追问的是，为什么康德哲学没有获得很好的关于起源问题的回答呢？我们发现在康德哲学中，关于主体、自我、精神、理性、自我意识的概念都是很模糊的，这些概念到底是指向谁呢？批判者们认为“所有这些不确定性都一律开始于康德的批判”[③]。的确，我们发现在康德哲学中自始至终都没有确定的关于主体、自我、人的概念，我们可以说先验的主体、先验自我等，也可以说经验的主体、经验的自我、道德的自我等。而且在这些概念之间总好像存在某种断裂，难道“我”只有作为一个分裂的“我”才是可能的吗，难道在康德哲学中就没有将“我”的某种源始现象形成主题吗，难道“我”就没有那种自身给予的统一性（自由）吗？总之，康德哲学中难道真的缺少某种起源的决定性原则吗？难道正如尼采所认为的康德哲学真的是缺少某种力的作用吗？难道康德的批判真的是缺少使之得以完全实现的动力吗？

对康德哲学的各种批判可以借用尼采对康德的批判来给予典型性的说明。[④] 海德格尔对康德的解读就是对这些批判的有力回应，同时在海德格尔看来这些批判之所以看上去很有道理，就是对康德的认识论解读所造成的。对以时间和空间的形而上学和先验阐明为中心的先验感性论的解读是海德格尔对这些批判做出回应的关键一步。为了更好地理解海德格尔对先验感性论的存在论解读以及整个康德解读的思想意义，我现在借用德勒兹对尼采与康德批判概念之间的对立性总结的重要两条摘抄

---

① ［法］吉尔·德勒兹：《尼采与哲学》，周颖、刘玉宇译，社会科学文献出版社 2001 年版，第 129—130 页。

② 同上书，第 133 页。

③ 同上书，第 129 页。

④ 参见 R. Kevin Hill, *Nietzsche's Critiques - The Kantian Foindations of his Thought*, Oxford: Oxford University Press, 2003, pp. 110-135。

如下：(1) 起源性和可塑性的原则与先验原则相对立，前者描述、诠释以及评价信仰的意义和价值，而后者是所谓的事实的绝对条件。(2) 批判的目标不是人的目标或理性的目标，它最终的目标是超人，是征服，是被超越的人。批判的要点不在于辩护，而在于不同的感觉方式：它是另一种感知性。① 就尼采对康德的批判而言，康德哲学似乎缺少那种对思想本身的标识。在康德哲学中，似乎缺少一个关于人的格位的确定性原则，甚至可以说尼采的人的超越性质在康德哲学中从未发生过。超越在于能超越，在于人的自身的确定性甚至是决定性（如海德格尔的时间，尼采的谱系学之下的力的因素）原则，在于人的自由的自身给予以及在此基础上的统一性的完全实现。那么，在康德哲学中到底有没有那个使"我"完全得以被标明的东西，也就是说康德的先天综合知识有没有可能是一种基础存在论，即人的形而上学问题。这正是海德格尔要做的事情。

海德格尔对康德哲学的解读正如他自己所说，他要探讨的是康德哲学中究竟发生了什么，而不是康德说了什么，因为只有这样他认为才能贴近康德真正的哲学工作。那么康德先验哲学中到底"发生了什么"让海德格尔认为康德同样使"存在与时间"成为哲学的主题，或者说康德的"哲学思考（同样）是作为此在的坚决的超越性而发生的"②。先验哲学动机才在那种意义上与存在问题联系起来，先验哲学才是人的形而上学问题。③ 海德格尔要回答这些问题，只有从康德的哲学思想的内在可能性着手，也就是先天综合判断如何可能的问题入手。通过对康德自己思想的现

---

① ［法］吉尔·德勒兹：《尼采与哲学》，周颖、刘玉宇译，社会科学文献出版社 2001 年版，第 136—138 页。

② Martin Heidegger, *Kant and the Problem of Metaphysics*, Translated by Richard Taft, Bloomington: Indiana University Press, 1990, p. 170.

③ 关于海德格尔为什么要建立这个关联的问题，这是由康德哲学本身的内在可能性决定的。与这个问题相关的是康德哲学中的"表象"（Vorstellung）问题。表象意味着"置于……对面"。但在康德哲学中有很多种不同的表象，这里面就有一个表象的"复制"问题——表象凭什么可以被复制。这个问题对康德来说最终可归结为"心灵—主体"的问题，但这里面缺少一种复制的保证机制和能动机制。海德格尔建立这个关联的目的就是回答康德所谓的"主体"的何以可能，为了让康德哲学获得一种存在论支持。这一点同时说明康德哲学需要一个起源，只是这个起源是不是要到存在论那里得以给予。但至少海德格尔对康德哲学的思想判断对我们的康德哲学研究是具有引导性的。

象学分析，真正的思想就会自身呈现。对康德的时间和空间的形而上学与先验阐明的解读是直接关系到整个对康德的思想做出存在论解读的关键一步。现在我们很清楚地看到，对这部分的解读一方面是由康德自己的思想逻辑性所要求的，另一方面也是由思想本身所要求的。在逻辑与思想之间，真正的作为思想的逻辑（先验逻辑）发生了。由此，我们必须进入康德的思想本身，看在先验感性论中到底发生了什么——这是先验逻辑之所以为思想的（真理的）逻辑的第一步。

一 形而上学阐明

对时间和空间的形而上学阐明就是对时间和空间的本质分析。这一点康德说得很清楚："所谓阐明（expositio），我理解为将一个概念里所属的东西作出清晰的（哪怕并不是详尽的）介绍；而当这种阐明包含那把概念作为先天给予的来描述的东西时，它就是形而上学的。"① 这部分的主要任务首先是阐明时间和空间作为一种直观、一种纯粹直观，一个能提供最初的统一性的东西（因此才可以作为直观的形式），而不是别的东西。在对这部分的解读中，海德格尔把康德对空间和时间的形而上学阐明总结如下：（1）空间和时间不是经验性的概念；（2）空间和时间是必然的先天表象；（3）空间和时间不是推论性的，也就是说普遍的概念；（4）空间和时间是无限的、给予的量。那么我们要追问的是，通过这四点的说明，康德是否回答了按照他自己的思想的内在可能性（如前所述）所提出的问题——空间和时间作为纯粹直观。

在海德格尔看来，"空间和时间不是经验性的概念"要说的是它们不是现存的某物并且也不会在经验的直观中给表象出来，它们不会在外在于我们的感觉的某物中被发现。我们也不会把空间和时间带到某物那里，所以它们在某物被发现之前已经在那里了，它们是某物得以被表象的基础。总之，空间和时间不是从经验中得来的概念，我们不能把它们当成一个某物去把握。

空间和时间是必然的先天表象要说的是空间和时间不仅不是一个现存的某物，而且不依靠现存的某物。空间和时间是先天的表象，按照康德的意思，先天的表象指的是那个在心灵（mind）中发生的先于经验的表象，

① ［德］康德：《纯粹理性批判》，邓晓芒译，人民出版社2004年版，B38，第28页。

它是一个“在先者”（a before，ein Vorher），它来自心灵，因而成为一切现存的某物得以表象的基础。

空间和时间不是推论性的，也就是说普遍的概念的意思是指时间和空间作为独立的整体性的“一”，不是由个别的时间和空间所组成的。我们不能通过对个别的空间和时间的组合而得出这个“一”，但每一个个别的空间和时间都是以这个“一”为前提。作为一个“一”它不是由个别的东西所给出，而只能通过直观而给出，因为只有直观的无限制性和彻底性才能提供这样的“一”①。

空间和时间是无限的、给予的量。这里的量（magnitude）意味着“巨大”（largeness，Gro'ssheit），它不是一个数量意义上的概念，没有所谓的大与小和多与少的区分意义。这个量是一切其他任何东西获得量的规定的前提和基础。它和其他有限的量的区分是本质上（in its very being，wesenhaft）的不同，也就是海德格尔认为的存在论——形而上学意义上的区分。这个“量”的性质决定了空间和时间是具有统一性的整体，因为空间和时间总是其他东西获得个别的量的规定性的前提。这样的时间和空间只能是直观，只能是由直观才能提供出来的一个无限的量，这个无限的意思指的就是无限性本身。这样的空间和时间只能是被直观和立刻被遇到的某种东西。

由此我们可以看出，前两个阐明是说明空间和时间是先天的，不是来自经验的。后两个阐明是说明空间和时间是由直观提供，同时空间和时间也是一种直观。前两个阐明说明时间和空间是发生在心灵中的独立于经验的直观的模式（modes），是先天的。后两个阐明说明在直观中有某种东西正在被直观。时间和空间各自作为一个具有统一性的整体而被直观，所谓的（被）“给予的”意思就是在纯粹直观中的被直观（intuited in a pure intuiting）。因此，空间和时间不仅是先天直观的模式，同时也是那个被直观的东西，是在先天地直观中才能遇到的那个东西。

但是，时间和空间并不是由直观所生产出来的某种东西，但它们仍然是直观（intuiting）。要理解以上的论述的关键在于康德所说的“空间和时间是先天的表象”这句话的真正意思。结合整个康德的哲学理路和海

---

① 必须说明的是这里的直观的无限制性与我们前面讲的直观的有限性并不矛盾，这里的无限制性并不等于上帝的创造性，而是指一种“看”与“观”的透彻性和彻底性。

德格尔后面的解读，我认为这句话的真正意思不是说空间和时间首先是一个表象（因为表象意味着一种摆置），而是说我们首先要能先天地表象空间和时间。在此基础之上，我们才可能获得其他关于对象的表象。具体地说，时间和空间存在于我们心中的原因就在于我们能先天地表象它们，但这个表象并不是一个对现实的某物的表象，而是在这个表象中我们遇到了它们本身，因此这个表象就是一种直观、一种直接性的知晓、一种直观意义上的表象。正是时间和空间被我们彻底地知晓这个事实证明了我们拥有直观，拥有一种“先天”的（广义意义上而言的）可能性，拥有一种属于自身的确定性的可能性。

其实，就是时间和空间为我们的表象活动提供了一种确定性的根据，使我们可以确信我们是有直观的。否则，我们无法确定我们的表象活动的确定性，从这个属于自己的确定性出发我们可以认为我们关于对象的次序和比例上的表象应该也是确定的，而不是在做梦或胡乱构造。因为，一种对对象的次序和比例上的把握总是被我们直接地感觉到的，但是我们不能确定这种感觉（表象）到底是不是一种我和对象间的真实关系的表达。如果这种次序和比例都是来自我们自己可以确定的那个东西（时间和空间），那么我们就可以确定我和对象之间因感觉而带来的一种经验关系也是可以确定的。

由此可见，康德远比笛卡儿来得彻底。因此我们可以说，我们是通过时间和空间的模式来直观对象的。但由于时间和空间的整体性和无限性，那么这样的东西只有在一种先天的直接性的观的活动中才可以给出（被表象），才可以遇到。同时，由于时间和空间不是现实的某物，所以这种直接性的直观是一种纯粹性的直观。因此，鉴于时间和空间之于我而言的确定性，不但可以确定我们心中有时间和空间这样的东西，而且确定了我们有一种纯粹的无对象在场的直观能力。所以时间和空间不但是在我们心中，而且是被我们纯粹地直观到的。因此，根本地说，时间和空间就是纯粹直观本身——它们其实标明了那个属于我们自己的有限直观的一切可能性：通过时间和空间进行先天直观并因此直观到了某种东西（时间和空间）；时间和空间构成了我们有限直观的本质结构。“作为纯粹直观的时间既不仅仅意味着在纯粹直观着的行为中所直观的东西，也不仅仅意味着缺少‘对象’的那种直观行为。作为纯粹直观，时间是在一个直观中对被直观的东西的构造着的直观。这是第一次对时间有一个充分的把握。”①时间是构造着的直观。

为了弄清楚事情的真相，我们先来看一下康德是怎么给出直观的纯形式（空间和时间）的。“因此，在先验感性论中我们首先要通过排除知性在此凭它的概念所想到的一切来孤立感性，以便只留下经验性的直观。其次，我们从这直观中再把一切属于感觉的东西分开，以便只留下纯直观和现象的纯形式，这就是感性所能先天地提供出来的唯一的东西了。”② 我们发现有两个步骤：首先应该是把经验直观与知性分离开来，然后把经验直观中属于感觉的东西分离开来，剩下的就是纯直观了（必须明确这个步骤并无先后意义，只是一种出于阐明的学理需要）。这是否定性的空间和时间的给出，同时也肯定了纯直观的某种形式意义，也就是说直观在这里赢得了一个属于自己的起源。它虽然要和某物以及和思想（知性）发生关联，但这种关联对它来说不是决定性的。它要有某种关系的可能性的前提是它自身必须赢得一个起源。这个起源本身给出了它自身的内在统一性同时也要求了自己的那些内在的决定性原则。同时，这个起源及其原则只能通过它自己给出，因为它不能通过经验也不能通过知性获得。因此这个原则和起源要必然地属于它自身的基本结构同时也决定了直观本身的那种独立性质。对康德的知识论而言，它具有规定的意义——规定思想的何所向。到目前为止，直观还没有获得先验的规定，也就是说我们还不能说它是知识的组成部分，它只是一个具有自己独立性的东西。

对时间和空间的形而上学阐明是属于对直观的纯形式的正面的肯定论述。这个论述至少目前还没有让我们满意，让我们觉得时间和空间就是直观，就是那个能让直观赢得自身独立性的内在决定性原则。至于这个原则对直观的独立性的给出是不是可以叫作一种存在论意义上的“起源”，我们从这肯定的论述中还不能马上弄清楚，我们只可以说就直观自身而言，它必须赢得一个起源。这个起源是否具有存在论意义，我们现在无法知道。就直观的形式而言，康德一直认为在我们的心灵中或内心中才能被找到。这里说的意思就是说时间和空间作为直观形式对我们的心灵的依靠

① Martin Heidegger, *Kant and the Problem of Metaphysics*, Translated by Richard Taft, Bloomington: Indiana University Press, 1990, p. 123.

② ［德］康德：《纯粹理性批判》，邓晓芒译，人民出版社 2004 年版，A22，第 27 页。

性。其实形而上学阐明也说的是这个意思，第二个阐明说得很明确。既然空间和时间不仅是先天直观的模式，同时也是那个被直观的东西，而且时间和空间并不是由直观所生产出来的某种东西，但它们仍然是直观（intuiting），同时又不受感觉的规定并使感觉的规定成为可能。这说明在康德看来，时间和空间是先天的、纯粹的直观，也就是我们在纯粹的无对象的直观行为中会遇到的东西，同时正是这种东西让经验直观成为可能。我们通过时间和空间的模式直观并在直观中遇到了时间空间本身，这其实就说明了一种先天的纯粹的直观和先天给予之于我们自己的可能性，回答了康德哲学中最为棘手的“先天何以可能”的问题。

这一点对康德来说是由康德自己的现象学本性所决定，现象总要有让现象成为可能的东西，“以至于就连普通的人类理性也对此表示同意”①。在康德对时间和空间的形而上学的阐明中，时间和空间如果不成为纯粹直观，那什么都不是，因为除了这样的理解，我们再无法理解它。这一点在我们经验直观中已经显明了，阐明只是为了让那个显明的东西明确化同时获得它属于自身的本质，说明时间和空间只有必然的属于直观的本质结构外它们什么都不是。它们就是那个让直观成为可能的内在的决定性原则。直观需要起源，这本身说明了直观的有限本质。

至此，时间和空间在人（直观是我们的人类的有限直观，同时也是由空间和时间的心灵的依靠性质所证明的）那里获得了一个明确的位置。与牛顿等经典物理学相比，时间和空间更具有现象学意义。其实，康德在此谈论的东西（空间和时间）早已被经验直观的人类学属性给予先行规定了，他只是在谈论那个让经验直观成为可能的先天形式，而且这个形式不能从我们之外去寻求，否则经验就不是我们的经验。经验作为我们的现象已经“在那里”了，已经发生了。因此，康德对时间和空间的形而上学阐明如果不是某种关于人的现象学，我们也无法从康德的阐明中就必然地得出空间和时间是一种（纯粹）直观的结论。这里其实就隐含着某种人的“格位”的给定，隐含着人的某种感知方式的和理解世界的方式的给定。如果不是这样，空间和时间就不可能是某种与人的心灵有关的东西，它们完全有可能与上帝有关而与我们无关，同时它们也能满足康德所说的各种条件。因此，海德格尔认为上述关于时间和空间的阐明说明空间

---

① ［德］康德：《纯粹理性批判》，邓晓芒译，人民出版社 2004 年版，AⅧ，第 1 页。

和时间“它们暗含着一个‘让……被遇到（来照面）’（a letting-be-encountered），也就是说，它们来自有限的直观”①。

“让……被遇到”的意思在《存在与时间》中海德格尔说得很清楚：“了却因缘在存在者层次上意味着：在某种实际操劳活动中让一个上到手头的东西像它现在所是的那个样子存在，让它因此能像那个样子存在。我们要从存在论原则上把握‘让它存在’（‘随它去’）的这种存在者层次上的意义。我们以此来阐释世内首先上手到手头的东西的先行开放意义。先行让它‘存在’却不等于说才刚把它带入存在或把它制作出来，而是说就其上手状态把向已‘存在者’揭示出来，从而让它作为具有上手存在方式的存在者来照面。”②“让……被遇到”的意思就是让存在者能作为存在者自己以上手的方式与我们照面，就是让存在者获得世内的存在方式，以便让存在者从我们的包围中解放出来。由此，我们可以看出，海德格尔其实是在说我们的直观行为是一种自由行为，这种自由行为的背后已经预示着直观的自发性，而这一切都要归功于空间和时间作为直观的形式。那么在康德所说的时间和空间作为直观的形式的意思到底是不是海德格尔所理解的这样呢？

在海德格尔看来在康德哲学中“形式”的意思不是在传统的质料与形式意义上言说的形式。我们用传统的形式和质料的关系可以解释任何东西，但是没有说出什么，它是没有意义的。确实，我们可以看出，在康德哲学中直观并不是传统意义上的实体。如果用传统的形式和质料的关系及其内涵去说明直观的必然构造，我们会发现我们对直观及其内在结构知道的很少，在这种模式下理解的直观和我们理解石头一样地多或者少。那么这样的直观更谈不上与人的那种关联。所以为了更好地理解康德，康德哲学中的形式概念是有必要给予澄清。形式和质料的传统哲学概念被康德赋予了新的意义。

在海德格尔看来，康德自己对这两个概念的运用也是非常谨慎的，形式和质料作为反思概念存在被误解的危险。“正如我们所指出的，反思的

① Martin Heidegger, *Phenomenological Interpretation of Kant's Critique of Pure Reason*, Translated by Parvis Emad and Kenneth Maly, Bloomington: Indiana University Press, 1997, p. 84.

② ［德］海德格尔：《存在与时间》，陈嘉映、王庆节译，生活·读书·新知三联书店 1999 年版，第 199 页。

这些概念由于某种误解而对知性的运用有这样一种影响，以至于这些概念甚至能够诱使一切哲学家中最敏锐的人士之一陷入到一种被臆测的智性知识体系中去，这个体系力图无须感官的到场而规定它的对象。”① 海德格尔引用了康德在“由知性的经验性运用与先验的运用相混淆而引起的反思概念的歧义”中关于形式与质料的论述：“这是两个被作为其他一切反思的基础的概念，所以它们与知性的每一种运用都不可分的联结在一起。质料意味着一般的可规定之物，形式意味着该物的规定（两者都是在先验的理解中，因为我们抽掉了被给予之物的一切区别以及它被给予的那种方式）。逻辑学家们以前把普遍的东西称为质料，而把那种特殊的区别称为形式。在每个判断中我们可以把那些给予的概念称为（判断的）逻辑质料，而把概念（借助系词）的关系称为判断的形式。在每个存在物中其组成成分（essentialia）就是质料；这些组成成分在一物中结合起来的方式就是本质的形式。甚至就一般物而言未限定的实在性也曾被视为一切可能性的质料，而它的限制（否定）则被视为一物按照先验概念借以与另一物区别开来的形式。”② “质料意味着一般的可规定之物，形式意味着该物的规定”，这并没有阐明这两个概念的起源及其范畴功能。这样理解的形式与质料仍然可以被我们根据情况的不同而随便地运用，可以用来描述判断的结构、概念的结构、存在者的结构。所以海德格尔认为康德对这两个概念的关键之处没有继续追寻，没有阐明形式和质料在他自己哲学中的意义。

康德实际上是回答过形式的起源问题的，只不过没有对形式这个概念做出深入的现象学分析。“但由于感性直观是一种完全特殊的主观条件，它是一切知觉的先天基础，并且其形式是本源的；所以这形式是自身独自被给予的……物质的可能性是以某种形式直观（时间和空间）作为已被给予的前提的。”③ 我们可以看出，康德对形式的起源的回答是很仓促的，这里只是说明它来自心灵。那么海德格尔是怎么理解康德的形式概念的？“康德说明时间和空间是纯粹直观，在那里能给感觉所遇到的东西以次

---

① ［德］康德：《纯粹理性批判》，邓晓芒译，人民出版社 2004 年版，A280 = B336，第 249 页。

② 同上书，A266 = B322，第 239—240 页。

③ 同上书，A266 = B322，第 240—241 页。

序。他把它们叫作直观的形式。因此，‘形式’就是这个可能的次序或非次序的给出的‘在那里（儿）’（wherein）。”① 形式意味着该物的规定，那么问题就是以什么方式时间和空间是在直观中纯粹的规定（决定）因素。

我们知道，空间和时间给予我们来照面的杂多以次序。海德格尔认为，作为直观的形式，空间和时间只有是“事先的规定”（determining in advance）才有可能给杂多以时间和空间的次序联系。那么，“事先的规定”在康德哲学中意味着什么呢？我们知道，康德把空间和时间有时候叫作“源始表象”或“源始直观”，这里的“源始表象”并不是指一种创造性直观（上帝的直观），而是指有限的直观。所以“‘源始表象’意味着直接地给出某物自身，尽管并非首次完全地创造出它。这样一种建基于对个别空间作出限制的可能性之上的对统一性空间的直接给出，这样一种先于任何概念从而也不意味着创造性直观（intuitus originarius）的直接性给出，就是康德所谓的‘源始表象’。这个非创造性直观——空间和时间——是源始地作为直观，它是与随后的概念规定或限制相对的一个给予的直观（a giving intuition）”②。由此可见，作为直观的形式，对康德来说这形式是自身独自被给予的，也就是来源于心灵或者说已经准备好了的。康德的描述是很模糊的，他没有回答为什么一个先天的东西能在我们的心灵中存在以及它的如何存在（存在方式）。如果我们没有论述清楚这个问题，我们也不可能回答先天知识的可能性问题。海德格尔认为，空间和时间是我们自发性的产物，是一个“直接性的给出”，同时它们也是给予的直观从而成为直观的决定性因素，以区别于知性的规定。这个“直接性的给出”和“给予的直观”其实就是“事先的规定”的全部意义。

“直接性的给出”意味着空间和时间来源于我们的某种自发性，是源始地作为直观；“给予的直观”意味着时间和空间能给予对象（杂多）以不同于知性的统一性的时间和空间关联的统一性，从而使直观保持相对于知性的独立性；因此我们可以说空间和时间是必然的属于直观

① Martin Heidegger, *Phenomenological Interpretation of Kant's Critique of Pure Reason*, Translated by Parvis Emad and Kenneth Maly, Bloomington: Indiana University Press, 1997, p. 85.

② Ibid., p. 87.

的本质结构，它们是直观的决定性因素。那么我们要想知道直观的起源或其内在的决定性原则，我们必须从时间和空间那里去寻求。就这个事先规定如何服务于我们的经验而言，海德格尔认为："只有一个事先的统一性的给予，杂多的次序性才是可能的。如果我们事先没有一个如此空间关联的视野（view），杂多就根本不会作为一个具有空间次序的杂多被遇到。"① 要想让杂多获得空间和时间关联的统一性，那么时间和空间自己首先应获得自己的统一性。"事先规定"意味着有一个视域（视野）。"我们事先地看，或者更准确的说我们总是已经去看了，只有在我们以它（指时间或空间——笔者）为方向时才向我们揭示出来；但是有一个如此地空间关联的视野并不是一个它们的客体化（objectification）。在事先的看中，这些关联不是被理解的，而是非客体化的被给予我们。只要我们存在（exist），我们并不需将空间形成对象或者甚至是主题而总是已经生存进（exist into）空间了。"② 空间和时间作为直观的形式具有统一性和非客体化的特征，它们作为一个视野而对我们的经验直观起作用。

这个事先的"看"说明直观的形式让我们在经验直观中对在我们之外的存在者的经验成为可能的东西，"这意味着那个能事先引导经验直观，领导它并在这个意义上规定它的东西就是'有一个视野'。这个非客体化的事先发生的'有一个空间的视野'就是那个允许空间的现存者被相遇的相遇者（encounter）的基本结构。这样，这个'有一个视野'规定经验直观并由于这个原因才能被叫作'形式'"③。可见在康德哲学中，形式的意义指的是有一个视野或事先的规定，同时也意味着对人的存在结构的认识，或者说是对"人之秘密"的重新发现。很明显，从这种人的存在结构的深处，我们发现了人的一切"先天可能性"，尤其是人的伦理与道德起源的可能性基础，"头顶的星空"和"心中的道德律"之间的本质性关联在这里得到了存在论保证——这种结构或形式保证了人与世界或对象的"相遇性质"。

---

① Martin Heidegger, *Phenomenological Interpretation of Kant's Critique of Pure Reason*, Translated by Parvis Emad and Kenneth Maly, Bloomington: Indiana University Press, 1997, p. 88.

② Ibid., p. 89.

③ Ibid..

“有一个视野”说明了空间和时间的什么特征呢？或者说说明了形式的“在那儿”的何种现象学意义呢？“空间和时间作为直观的形式意味着它们是决定直观如何发生的首要方式（ways，道路），也就是说在非对象化的基础上事先地看那个构建了这个纯粹地一个接一个，或者纯粹地随之而来的东西。这些纯粹的关联是一个自身整体并被如此给予。”① 我们可以看出，纯粹直观作为形式其实就是那个在结构上决定直观行为得以发生的东西，并且它们是作为一个独立的自身整体而与对象发生关系。没有空间和时间，我们的经验直观不可能发生，但同时时间和空间并不是来源于外在的东西和直观，它们其实就已经“在那儿”。它们其实就是直观得以发生的内在决定性原则，它们是自身起源的，因此它们是直观的形式而不是形式的直观（formal intuition）。它们是某种让直观成为可能的东西，它们对我们的直观以及经验具有发生学意义，只有在此基础上某种经验及其理解才是可能的。

这里的空间和时间其实已经是具有起源意义的现象，这个现象的发现是通过现象学的分析给予完成的。现在我们明白康德的形式在海德格尔看来已不是一个从属于实体或者因果关系的概念，它是一个能自身起源拥有其独立性的某种“现象”，或者像尼采那样拥有力的因素，但这样的力不是属于差异性的区别性因素，而是比差异性更源始的现象本身。它不是属于逻辑的，而是属于生存论的。通过现象学的分析，康德哲学中的“源始表象”已经现象化了，因为归根结底它们是我们的有限的直观，它们虽然不是由有限直观所产生所生成，但它们只有作为有限的直观才是可能的。其实直观的有限性本质上是由直观的形式的有限性本质决定的。直观作为有限的人类直观正是通过直观的形式的独立性与完整性与人类自身的某种隐匿的关联进行显明的。没有空间和时间，那种能让……属于“世内”的运动不会发生，只有它们的参与，我们才可以说某种运动是属于我们人类自身的，或者说直观在此意味着我们人类自身的有限直观。同样在此运动中，那些外在的某物由此也获得解放，获得一种存在方式，获得自我实现。通过直观我们可以表明存在者的存在。

现在我们明白了空间和时间作为一种直观的形式在康德哲学的真实含

① Martin Heidegger, *Phenomenological Interpretation of Kant's Critique of Pure Reason*, Translated by Parvis Emad and Kenneth Maly, Bloomington: Indiana University Press, 1997, p. 89.

义及其思想意义。但这样的东西它是如何存在的呢？如果在此我们不阐明它们的存在方式，那我们还是在一种与经验直观和对象的区别意义上来谈论它们，它们仍然没有真正的获得那个只属于自身的完整性，那个不需要在经验直观中去实现的完整性。这个问题的答案很简单：空间和时间不但是直观的形式，而且它们本身就是作为直观，是作为直观而存在而不是别的什么。现在问题复杂了，我们刚说过，空间和时间是直观的决定性因素，是直观的形式，而我们现在又要说它们自身也是直观。如前所述，康德的形而上学阐明论述了时间和空间只能是一种纯粹直观。这里说时间和空间作为直观意味着它们不是被直观所生成，不是来源于对外在的某物的直观，但它们直观着（intuiting）。因此它们必然地属于直观的本质结构不只是因为它们作为直观的形式，而且是因为它们自身也是作为直观而存在。这里的直观指的就是那个如前所述的"在纯粹直观活动中的被直观"。也就是说在纯粹的直观活动中，我们看到了那些东西是属于这个"有一个视野"（形式）的——空间和时间是源始地可直观的（originally intuitable）。

海德格尔认为在纯粹直观中我们并不是直观到了某物（etwas），而是直观到了时间和空间"直观着"。它们为经验直观提供一个前塑形（pre-figuration，Vorbidung），或者说我们提供了一个形象（image）于经验直观的前面。这一点，正如康德自己所说"空间和时间在直观中是前塑形的形式"[①]。在纯粹的直观活动中，空间和时间作为纯粹的"看"就是游戏。正如康德所说："这样的时间是感觉游戏的条件，但是空间是形象（figures，Gestalten）游戏的条件。"[②] 在没有对象的纯粹直观中，我们可以任意地设定一些纯粹的可被直观的杂多，我们可以想象它们的形象，给这些纯粹的杂多以不同的时间和空间联系。但反过来说，没有时间和空间我们无法去想象，所以空间和时间必须来自某种想象（imagination），或者说它们就是作为想象，否则我们无法想象并因此不可能获得一种"源始表象"。

在纯粹的无对象（不受现存者的某物的规定）的直观活动去直观（游戏），把自己保持为自己，并由此获得自身的那种统一性和存在方式，

---

① Martin Heidegger, *Phenomenological Interpretation of Kant's Critique of Pure Reason*, Translated by Parvis Emad and Kenneth Maly, Bloomington: Indiana University Press, 1997, pp. 89-90.

② Ibid., p. 90。

并在此基础上而成为一种直观的形式。这其实就是纯粹直观的全部本质。由此可见，通过康德的经验直观的现象（appearance）的追问我们最终走向的是一种现象学[①]。我们说时间作为直观就是指时间作为想象，作为纯粹直观。

“作为纯粹直观的时间既不仅仅意味着在纯粹直观着的行为中所直观的东西，也不仅仅意味着缺少‘对象’的那种直观行为。作为纯粹直观，时间是一个在直观中对被直观的东西构造着的直观。这是第一次对时间有一个充分的把握。”[②] 所以在海德格尔看来空间和时间（尤其是时间）是一个“制定”（enactment，完成，实现），在其独立于经验的活动中时间的连续性会被遇到，也就是说自己得以完成，自己可以显现自己。这其实就是一种自我游戏与自我实现，这是时间和空间的存在方式。海德格尔认为这样的存在方式其实就是自由—游戏。这是一种自由的自我给予，我们可以任意地游戏式地表现自己。用海德格尔的话说，我们已将空间和时间源始地据为己有，时间和空间具有源始的独立性，时间就是那个“源始现象”。在海德格尔看来，这样的游戏在康德哲学中只能是源自“想象力”（关于这一点我们在后面论述，这是一个很重要的问题）。但我们必须注意到，海德格尔并没有认为康德也这样认为。就康德自己而言，他的表达是很模糊的。这里阐明的只是就康德自己思想的那种思想自身的可能性以及思想的动机，或者说这里阐明的就是在康德哲学中所发生的什么和事件。

至此，我们也终于明白了在康德哲学中纯粹直观与直观的形式之间的关联，空间和时间作为直观的形式是因为它们本身就是源始地作为直观，作为一个没有某物而能让对象在场（想象）的纯粹直观——对象的直接性给出。直观的形式正是在纯粹的直观活动中被遇到的一个有自己的统一

① 这里指海德格尔意义上的存在论的现象学。关于海德格尔与胡塞尔现象学的区分，可参见 Brian Elliott, *Phenomenology and Imagination in Husserl and Heidegger*, London and New York: Routledge, 2005, pp. 54-69, 137-150；同时可参见：F. W. v Hermann《海德格尔与胡塞尔的现象学概念》，倪梁康等编著《中国现象学与哲学评论（第四辑）》，上海译文出版社 2001 年版，第 185—221 页。关于康德与胡塞尔的现象学的关联可参见陈嘉明《建构与范导——康德哲学的方法论》，社会科学文献出版社 1992 年版，第 111—118 页。

② Martin Heidegger, *Kant and the Problem of Metaphysics*, Translated by Richard Taft, Bloomington: Indiana University Press, 1990, p. 123.

性和完整性的东西。正因为如此，我们通常把纯粹直观与直观的形式都用来指空间和时间。但我们可以看出，一种纯粹直观之所以可能就在于想象的作用，如果没有想象的作用，我们的纯粹直观还会发生吗？更进一步的追问便是，如果没有想象，时间和空间还会作为一种直观吗？那么康德哲学中纯粹的直观的形式意义还会可能吗？如果没有想象，纯粹直观能提供空间与时间的在先的统一性吗？那么我们经验直观的杂多的次序关联的给定还可能吗？如果没有想象，直观无从获得它的形式和它的起源，同时时间和空间也不会成为那个内在的决定性原则。想象保证了康德自己所讲的形式的自身（先天）给予性质，保证了他所说的形式的独立性。也许想象（力）是康德哲学中发生的一个事件，而这个事件的发生是源于康德哲学自身的原因。因此，先验感性论只有作为某种生存论（存在论）现象学才是可能的。

现在，我们也终于明白了空间与时间作为直观的形式的思想意义，同时也说明了空间和时间作为直观，但这样的理解必然会带来更大的思想困境。这也许是康德哲学自身的特点。当我们很模糊地理解康德时，我们什么都能理解；当我们追问康德哲学思想自身的内在可能性时，我们掉进了一个很深的思想旋涡。我们发现在康德哲学中有很多思想的断裂，而且我们更发现正是在这些不可思议的断裂之间，真正的思想发生了。

我现在将几个思想的困境标记如下：（1）如果我们认为时间和空间作为直观的形式具有其自身的独立性和整体性，具有自己的存在方式，那么我们就不能必然地得出这个形式就属于我们的有限直观的本质结构，因为这个直观的形式的根源在于一种能自我完成的纯粹直观，而这样的拥有自己的存在方式的直观并不意味着一种与对象的关系的必然性，或者说这样的直观并不一定就是思想的直观，有可能是一个像上帝的直观一样的“直观直观着”意义上存在的完满的直观。在这一点上，海德格尔求助了我们人类直观的有限性，因为他认为康德在字里行间将有限性形成为主题。康德所谈的直观就是我们的人类直观，所谓的直观的形式就是那个出于我们自身的、自身给予的东西。这就意味着我们能直观，直观对我们人类来说就是一种真实的行为，直观获得了属于自身的起源，但即使是这样，我们还发现两者之间存在着断裂，属我的形式与外在的某物怎么会有一种如此美妙的契合，所以我们发现在康德哲学中概念之间的契合只有出于某种生存论的现象学才是可能的——想象为我们提供了一个存在论意义上的存在境遇：因此直观本质上是有限的直观、是一个能带来我和对象（某物）之间的真实关系的直观。这种生存论的现象学并不是大家（包括胡塞尔）经常所批判的一种实际性（facility）的现象学，而是一种坚决地思想自身的源起。它表面上看是出于某种实际的现象（正如牛顿看到苹果从树上掉下），而更深地讲它是思想自身的发生，如海德格尔讲的思想自身的规定。是思想给自己坚决地给定了道路从而让某种事情成为问题，而不是某种事情作为思想的对象而使思想成为可能。如海德格尔所言，存在使思想成为问题的更深缘由是思想走向思想之路。因此，我们可以看出，康德的思想就被海德格尔在其断裂之处被逼了出来。

（2）这样的纯粹直观及其所给予的形式统一性与知性的自发性与统一性功能是断裂的，也就是说直观并不必然地要与范畴结合，直观并不必然地会走向知识，因为它们来源不同。可如果我们不通过直观的形式来确定直观的独立性，那么直观就不会成为知识的构成要素，这样我们只说知性就足够了。如果我们将直观消解于范畴和知性，那么康德的知识就不是“综合的”知识，这关系到整个康德思想的内在可能性问题。所以在此“先天”与先验的和谐就成为问题。

二　先验阐明

对空间和时间的先验阐明要解决的问题，主要是阐明时间与空间同时是先天知识的基本条件，或者说它们使某种确定的先天知识成为可能。在这里其实是让空间和时间获得某种先验的规定，这是一个先天向先验过渡的问题。这一点康德说得很清楚：“我们所谓的先验阐明，就是将一个概念解释为一条原则，从这条原则能够看出其他先天综合知识的可能性。为了这一目的，就要求：（1）这一类知识确实是从这个给定的概念推导出来的；（2）这些知识只有以这个概念的给定的解释方式为前提才是可能的。”①

先天与先验的结合，这是康德哲学中很模糊同时康德也没有说清楚的问题。虽然在这里我们可以看出康德强调的是先天（空间和时间）对先验的规定性和决定性——它是先天综合知识的前提条件，但我们通观整个康德的知识论后会发现先验感性论其实在康德自己的思想中已经消解于先

---

① ［德］康德：《纯粹理性批判》，邓晓芒译，人民出版社 2004 年版，B40，第 30 页。

验逻辑了。对此，海德格尔认为康德自己是已经触及了问题的关键但是没有彻底给以澄清而模糊化了。康德是根据形式的直观来理解直观的形式而将先验感性论消解于先验逻辑了，同时也使直观的形式获得了先验的规定。

的确，我们发现在康德的先验阐明中间总有不和谐的东西存在。康德的先验阐明并没有那种来自事情本身的必然性说明，而是用几何学和运动为例来说明空间和时间的先验性质。我们知道只有空间和时间必然地与先验有关我们才可以说明空间和时间的先验性质，而我们从康德的先验阐明中并没有必然地得出空间和时间是具有先验的观念性。康德为了实现其主张空间和时间的先验的观念性，他一直提醒我们对他的空间概念不要进行粗俗的理解，但他自己没有解决自己所提出的任务，我们从先验阐明中也没有看出“这一类知识确实是从这个给定的概念推导出来的”。

他的先验阐明是那样的模糊并总让人不可接受，因为我们完全有理由拒绝康德的先验阐明。正如尼采对这部分的评论：“如果科学是正确的，那么我们就不被康德的基础所支持；如果康德是正确的，那么科学就是错误的。”[①] 事情为什么会是这样？究其原因，是康德哲学的模糊性。就这部分而言，是直观的形式与形式的直观的混淆而造成的。海德格尔在此说明的是，就康德哲学本身而言，康德要说的是什么。康德并没有失去那个直观的内在的决定性原则，康德只是没有在先验阐明中把自己想表达的表达清楚。

海德格尔认为在《纯粹理性批判》的第 26 节康德在论述范畴的经验运用时的正文和脚注中说得很清楚：“我们在时间和空间上的表象上拥有外部的和内部的感性直观的先天形式，而对现象杂多的领会的综合任何时候都必须适合这些形式，因为这综合本身只有按照这种形式才可能发生。但空间和时间不仅被先天地表象为感性直观的诸形式，而且被表象为（包含着杂多的）诸直观本身，因而是借助于对诸直观中的这种杂多的统一性的规定而先天地表象出来的（见先验感性论）。”[②] “空间在作为对象

---

① 参见 R. Kevin Hill, *Nietzsche's Critiques -The Kantian Foindations of his Thought*, Oxford: Oxford University Press, 2003, p. 124。

② ［德］康德：《纯粹理性批判》，邓晓芒译，人民出版社 2004 年版，B160，第 106—107 页。

被表象出来时（我们在几何学中实际上就需要这样做），就包含有比直观的单纯形式更多的东西，这就是把按照感性形式给出的杂多统摄在一个直观表象中，以致直观的形式就只给出了杂多，而形式的直观却给出了表象的统一性。这种统一性，我在感性论中曾仅仅归之于感性，以便只注意到它是先行于一切概念的，虽然它是以某种综合为前提的，这综合不属于感官，但通过它，一切有关空间和时间的概念才首次成为可能的。因为，既然空间和时间通过它（由于知性规定着感性）而首次作为直观被给予，那么这种先天直观的统一性就属于空间和时间，而不属于知性概念。”①

海德格尔认为我们从以上的论述可以得出以下结论，（1）空间和时间是感性直观的形式；（2）空间和时间是纯粹直观；（3）同样，空间和时间包含着纯粹直观——一个在它的统一性方面获得规定的杂多（指纯粹杂多）；（4）这个杂多就它本身而言（in itself）是一个整体（a whole），也就是说，它不是从部分给弄成整体，而是这个整体先于部分。这里的意思就是说，杂多在感性直观的形式中首先获得统一性，而这个统一性是不同于知性的统一性的原初的统一性，正如康德所说“这个先天直观的统一性是属于空间和时间，而不属于知性概念”。康德把这样的原初的统一性与源始地综合（originally synthesis）联系了起来。“因此如果我由于感官在其直观中包含杂多性，就是把一种总揽（synopsis，概观）赋予感官，那就任何时候都有某种综合与这个总揽相应。”② 海德格尔认为这里的综合的真正意思是“总揽”（synopsis），它是比任何综合都源始的综合。

在海德格尔看来纯粹直观的源始性在于其“事先给出统一的观”，即一种“总揽”（synopsis）。“如果我们探询那些在纯粹直观中被直观到的事物的特征……解释者常常总会马上否认在纯粹直观中是有某物被直观的，认为它只能是‘直观的形式’……其实纯粹直观——源始地统一着，也就是说给出这种统一的观，必须看透这种统一性，所以康德在这里说的并不是一种综合（synthesis），而是一种总揽（synopsis）。”③ 看透统一性

① ［德］康德：《纯粹理性批判》，邓晓芒译，人民出版社2004年版，B161注，第107页。

② 同上书，第114页。

③ Martin Heidegger, *Kant and the Problem of Metaphysics*, Translated by Richard Taft, Bloomington: Indiana University Press, 1990, p. 100.

在这里就是指看出直观的统一性，看透直观对于纯粹杂多而言的统一性，同时看到以后的知性的“综合统一”，所以一切“统一性”就首先是直观的“总揽”统一性，并且构成了其他“统一”的视域。时间和空间事先就给出了一种“前构形”，事先给出了纯粹的观，它规定了一切经验的直观和一切在这个“直观”基础上的统一性活动。“因此康德在§26节的脚注中所说的‘直观的形式就只给出了杂多’，也就是说直观给出杂多是根据它的源始地整体性的一（in its original one wholeness，einig），这个一按照先验感性论是自身显明的。我们不应当把‘只给出了杂多’的表达理解为这里好像没有统一性。相反，康德说‘只’（only）是因为杂多作为整体性的一还没有被任何知性的规定所影响而且也不需要这些规定，即使它允许这些规定发生。在这个意义上我们被告知‘形式的直观给出了表象的统一性，但是直观的形式就只给出了杂多’。”① 由此可见，形式的直观给出的统一性是以直观的形式的统一性为视域的，它是以直观的形式所给出的统一性为基础的，这一点在形而上学阐明中已经说得很清楚——任何个别的空间都依赖于这个作为“一”的空间本身。其实任何统一性给出的都是以形而上学阐明中所阐明的空间和时间自身的统一性和完整性——时间和空间本身就是一个“制定”。

在直观的形式中发生的是总揽的统一性。海德格尔认为正是通过总揽的行动，空间和时间才首先作为直观被给予——这回答了时间本身的可能性问题（如康德所说空间和时间不仅被先天地表象为感性直观的诸形式，而且被表象为包含着纯粹杂多的诸直观本身，因而是借助对诸直观中的这种杂多的统一性的规定而先天地表象出来的），也就是说它们才首次成为那个可被直观的东西。总揽将空间和时间作为直观给出，这意味着时间和空间之所以作为直观的形式的更深原因就在于这个给出，也就是说在康德哲学中直观的形式来源于某种自发性和主体性（这是一种思想的标识）。那么，正如康德所说“空间在作为对象被表象出来时（我们在几何学中实际上就需要这样做），就包含有比直观的单纯形式更多的东西”②。我们前面所提到的康德对空间的先验阐明中的空间的几何学表象其实是一种形

① Martin Heidegger, *Phenomenological Interpretation of Kant's Critique of Pure Reason*, Translated by Parvis Emad and Kenneth Maly, Bloomington: Indiana University Press, 1997, p. 94.

② ［德］康德：《纯粹理性批判》，邓晓芒译，人民出版社2004年版，B161注，第107页。

式的直观，而不是直观的形式。空间和时间不但可以作为直观的形式也可以作为对象被直观，也就是形式的直观。这里的表象是一个被范畴或知性的形式所规定了的直观的形式，它不是指那个源始的空间直观。这也就是说，在海德格尔看来康德从来没有打算把先验感性论消解于先验逻辑，而这都有赖于对康德的先验阐明的重新理解。因为我们一般认为康德的先验阐明无非是让空间和时间获得先验的规定，但我们现在发现这个规定对康德的空间和时间概念不是根本性的规定，那么形而上学阐明和先验阐明之间到底是一个什么样的关系，以至于这样的阐明是有效的。

“形而上学（阐明）必须显示一个人如何才能拥有空间的表象，然而几何学教给一个人如何能描述这样的一个空间——不是通过描画而是通过先天的表象。通过前者，空间作为一个先于任何空间规定的被给予而被发现；通过后者，一个空间被制作（made）。在前者那里空间是源始的并只是一个空间；在后者那里空间是派生的并且有很多个空间。关于很多空间而言，那些同意形而上学者们与空间的基础表象的几何学者们必须承认很多空间只有作为一个唯一的源始空间的部分才能被思想。”① 由此可见，在纯粹直观中有一个源始的统一性，形式的直观以直观的形式为前提，直观的形式为形式的直观提供视域。这个源始的统一性是感性自身提供的，感性自身具有自己的自发性。这个自发性的来源在海德格尔看来是想象力。在这里我们也可以看出这个源始的统一性是在纯粹直观中生发的。海德格尔对先验阐明的解读想说的是，康德的先验阐明仍然承认直观的形式的源始的统一性，时间和空间及其统一性功能不是像新康德主义者认为的那样是来自思想（知性），因为康德在先验阐明中的主题——形式的直观——是派生性的，因此先验阐明所给予空间和时间的先验规定不是根本性的。时间和空间的自发性以及在此基础上的统一性（总揽）功能是由纯粹直观标明的、自身源起的。所以康德先验阐明并不是打算将先验感性论消解于先验逻辑，而是要表明任何的先天综合知识都是要以直观的内在决定性原则（空间和时间）为条件的，或者说通过先验阐明我们发现正是直观的形式让某种确定的先天综合知识成为可能——思想的基本前提就是那个唯一的源始的时间与空间。至此，康德哲学中先天与先验的和谐关

① Martin Heidegger, *Phenomenological Interpretation of Kant's Critique of Pure Reason*, Translated by Parvis Emad and Kenneth Maly, Bloomington: Indiana University Press, 1997, p. 95.

系就有了答案。

先天构成了先验的基础，对杂多的原初统一性把握始终是在先天的直观的形式中进行的。当我们想对杂多说点什么的时候，杂多就会获得范畴的先验规定。虽然康德一直认为“在一个感性直观中被给予的杂多的东西必然从属于统觉的本源的综合统一性，因为只有通过这种统觉的统一性才可能有直观的统一性”①，但在海德格尔看来这里的直观的统一性其实不是指那个“源始的统一性”，而是指的形式的直观的统一性而不是直观的形式的统一性。通过想象力直观的形式会获得形式的直观的表现方式（几何学就是如此），由此杂多（对象）也会获得先验逻辑的存在方式。关于先天为什么必然的要获得先验的规定，或者说先天为什么会走向先验（让先验成为自己的一种显现方式，因为我们完全有可能让别的方式来显现那个在先天直观中的源始的统一性），其中的原由只有一个，那就是我们的有限性——我只能这样去让某物显现：在自己的有限性中坚持有限性本身②。因此，康德哲学中先天向先验过渡的问题只有把康德哲学理解为一种存在论的现象学才是可能的。

其实康德已经将我们的有限性提了出来，但没有成为主题。海德格尔在此强调的是，按照康德哲学的内在可能性而言，有限性必须成为主题。如果不将有限性形成为主题，康德的思想本身是没有可能性的。就先验感性论而言，首先，就作为知识的起点而言，康德没有回答我们为什么只有空间和时间这两个直观形式，而没有别的。这一点连康德自己都承认，“但我们的知性只有借助于范畴、并恰好只通过这个种类和这个数目的范畴才能达到先天统觉的统一性，对它的这一特征很难说出进一步的理由，正如我们为什么恰好拥有这些而不是别的判断机能，或者为什么惟有时间和空间是我们的可能直观形式，也不能说出进一步的理由”③。就康德的整个思想而言，我们不可能认为他总是碰运气式的，总是“恰好”拥有这两个直观的形式，而事实上他不是在碰运气，他是在与思想本身打交

① ［德］康德：《纯粹理性批判》，邓晓芒译，人民出版社 2004 年版，B143，第 95—96 页。

② 这是存在论的指示，或者说是一种存在的无因可循的超出逻辑世界的造化：这里其实预示着后期海德格尔的具有同一性本质的“Ereignis”。

③ ［德］康德：《纯粹理性批判》，邓晓芒译，人民出版社 2004 年版，B145—146，第 97 页。

道，更何况大家都不会为了一个运气而前赴后继的去研究。也许，康德的那种思想的必然性在黑格尔那里得到了最严格的表达，但我们首先还是要说明康德自己的哲学基础。

其实，在海德格尔看来只要将有限性形成为主题（后面我们将遇到这个问题），只要将“我”理解为一个“与世存在”（此在），那么问题就变得清晰起来，康德的哲学就会有某种来自“事情本身”的必然性力量①。为了避免康德关于时间和空间的绝对无条件性（好像是捡来的但又那样的与我的某种东西相契合），我们必须把我们的有限性在康德哲学中形成为主题。

其次，我们可以看出，在先天与先验结合的问题上，康德自己虽然提出了想象的作用（通过想象，时间和空间可以被作为对象给表象出来）。但对康德来说，这是以自我意识为前提的想象，以至于这种关系的和谐好像是我们做出来的。“在一个我称之为‘我的’直观中所包含的杂多，被知性的综合表现为属于自我意识的必然统一性，而这是通过范畴做到的。”② 我们可以看出如果直观中的杂多是属于知性的必然统一性，那么我的统一性的实现就完全依赖于知性，依赖于一种自我意识（反思）。因此我们的主体性完全是被自我意识所标明，先天和先验的关系完全是由我的知性决定。如果事情是这样，康德的“我”就只能是一个“先验自我”，而没有道德自我和经验自我的存在空间。因为这样的知性完全断送了我和对象的本质性关联，断送了他常说的“人人都认为是那样”的普遍有效性（正如胡塞尔的主体间性）——因为一个具有反思特征的自我意识没有能力去知道别的自我意识是如何认为的。

这样其实就让与我不同的人完全丧失了作为自己对象的资格，因为对象在我这里完全没有意义，一切都是由自我意识决定的。虽然这里的别人与一般的直观对象不同，但要让对象成为对象存在起来，也就是说要让对象作为对象对我们有意义这一点上是相同的，不同的只是想象的所产生的

---

① 这里的必然性来自某种现象学，先验哲学也因此会获得其合理的基础。正如在尼采看来形式性或范畴的东西的真理性就在于它们是我们的生活的条件。虽然这里的现象学与尼采的“生活”不同，但两者在思想的精神气质上是相通的。对此可参见 R. Kevin Hill, Nietzsche's Critiques-The Kantian Foindations of his Thought, Oxford: Oxford University Press, 2003, p. 126。

② ［德］康德：《纯粹理性批判》，邓晓芒译，人民出版社 2004 年版，B144，第 96 页。

后果不同（其实真正的自我意识首先要来源于他者的在场，否则我们也不会让一个上帝到来）。所以这样被自我意识标明的自我并不是一个真实的自我，并不是一个能领会自己的自我，在海德格尔看来就是一个没有自身性（selfhood）的自我，不能显示自身存在意义的自我（由此，正如舍勒认为的那样，人的格位也不会获得，说明白点，人首先就丧失了种的意义；或者如列维那斯的他者也不会有他者性）。也就是说，这样的自我最终也不会在康德那里走向一个道德的自我，不会实现自我的最大的统一性。那么康德的哲学和“存在与统一性”的哲学开端问题就完全不沾边。

但仔细看康德所说的，我们发现，康德这里说的只是“表现为”，他说的必然的统一性只是就先验（狭义的先天）世界内而说，是从我们前面讲的形式的直观说起的，这里只是说杂多在我们思想之内的表现，并没有说直观中的杂多本身，这里并没有完全否认直观中的杂多对我们认识的规定性质，只不过在康德这里表达的比较模糊。我们的认识仍然是在（广义）先天（那个在经验直观中被发现的直观形式）的视域下进行的一种综合行动。先验只是就对象对我的认识论意义而言，它本身来源于“先天”的存在论特征。真正能标明我们主体性的东西不是自我意识，而是那个在先的视域——时间和空间（尤其是时间）。

第三节　作为自我激动的时间

通过对形而上学和先验阐明，康德向我们表明只有把空间和时间理解为直观的形式而不是形式的直观我们关于空间和时间的先天知识才是可能的。总揽能让空间和时间首次作为一个对象而被先天地直观到，但同时空间和时间本身是一个非对象化的东西，它们源始地统一着。它们给出了“对象”而本身又不是对象。这样的直观的形式不只是具有形式意义而且具有能力意义。通过先验阐明，康德得出的结论是，空间是外感官的形式（外直观），时间是内感官的形式（内直观）。海德格尔认为康德通过把时间和空间与感官的结合，不论是外在于我们的某物还是我们自己都拥有了自己的存在方式。“那个允许我们自己所是的存在者被遇到的东西被叫作内直观并意味着遇到那些使我们仍然存在（being extant）的状态……内感官是我们自己所是的存在者的经验性的经验（empirical experience），被理解为现已仍然存在的朝向对象（extant ob-jects）。内感官是这个经验性的自我意识或者一个心理人格（personalitas psychological，意味着能从经验的心理的方面给我们提供一个属于人的‘格位’——笔者注）。因此，事情变得很清楚，康德从存在论上（ontologically as being-extant）同时把握住了自然物的存在方式和人类所拥有的物的存在方式——或者用他自己的哲学语言说，即同时把握住了‘生存’与‘实在’。”①

我们说时间是内感官的形式，但关键还是要理解内感官的含义。在海德格尔看来，康德的内感官其实就是能让我们拥有自己的存在方式的最初的同时也是最古老的并属于我们自己的经验。内感官在此被标明为我们通向自己存在之路的一个路标。同时，内感官只有在流逝的时间中才能感知（perceive），时间规定着我们内部状态中诸表象的关系。没有时间我们的内感官感知不了这种关系，而事实上我们内感官本身就是一个状态的系列——表象、意志、情绪，它们总是在变化，本身就是一个时间现象并以时间的系列为前提。“因此时间是‘内感官的形式，也就是说，是我们自己的直观与我们的内在状态的形式’。”② 由此可见，时间就是那个让直观成为我们自己的人类的直观的那个东西，即康德在先验感性论的§6所说的时间是我们自己的直观活动的形式。时间在此首先标明了那些活动是属于我们自身的，它给我们自身一个标记。时间与我们自己的关系因为内感官的古老（意味着在经过上帝的剥夺运动后，我们仅存的一种属于我们自己的自身关联——笔者注）性质而显示出了不同于传统的存在论意义——时间能让我们去存在、去生存。

所以在海德格尔看来，康德常说的任何现象都“在时间内”（intra-temporal）的意思不是一种对我们内部状态的限制，而是“它意味着这些表象在时间中作为生存、出现、消失的状态的一个跟一个。当我们彻底地把每次在表象中我们所表象的东西放到一边的时候，当我们彻底地把那个朝向那儿（that toward which，wozu）放到一边的时候，我们就用我们自己的行为方式来表现我们自己——作为生存着的状态和心灵的规定，这些

---

① Martin Heidegger, *Phenomenological Interpretation of Kant's Critique of Pure Reason*, Translated by Parvis Emad and Kenneth Maly, Bloomington: Indiana University Press, 1997, p. 100.

② Ibid..

表象就落入了时间”[1]。因此,“作为事先的看(viewing)的模式(mode),作为纯粹直观,空间和时间是那个根据它经验、主体就能生存的模式”[2]。但是在康德这里,时间和空间作为生存的模式与我们主体的关系是不同的,时间与主体的关系显得更根本些。

“时间是所有一般现象的先天形式条件。空间是一切外部直观的纯形式,它作为先天条件只是限制在外部现象。相反,一切表象,不管它们是否有外物作为对象,毕竟本身是内心的规定,属于内部状态,而这个内部状态却隶属在内直观的形式条件下,因而隶属在时间之下,因此时间是所有一般现象的先天条件,也就是说,是内部现象(我们的灵魂)的直接条件,正因此也间接地是外部现象的条件……所有一般现象、亦即一切感官对象都在时间中,并必然的处于时间的关系之中。”[3] 正如亚里士多德认为的那样,如果没有灵魂我们的时间会停滞,康德同样认为时间与我们灵魂的关系比空间来说更密切。正因为如此,我们可以看出,不论是物理的还是心理的现象以至于整个世界的发生最终都在时间中。时间其实在康德那里意味着一种发生、一种开端。时间较之以空间有自己的优先性。“我们必须注意时间的(在康德哲学中)这个双重特征,它在于(1)它的较之以空间的更源始地属于主体、属于我(I, Ich)、属于我们自己本身(our own self)与(2)尽管由于这个更源始的主体性,它的存在仍然是所有现象的形式。只有注意这个双重的规定,我们才能说明这个明确的时间解释,据此,对康德来说时间最终是作为‘自我激动’(self-affection,自我刺激)而出现。”[4]

康德也提到过时间是自我激动,“于是,凡是能够在所有思维的行动之前作为表象而先行的东西就是直观,并且,如果它所包含的无非是关系,它就是直观的形式。这种形式由于它只有当某物被置入内心时才有表象,所以它不能是别的,只能是内心通过自己的活动、即通过表象的这一置入、因而通过自身而被刺激起来的方式,这种方式就是某种按其形式而

---

① Martin Heidegger, *Phenomenological Interpretation of Kant's Critique of Pure Reason*, Translated by Parvis Emad and Kenneth Maly, Bloomington: Indiana University Press, 1997, p. 102.

② Ibid., p. 103.

③ [德] 康德:《纯粹理性批判》,邓晓芒译,人民出版社 2004 年版,A34,第 37 页。

④ Martin Heidegger, *Phenomenological Interpretation of Kant's Critique of Pure Reason*, Translated by Parvis Emad and Kenneth Maly, Bloomington: Indiana University Press, 1997, p. 103.

言的内感官"[①]。但是，在海德格尔看来，康德没有把这个学说给以充分的说明，事实上，这个学说已经构成了康德全部思想的基础。因为就海德格尔来说，时间是构成我们的存在（此在）的基本视域，时间是让此在能获得统一性的东西，只有使此在自身时间化，此在才能实现其全部统一性。虽然在康德这里的谈论只是一种时间对我们先天综合知识的规定作用，虽然这样的谈论没有像基本的生存论分析那样给出的时间显得对我们自身来说更为根本，但时间与统一性、时间与存在的关系的问题毕竟在康德这里显明了，只不过是谈论的方式不同（事实上海德格尔早期也曾经在《存在与时间》和《现象学的基本问题》中谈论过先验与存在的问题）。从海德格尔对康德的时间概念的分析入手，海德格尔得出了时间是自我激动的结论。从康德的时间概念的双重特征入手，我们将进行如下的现象学描述以便我们的分析显得彻底。

下面我们所说的都是时间本身，只不过出于描述的需要，同时也是由康德给予时间概念的双重性质决定的，我们做出了区分。作为直观的形式，时间让我们与物相遇，让我们在直观活动中与物相遇，同时物自身也获得自身的显现。但要记住这是一个有限的直观，这里其实标画了直观的敞开特征——作为直观的内在的决定原则的时间让直观作为我们人类的直观，同时打开了我们朝向对象的那个视域。或者说是时间让我们和物有了一个基本的真实关系——只有外物的刺激我们才能获得关于时间的表象，同时外物一直不断地由它自身出发来关注我们、刺激我们。这是通过时间作为直观的形式来实现的，这是就时间与对象的关系而言。但我们发现就时间本身作为现在的系列而言，我们并没有通过感官而感知，也就是说在这里我们并没有遇到时间本身。但是作为纯粹直观，如前所述，我们在这种直观活动中遇到了时间。

另外，我们知道纯粹直观应该是一个事先的非对象化的看。在纯粹直观中，时间的作为现在系列的连续性会发生，这是由想象决定的。作为纯粹直观，时间是源始的主体性本身，"并且这个对某物的有一个看是一个主体的行为。纯粹地出自它自己并同时朝向它自己，这个直观活动允许我们去与时间相遇。这样的对时间的纯粹直观就是制定（enactment），它独

① ［德］康德：《纯粹理性批判》，邓晓芒译，人民出版社2004年版，B67—68，第47页。

立于经验并在其中时间的连续性被遇到。与这个连续性一道，某物遇到了出自它自己的并允许朝向它自己的自身（the self），它以某种方式是其自身，它事先据此塑形为它自身，并事先给出它自己。在这里，自我在一种纯粹的、先天的独立于感觉的方式下为时间所触及和刺激，在这种方式下，自我被时间直观是它被时间刺激的基础。但是这个刺激不是来自感官的刺激；而是一个通过有限直观而来的刺激。如刺激一样，感性同样是纯粹的；同时纯粹的时间直观自己允许它自己被遇到。因此，时间是先于任何经验的源始地纯粹的自我激动：独立于经验地，被某物——它仅仅是在一个如此制定自我的（Which the self has so enacted）‘让……被相遇’（the letting-be-encountered）的基础上来刺激我们、触及我们——所触及”[①]。

由此，就时间作为纯粹直观而言，在我们的纯粹直观活动中，我们与时间相遇，时间通过直观活动显示了自己的基本特征。这个特征决定了它是一个事先的看，但是这个事先的看在康德那里始终没有形成主体性。“正如在开始对时间和空间作为直观的解释中所强调的，虽然作为一个无限的给予的量的空间和时间是那个被直观的东西（一个想象物，an ens imaginarium），然而康德没有将它们理解为事先的那个被遇到的直观方式，因此没有理解为人类此在的基本行为，没有理解为主体性的‘心灵规定’。”[②] 但是，在海德格尔看来，康德所理解的时间就是我们的主体性，这一点与海德格尔自己的思想有关。

通过海德格尔对康德的时间的分析，我们得出以下结论，时间是一个事先的看并且是纯粹的自我激动，也就是说作为纯粹直观——康德正是在把时间理解为纯粹直观的基础上来说时间是直观的形式。这意味着在时间这个视域中我们与物的相遇——使物成为真正的外在于我们的物本身，同时也是对我有意义的（一种与物的真实关系，也就是我说的与物的相遇性质）。在《存在与时间》中海德格尔认为，我们的生存（此在）是对物的世界在它们自身中的揭示（disclosure），这个揭示不是一个对物的意识的揭示。同时我们的生存也是我们自己存在意义的揭示。但这都有赖于时

① Martin Heidegger, *Phenomenological Interpretation of Kant's Critique of Pure Reason*, Translated by Parvis Emad and Kenneth Maly, Bloomington: Indiana University Press, 1997, p. 104.

② Ibid..

间让我们能拥有自身领会的内在机制，同时也有赖于时间自身的发现。“如果说此在发现了一个外在于它自己的世界，这是不正确的，因为这样会使我们人类生存有某种内在的东西。海德格尔相信在一个对物的世界的揭示中此在作为‘在那儿’（out there，Da-sein）被自身性的发现（揭示）。海德格尔把这叫作人类生存的‘逸出态’（ecstatic）本质。揭示本身的统一性问题因此不能在作为关注客体和主体之间关系的康德方式中给以陈述。揭示本身的统一性就是当下的‘世界’的统一性与生存的统一性。”①

也就是说，在海德格尔看来，我们不能在意识的统一性中去发现能给我们自己提供统一性的那个东西——这个东西自身必须也是源始统一的（如康德的阐明），而是在纯粹的当下中、在我们的生存中去发现这个东西。这也就是说在康德哲学中应该从直观中（其实在海德格尔看来康德哲学中由内感官而来的感觉也具有存在意义），尤其是纯粹直观中去发现这个东西。因为纯粹直观就是纯粹的当下，同时意味着对象的纯粹（被想象为）“在那儿”（一个形象），但同时意味着我们的出离自身（也就是说我超越我自己、在一种超越中，正如海德格尔的此在的坚决的超越性）。毫无疑问，在纯粹直观中，我们发现的是时间，时间是那个能为我们自身提供统一性的东西。这也就是说时间就是主体性。其实在康德哲学中，如果我们在主体与客体之间去发现能为我们提供统一性的东西，那么我们发现的只能是一个为先验自我提供统一性的东西，而不是整个康德的自我统一性。

这里，还有一个问题，在康德哲学中时间到底有没有像海德格尔自己的时间那样的存在意义，因为在海德格尔哲学中如果一个东西没有存在意义，那么它是不能提供真正的统一性的。即便我们把这种统一性的提供者标明为主体性，但这样的主体是一个仅仅是逻辑学意义（认识论意义）上的主体，它还没有获得那个让自我显示的那个“源始的存在区域”（the original region of being，这个区域对胡塞尔来说就是现象学的意识，对康德来说就是先验想象力与时间或纯粹直观，对海德格尔来说就是时间）。如果我们把时间认为是自我激动，那么时间在康德哲学中就是有存在意义

① Ronald. Morrison，“Kant，Husserl，and Heidegger on Time and the Unity of ‘consciousness’”，*Philosophy and* Phenomenological Research，Vol. 39，No. 2，December 1978，pp. 192-193.

的。因为在海德格尔哲学中，此在因为其有限性和超越性而具有存在意义，也就是通过此在的生存论分析，存在的意义会得以显明（但必须明确这是一种世界的存在意义，而非简单的我们人类自身的存在意义）。时间如果是自我激动，也就是说作为纯粹直观，就意味着在没有外物刺激的情况下我能让时间出现，时间的出现意味着我们的纯粹直观的可能性（因为没有时间我们无法去表象—想象—某物的形象）。

纯粹直观意味着一个纯粹的对象“在那儿”，而这如前所述意味着我们的出离自身——如果我们没有能力去领会一个对象“在那儿”，那么我们的经验（生存）就不会获得一个“源始的存在区域”（其实，在康德哲学中更偏重于一种客观存在的对象，但不排除一个纯粹的对象，正如先验阐明中以空间为对象的几何学，对胡塞尔和海德格尔来说这是基本的），从而去显示我们的存在意义。所以这个出离自身就是我们的超越性——我们总是与我们之外的东西（其本源的形式就是想象）之间去获取一种生存的空间（区域）。就有限性而言，不但是由时间作为直观的形式决定（有限的人类直观），也是由自我激动的时间决定的。时间作为直观的形式是有限直观的条件，同时自我激动的时间也让我们的直观真正的属于我们自身的，因为我们完全是在我们的想象（在时间）中给出一个直观——纯粹直观，这样的直观会让我们在有限性本身中来忠实于有限性，使有限性对我们具有构成意义，所以这是一种真正的有限性。因此，从以上两个方面可以看出，时间与我们的关系和时间与此在的关系一样，时间具有存在意义。因此，时间就是我们的主体性，就是那个能提供我们的最大的统一性的东西（在康德哲学中，这个最大的统一性是由理性提供的，这关系到时间与理性的关系）。毫无疑问，由时间标明的主体不只是一个意识的主体，同时也是一个实践（行动）的主体。

但这里还有一个要继续澄清的问题（虽然这个问题前面已经说过），就康德的时间概念来说——作为直观的形式的时间，我们为什么能确定在直观中也就是说在时间中我们自己能够得到显明（manifest）呢？这是对时间有没有存在意义的结构性追问，是上一个问题的具体化。也就是为什么说在时间中对物（对象）的显现同时也是对我们自己的显现呢？对海德格尔来说，首先就物而言，我们的生存（此在）是对物的世界在它们自身中的揭示（disclosure），是根据物自身来揭示物。这就要求我们有一种“因缘结构”（对康德来说就是指先天），这种因缘结构对存在者来说就是了却因缘（让……来相遇、照面），就是“在某种实际操劳活动中让一个上到手头的东西像它现在所是的那个样子存在，让它因此能像那个样子存在”①。

同时，对此在自身来说：“这个把某种东西向着因缘开放的‘向来了却其因缘’是一种先天的完成时，它描述着此在本身的存在方式。”② 这也就是说，“因缘结构导向此在的存在本身，导向这样一种本真的、唯一的‘为何之故’”③。对海德格尔来说，要让我们能在某种东西中能显示自己的存在，我们必须拥有这个因缘结构，因缘结构显示了此在的存在意义，显示了此在本身。只有澄清了“了却因缘”，我们才“能够对世界之为世界这种现象加以规定”④。在因缘结构中所显现的就是世界的现象，因此也是对我们自己的显现。一个这样的因缘结构就是存在者（物）的“何所向”，“作为让存在者以因缘存在方式来照面的‘何所向’，自我指引着的领会的‘何所在’，就是世界现象。而此在向之指引自身的‘何所向’的结构，也就是构成世界之为世界的东西”⑤。撇开海德格尔对存在论问题的结构与维度的三种区分，我们发现正是有一个这样的因缘结构，此在才具有存在意义，也就是此在把因缘结构把握为一个“因”与“缘”、“向”与“故”的关联的意蕴整体时使自己先行对自己的在世有所领会。但不论怎样我们必须有一个因缘结构。下面我们仔细看一下在海德格尔看来康德是怎样解决我们上面所提出的问题的。

海德格尔提出的在直观的形式（尤其在时间）中有总揽的综合行为，有一种对杂多的源始地综合统一——在这种统一性中，物（杂多）源始地作为物本身，物与自身相遇，也就是说让物作为它自己现在所是的那个样子存在——真实意思就是说作为直观的形式的时间其实能表达物的存在意义。海德格尔在对康德的现象与物自体的解释也表达了这个意思：现象就是物自体的现象，现象和物自体没有认识论意义上的区分，而只是就对我们的显现来说，现象就是物的现在（当下）所是——现象具有“是”

① ［德］海德格尔：《存在与时间》，陈嘉映、王庆节译，生活·读书·新知三联书店 1999 年版，第 99 页。

② 同上。

③ 同上。

④ 同上。

⑤ 同上书，第 101 页。

的意义。同时，正如海德格尔指出“这个把某种东西向着因缘开放的‘向来了却其因缘’是一种先天的完成时，它描述着此在本身的存在方式”。那么我们说时间是纯粹直观的意思就是说我们与物的相遇就是一种先天的完成——在康德这里是通过纯粹想象先天完成的，在海德格尔那里是通过领会完成的（领会把包括我们与物的在内的很多关联保持在一种先行展开的状态中）。

因此，我们可以说通过在康德哲学把时间把握为纯粹直观其实在海德格尔看来就是把在时间中的任何统一性行为都把握为一种我们自己的存在方式。同样我们在时间中对对象的表象同时也是对我们自己的显示，只不过纯粹直观（在以后我们看到其实就是纯粹想象力）是一种本源的演示。我们说时间是一种自我激动就是说这个本源的演示，以让这个先天的完成变得更彻底，以至于它完全是自发的，同时让时间能作为一个世界的制造者。所以，我们可以说直观的形式就是一个因缘结构，就是我们所说的“让……来照面、来相遇”，有一个事先的看。它构成了物的何所向，指引着物本身，同时作为一个敞开的先行结构而“在我们内心中”——因为我们具有保持这个敞开的能力（想象力）。正如海德格尔所说，这个“何所向”（时间）就是一个世界现象，是构成世界成为世界的那个东西。正是时间让我们与对象以及和我们自己之间拥有了一种因缘关系，并使这些关系作为一个意蕴整体——世界。所以说，在康德哲学中同样存在着一个因缘结构，一种存在论意义上的先天是完全有可能的。

由此可见，海德格尔通过对先验感性论的分析，康德哲学中的基本命题：时间作为直观的形式，时间作为纯粹直观的真正意思已经给予了澄清。具体地按康德思想的发展理路来说，对时间作为一种纯粹直观的寻求是来源于经验直观这个现象学意义上的事实，通过对这个事实的分析一种直观的形式是必要的（在康德看来这是最基本的人类的理性都是对此表示同意的），而一个东西要成为直观的形式的前提就是它必须是纯粹直观，同时这个纯粹直观就是一个作为“自我激动”的时间。由此可见，康德是开始于一个事实（如柯亨认为的那样），但并没有终结于这个事实本身，而是走向了一种关于人的形而上学问题的存在论。通过时间作为直观的内在决定性原则是因为时间与我们的存在的本质关联。这样的时间其实获得了一种动力的保证，在这样的时间的规定下的综合行为（如知性的综合）都会和我们的生存有关，因而都具有真理性。所有这些都回答了以尼采为代表的对康德的批判，康德哲学因此也获得了那个内在的确定性原则，康德哲学中概念之间的和谐关系也不再是不可思议的。这样的时间不但构成了主体性的全部本质，同时使主体性成为一个有自己的“本源演示”和“存在区域”的主体，让主体获得了存在意义。对康德来说这个主体就是一个有自身性的自我，“正如康德在批判的前九年已经宣布的那样，时间这个形式将最终作为一个自我去通过它的经验去刺激自己的一个自我的能力——其实，就完全是一个自我——而出现。”（在给一个朋友的信中）[①] 毫无疑问，这样的时间其实就是我们的“源始现象”，在康德哲学中比时间与主体性的关系更源始的是时间与我们的有限性的关系，因为后者完全可以阐明这个源始之所在。

可见，在康德哲学中，是时间构成了先天的基本条件，没有时间我们也不会有先天的直观。通过时间，直观被把握为一个先天（as a priori）。从而把直观把握为我们人类的直观。时间让我们与对象的关系成为一个有（世界）意义的关系，让我们在与对象的关系中生发出很多关于对象（存在者）、自我，以及人类自身的理解（这些概念至少现在还是不明确的）。也可以这么说，时间让关系本身成为可领会的，使关系本身具有了体现自我（此在）的超越（纯粹直观）性质，从而也将这种我们与对象之间关系把握为最基本的关系。海德格尔认为康德正是在这个意义上说，时间和空间具有经验的实在性和先验的观念性。那么，在康德将先天（广义）与先验结合，就是将我们这个有限生物的内部的全部可能性变得彻底，也就是让我们和对象之间的关系变得彻底，因为只有对象通过时间被揭示出来时，我们才能说出点什么。而且我们确实是在不断地说出，不断地认识。存在与统一性、存在与逻辑的关系就是这样的具有开端意义，连康德和海德格尔（包括胡塞尔、维特根斯坦等）都躲不过去。这是哲学家的任务，同时也是一种来自哲学家对逻辑自身的把握——先验逻辑。因为在（形式）逻辑之先，逻辑的意义已经起源了（逻辑不只是一种结构意义上的无矛盾体系），时间和空间作为直观的形式和纯粹直观比逻辑自身更具有“现象”（phenomena）意义。在这个意义上，我们也不难理解为什么海德格尔认为知识首先就是直观。通过以上的分析，我们也不难看出康德

① 参见 Charles M. Sherover, *Heidegger*, *Kant & Time*, Bloomington: Indiana University Press, 1971, p. 56。

并不是碰运气的捡来时间和空间，而是源于对我们自身有限性和对逻辑本身的洞察——直观是思想的直观：一种先天的先验可能性。同时，直观作为纯粹直观并不只是一种形式的直观，而且是直观的形式：它提供了一个先天给予的自身可能性。而且，同时就时间与自我的关系而言，我们从根本是可以彻底地说：对我们人类自身来说，（存在论意义上的）先天是可能的。这个先天的可能性以及先天的先验可能性本身就说明了数学、几何学以及自然科学的可能性，而这本身意味着一种先验逻辑的可能性。

第二章　先验逻辑与范畴

我们知道，在先验逻辑部分康德处理的是思想及其自发性的问题，就像在先验感性论中对直观及其接受性的处理一样。然而，正如海德格尔在先验感性论中对直观的自发性的考察，先验逻辑中同时也要处理思想及其接受性的问题，这个问题是通过思想与直观的联合给以解决的。和前面的分析一样，海德格尔首先注重从字里行间去发现康德赋予每个语词的意义。就先验逻辑部分而言，我们首先要弄清楚先验逻辑的基本思想意义。

第一节　先验逻辑的思想规定

与先验感性论中将空间和时间展示为纯粹直观的构成元素相对，在先验逻辑的概念分析论部分康德分析了纯粹思想的构成元素——也就是分析了范畴，将范畴展示为纯粹思想的构成元素。与此相关，在这部分同样有范畴的先验阐明与形而上学阐明。康德之所以这么做，在海德格尔看来是因为康德把思想与感性、直观与范畴看成了构成存在论知识的基本构成元素。正如康德在概念分析论的最后指出："只是到此为止，我才认为有必要作小节的划分，因为我们所讨论的是一些基本概念。现在我们想要表明这些概念的运用，则叙述将可以一直连贯地进行了，而不必做小节的划分。"① 我们知道，在概念分析论之后是原理分析论，在这部分康德处理的是整个先天知识的问题，它将先天综合知识各自独立的构成元素作为一个整体给连接了起来。那么这个连接之所以可能就是因为这个各自独立的构成元素具有被连接的内在可能性。就先验感性论而言，我们可以看出，一切知识都是直观，都受到时间的规定。那么就思想而言，只要我们阐明在康德看来思想是服务于直观，那么我们就可以阐明康德整个先天综合知

① ［德］康德：《纯粹理性批判》，邓晓芒译，人民出版社 2004 年版，B169，第 112 页。

识的可能性。对康德来说，这其实就是对思想和逻辑的本性的研究。逻辑是不是思想的逻辑，关键在于康德对逻辑自身的认识。正如我们在概念分析论中看到的，康德对逻辑（范畴）的处理总是在与直观的关联中展开的。海德格尔认为康德对“先验逻辑”的处理不仅仅是知性的分析，而是“这样意味着我们首先应该探索逻辑作为逻辑直到那个他让这个元素的分析结束的地方为止”①。事实上，在先验逻辑中有一种存在论被奠基，它规定着思想。在先验逻辑部分，康德不仅处理纯粹思想的分析，而且在一种知识制定的完整性上来处理知识的两个来源的连接。那么问题的关键就是对康德来说，什么是思想（thinking），或者说思想是如何发生的，这个构成知识的基本来源的思想有哪些基本特征。

一 思想的基本规定

与先验感性论中时间和空间让感性成为感性一样，先验逻辑部分追问的仍然是“是什么让思想作为思想，是什么规定了思想，是什么让思想的基本构成要素（范畴）作为源始的要素”。如果不回答这个问题，康德的先验逻辑学与普遍逻辑及其所谓的应用逻辑就没有区别。对康德来说，先验感性论追问的是时间和空间的最大的存在论的内在可能性，那么先验逻辑追问的就是范畴的最大的思想的内在可能性。我们知道康德认为自己的先验逻辑是来自普遍逻辑的理想，也就是希望逻辑成为一种科学和知识的基础。这也就是他通常所讲的科学如何可能的问题。毫无疑问，这是个大胆的设想和计划，因为当时所谓的近代自然科学已经形成，而且自然科学本身的发展并没有将逻辑形成为主题。那么康德想要为自然科学提供逻辑的基础，这无疑是一个创造性的问题。同时，也是一次对我们人类认识及其知识的反思。在自然科学中，我们有经验作为基础，但经验如何可能并没有给予回答，而只是有经验的一致性原则，但这些原则如何被提供出来并没有得以回答。康德首先在如此的意义上把先验逻辑制定为一个对知识与知识相关的认识者（知识之所以可能）的本源性考察。与这个考察相关，逻辑学自身拥有了自己的起源，或者说思想自身也获得了起源。

在康德看来，对自然科学如何可能的问题的回答同时也是逻辑获得一

① Martin Heidegger, *Phenomenological Interpretation of Kant's Critique of Pure Reason*, Translated by Parvis Emad and Kenneth Maly, Bloomington: Indiana University Press, 1997, p. 115.

种存在意义的关键所在，因为在普遍逻辑那里逻辑本身并没有获得存在的基础。它来自哪里、被运用到哪里都没有得到很好的回答，而只是有一些所谓的一致性原则。就像维特根斯坦将逻辑与世界联系起来来回答逻辑本身一样，康德在此也要逻辑获得新生。那么，对康德来说，要让自然科学获得一种逻辑学基础，只有将逻辑作为一种来自知性本身的一种规则（rule）的科学才是可能的，或者是作为一种知性的普遍的逻辑运用的科学才是可能的。这是为什么呢？这首先是因为康德自己首先要考察我们知识的逻辑基础，同时也是源于他对我们知识本质的认识。“我们的知识来自内心的两个基本来源，其中第一个是感受表象的能力（对印象的接受性），第二个是通过这些表象来认识一个对象的能力（概念的自发性）；通过第一个来源，一个对象被给予我们，通过第二个来源，对象在与那个（作为内心的单纯规定的）表象关系中被思维。所以直观和概念构成我们一切知识的要素，以至于概念没有以某种方式与之相应的直观、或直观没有概念，都不能产生知识。”① 知识与我们的内心有关，那么要让知识获得逻辑学的基础，必然要把逻辑与我们自身的某种“机能”联系起来。“一切直观作为感性的东西都建立在刺激之上，但概念则建立在机能之上。”② 同时，我们知道一种东西之所以叫作思想不只是因为这种东西是来自我们的机能，而且在于我们在思想中说出了关于某物的事情。在康德看来，我们之所以能够说出一些关于某物的事情，原因并不在于一种“事实”，而在于我们自身的机能。这个机能的最大的体现者就是我们的理性，因为我们的理性有出自自身的原则（principles）。对理性的认识论意义而言，就是知性及其给定的规则（rules）。正如海德格尔对康德的“批判”一词所做的词源学考证③所得出的结论：“批判这样就变成对纯粹理性的整个领域的边界的调查。正如康德明确并曾经一再嘱咐的，这个调查不是根据与事实（facts，Faktis）的关联而发生的，而是它是来自原则而发生的，不是通过规定那个在某个地方被遇到的性质，而是通过规定出自纯粹理性自己的原则整个纯粹理性的本质。批判是一个边界的给置，一

---

① ［德］康德：《纯粹理性批判》，邓晓芒译，人民出版社 2004 年版，B74，第 51 页。

② 同上书，第 62—63 页。

③ 参见 Martin Heidegger，*What is a Thing*? Translated by W. B. Barton，South Bend：Regnery/Gateway，1967，p. 119。

个对纯粹理性的调查。”①

这种对纯粹理性的调查就是为了回答我们人类知识的本质及其可能性，因为这种调查本身显示了我们的知识是一种发生学。没有我们的感性和知性的机能，我们无法形成认识，无法得出关于对象的具有真理性的知识。正如海德格尔所指出的，对康德来说理性的活动领域就是一个真理的田地。但是，我们发现对我们的知性来说，我们之所以得出关于对象的真理性知识，原因就在于我们知性的逻辑功能。逻辑与知性的结合使得康德的先验逻辑成为可能。至此，在康德哲学中，对思想的规定的方向标已经确定——思想自身是被知性的功能（机能）所标明的，或者说思想就是知性的功能。那么由知性的功能我们可以看出康德对思想的具体规定，思想的构成要素也可以在知性那里得到起源性的说明。

我们知道，我们要说话，我们要思想，必须要有概念和判断（断定、陈述、命题等）。这些构成了思想的基本要素。我们可以这么说，逻辑是思想的一种形式保证，没有逻辑，我们无法思想。但反过来讲，逻辑之所以成为逻辑关键在于其思想的本质，也就是说逻辑中我们说出了关于某物的东西。这表明了存在与思想的同一性，而且就传统形而上学及其逻辑而言，断定（assertion）是形成知识和其逻辑的核心，给予“断定”就是形成认识，就意味着“言说”：“断定的问题就是我们怎样能说出一些东西（something）是关于某个事物（anything）的事情的问题。”②“作为一个命题，简单的断定是一个‘在说出’，在它里面某物被断定为是关于某事物的……”③断定、命题等与某物的关联其实构成了先验逻辑的逻辑起点。对康德哲学中概念、判断与知性关系的厘清是进入先验逻辑的第一步。

康德所说的我们的机能就是指我们思维（思想）的机能，就是指我们的知性。我们思维的机能（知性）的形式又表现为在判断中的逻辑机能。对康德来说，判断是知性的“一切行动”，“知性一般来说可以表现为一种做判断的能力”。那么对判断的研究就是对知性的本质的揭示，同

① 参见 Martin Heidegger, *What is a Thing*? Translated by W. B. Barton, South Bend: Regnery/Gateway, 1967, p. 121。

② Martin Weatherston, *Heidegger's Interpretation of Kant*, New York: PALGRAVE MACMILLAN, 2002, p. 9.

③ Martin Heidegger, *What is a Thing*? Translated by W. B. Barton, South Bend: Regnery/Gateway, 1967, p. 62.

时也是对思想本身的规定的揭示，因为对康德来说整个判断的完成过程本身，也就是知性的逻辑运用本身就是思想。在知性的逻辑运用中，也就是在判断中，概念构成了判断的基石。对知性的逻辑运用，康德说得很清楚：

> 但在直观之外，除了借助于概念的认识方式，就再没有任何别的认识方式了。所以每个知性的、至少是每个人类知性的知识都是一种借助于概念的知识，它不是直觉性的，而是推论性的。一切直观作为感性的东西都建立在刺激之上，但概念则建立在机能之上。而我们所谓的机能是指把各种不同的表象在一个共同表象之下加以整理的行动的统一性。所以概念是基于思维的自发性，而感性直观则是基于印象的接受性。对于这些概念，知性就不可能作别的运用，而只能用它们来作判断。由于除了单纯的直观之外，没有任何表象是直接指向对象的，所以一个概念永远也不和一个对象直接发生关系，而是和关于对象的某个另外的表象（不论这表象是直观还是本身已经是概念）发生关系。所以判断就是一个对象的间接的知识，因而是对于对象的一个表象的表象……而概念作为可能判断的谓词，是与关于一个尚未规定的对象的某个表象相关的……因此它之所以是概念，只是因为在它之下包含了别的那些表象，它借助于那些表象能够与诸对象发生关系……所以，如果我们能够把判断中的统一性机能完备地描述出来，知性的机能就可以全部都被找到。①

值得注意的是，在这里康德忽略了一个重要的问题，也就是康德并没有通过对知性的本质的分析来发展出判断，所以无法确定判断的所有形式（判断表）就是知性的所有形式，所以我们无法确定思维（意识）的自发性的在判断中的运用会必然就是思想（存在论知识，表达存在者的存在的知识，在康德这里就是“使……作为真实对象”而存在的知识）。因为在康德看来知性的纯粹活动是反思，那么问题就在于判断和反思之间的关系问题了（这一点我们以后会讨论）。作为知性的功能，判断是对表象的表象，是一个关于对象的间接的知识，是推论性的知识。那么由于思想

① ［德］康德：《纯粹理性批判》，邓晓芒译，人民出版社 2004 年版，B93f，第 62—64 页。

(thinking) 是由知性的逻辑功能标明的，通过对判断的分析，我们可以得出康德关于思想的规定。思想是推论性的，是间接的，思想行进在迂回之路上，这正是由思想就是知性的功能的事实决定的。就这一点而言，海德格尔认为这正说明了我们思想是有限的。在康德哲学中思想无非就是作出判断的能力，这正是知性的表现形式。这也说明我们知识的构成要素都是有限的。同时，如果思想作为判断的能力，我们就发现判断是对关于对象的某个表象的表象，判断的统一性功能首先要与某个对象的表象相关，否则这个判断即便是联结了表象，但它不会形成知识。

由此海德格尔认为在康德哲学中思想具有双重规定和双重特征："这样思想的双重特征就在于（1）它的对象关联（object-relatedness）（这里的 object 是指 Gegestand，而不是 objekt）与（2）它的统一功能。(1) 表达的就是思想要占据一个位置以服务于直观。一方面，只有通过这样的思想我们的知性才能让在直观中给予我们的东西变得可理解，另一方面，"因为我们所能够理解的只是在直观中带有和我们语词相应之物的东西"①。(2) 说明的是思想是一种主体的活动，思想在于一种统一性功能（表象之间的联结）这个事实。这其实是对思想的一种规定，前者规定思想的"何所思"，后者规定思想的如何思。这个规定说明只有从这个规定出发思想（thinking）才可以成为思想（thought）。这个规定规定了思想的发生机制，思想不会胡乱的发生，同时也让意识的思维的自发性展示为一种具有思想意义的东西。那么康德的先验逻辑就是思想本身，或者说是对思想的事情规定。康德通过对思想的规定使得思想本身成为可能，这也就是作为思想的先验逻辑。

二 先验逻辑的基本规定

康德关于思想的规定首先源于他把逻辑与知性的批判性结合，"一切判断的逻辑形式在于其中所含概念的统觉的客观统一"。逻辑与知性的结合意味着对逻辑的重新理解，因为只有这样的逻辑才能保证思想的真正发生，同时因此逻辑也是思想的逻辑。对康德的先验逻辑的理解要从他所说的普遍逻辑说起，只有明白了先验逻辑与普遍逻辑的区分，思想的先验逻辑才可以被阐明。在海德格尔看来，对康德来说，对逻辑的调查其实是以

① ［德］康德：《纯粹理性批判》，邓晓芒译，人民出版社 2004 年版，B333，第 247 页。

什么是思想（thinking）的调查为前提的。

就普遍逻辑而言，康德认为它要么是纯粹的逻辑，要么是应用的逻辑。而其中普遍又纯粹的逻辑只与先天原则打交道，它是知性的法规，也是理性的法规。这些法规和规则是知性能形成自己的一致性的条件，它并不是来自一个与具体的对象相关的思想。也就是说，普遍逻辑的建立并不需要现象的支持。所以在这个意义上说普遍逻辑只是在形式方面为思想提供规则，但没有在内容方面为思想做出任何事情。在康德看来，这些规则不只是与知性有关，而且它们本身就是来源于知性。知性就是那个给定规则的能力，知性就是把直观的表象能按照规则进行统一的能力。在普遍逻辑中，思想就是在没有与对象关联的情况下被揭示为一种规则的纯粹运用。这一点正是通过普遍的纯粹的逻辑与应用的逻辑的区分得到说明的。在应用逻辑中，我们研究的是注意的障碍与后果、错误的来源、怀疑、确信等经验状态。在康德看来，这些状态需要的只是一些经验性和心理学的原则，它们没有普遍的纯粹的逻辑学意义，更谈不上一种思想的规定。它们对我们的“何所思”和“如何思”没有什么规定意义，也就是说它们还不属于康德的现象范畴，这些现象没有构成对思想和逻辑的真正影响。

正是在这一点上，海德格尔认为康德忽略了一个重要的研究领域，这个领域既不属于康德所说的普遍逻辑，也不属于其应用逻辑；既不是来自经验原则，也不是来自心理原则；怀疑、确信、错误等并不首先是经验规定的对象，而是它们首先是我们人类此在的举止与行为。在海德格尔看来，我们对思想的规定的分析首先是要分析此在的行为模式，正如胡塞尔在《逻辑研究》的第二卷所做的一样。更进一步说就是，我们对逻辑的研究是以思想的研究为前提的，这样逻辑才会凸显出来。而不是说，没有逻辑，我们就无法思想。逻辑之所以构成思想的基本形式是由思想的态势决定的。这一点，康德应该是同意的，因为康德认为逻辑的基本构成要素是来自知性。但问题就恰好在于，康德并没有分析我们此在的行为模式，从而将逻辑形成一种思想的主题。康德直接提出一种逻辑，并让这个逻辑成为思想的逻辑。这也就是说，康德思想的出发点是逻辑学，是通过对逻辑的思考而思考到了我们此在的模式——知性（理性）。但问题恰好就在于，康德如此思考的逻辑碰巧就是那个思想的逻辑——一种理性的科学，是理性能力的最佳体现。“不是就单纯的形式，而是就质料而言，逻辑是一门理性的科学。"[①] 那么，这个就质料（内容）而言究竟意味着什么？为什么凭借于此，逻辑就是一门理性的科学？

在普遍逻辑中，康德并没有否定逻辑与对象的关联，只是这个对象并没有形成对逻辑的构成意义，因为在普遍逻辑中让逻辑成为逻辑的仍然是其形式。"另一方面，作为一切知性的一般使用的入门，一般逻辑（the general logic）又区别于先验逻辑。在先验逻辑中，对象本身被设想为单纯知性的对象；反之，一般逻辑与一切一般对象有关。"[②] 是的，普遍逻辑不可能不与对象有关，否则它便失去其思想的意义，我们说话总是在说什么，否则我们无话可说。可问题就是普遍逻辑没有把对象制定为自己的对象，没有让对象作为自己的基本规定而起作用。这也就是说对普遍逻辑而言，它没有把自身制定为思想，思想对它而言仍然是外在于它的。可事实是，逻辑总是要是思想的逻辑才是可能的。事实上，康德正是以此为出发点来思考逻辑问题的。

由此可见，普遍逻辑并没有获得其真正属于自己的基础，而是在其中好像任何东西都早已被放进了一种秩序之中，它只顾自己在形式方面的完备性，但没有回答这个完备的由何而来，这正如康德对亚里士多德的逻辑学的批判一样。毫无疑问，普遍逻辑并没有获得真正属于自己的存在方式，它总是以某个秩序的给定为前提，而不是自己让这个秩序成为可能。逻辑要获得真理性的存在方式（对康德来说就是对象一致），它必须要与对象相关。

在普遍逻辑中，思想只是与一切一般对象有关，而不是特殊的具体的显现的对象，所以这个有关对思想本身没有什么规定意义。但同时在先验逻辑中这个与对象的有关虽然对思想有规定意义，但就思想而言，思想仍然是一种对立于经验的纯粹思想。"逻辑因此是一般的知性和理性的正确使用的科学，但不是主观地使用，亦即根据知性怎样思维的经验（心理学的）原理的使用，而是客观地使用，亦即根据知性应当怎样思维的先天原理来使用。"[③] 在普遍逻辑中，一种纯粹的思想和纯粹逻辑又是那种不管与对象的关系的思想和逻辑，那么在先验逻辑中纯粹思想又是怎么可

① ［德］康德：《逻辑学讲义》，许景行译，商务印书馆 1991 年版，A9，第 6 页。

② 同上书，第 5 页。

③ 同上。

能的呢？那么问题在这里就会变成："这样关系到纯粹思想的问题就是这个关系到一个独立于经验的而与对象相关的问题。"① 在先验逻辑这里，"这个问题就是一个关系到对象的思想规定的问题。在这里纯粹思想意味着一个对象事先的先天规定"②。在海德格尔看来，在普遍逻辑中康德所说的"纯粹逻辑之所以被叫作'纯粹逻辑'不是因为它调查了如此定义意义上纯粹思想，而是因为它的调查方式不被经验原则所决定。逻辑被叫作'纯粹'不是与它的主题相关，而是与它的方法相关"③。

由此可见，在普遍逻辑中，纯粹思想只是就其方法而言，而不是就其思想本身的主题而言。换句话说，在普遍逻辑中，纯粹思想并不纯粹，因为它没有提供思想本身的规定。那么在先验逻辑中，所谓的纯粹思想就与思想的主题相关。这也就是说，在先验逻辑中，它的主题应该是一个与对象先天关联的纯粹思想。先验逻辑是一个不忽略与对象的关联，不忽略对象自己与思想的关联，也就是说它必须以这个关联为基础来构成自己的主题。这样这个逻辑才像我们通常所说的是有内容的逻辑，是一个关于对象的逻辑，但同时它也要是先天的纯粹的独立于经验的逻辑。这是对先验逻辑的基本规定。对康德来说要有这样的逻辑，关键在于纯粹思想本身。不难看出，对先验逻辑中纯粹思想的探讨就是对先验逻辑的起源的探讨。一般地说，从纯粹思想出发，先验逻辑可以被理解为一种不同于普遍逻辑的起源性逻辑。这里其实探讨的就是逻辑的起源问题。

在普遍而又纯粹的逻辑中——它检查了我们思想的形式及其能力——是先天的而不是经验的。与这个逻辑一样，先验逻辑也是先天的而不是经验的，但这个先天在海德格尔看来是就一个新的意义而言："在这个知识中，一种独立于经验的对象的思想规定（thought-determination）的可能性会被先天的知晓。"④ 这一点，我们在康德的论述中也会看到："我把一切与其说是关注于对象，不如说是一般地关注于我们有关对象的、就其应当为先天可能的而言的认识方式的知识，称之为先验的。"⑤ "并非任何一

① Martin Heidegger, *Phenomenological Interpretation of Kant's Critique of Pure Reason*, Translated by Parvis Emad and Kenneth Maly, Bloomington: Indiana University Press, 1997, p. 125.

② Ibid. .

③ Ibid. .

④ Ibid. , p. 126.

⑤ ［德］康德：《纯粹理性批判》，邓晓芒译，人民出版社 2004 年版，B25，第 19 页。

种先天知识都必须称之为先验的，而是只有那种使我们认识到某些表象（直观或概念）只是先天地被运用或只是先天地才可能的、并且认识到何以是这样的先天知识，才必须称之为先验的（这就是知识的先天可能性或知识的先天运用）。"① 可见，对康德来说，先验意味着对知识的先天可能性及其先天运用的考察，并非任何先天知识都可以被叫作先验的。先天的知识之所以是先验的就在于一种先天自身的可能性。这种具有自身可能性的先天才可以说是先验的。具体地说，我们之所以说"知性的综合知识"是先天的，那是因为知性自己首先是可能的，因而也是先验的。更进一步说，对我们人类来说，先天知识的可能性就在于先验自身对我们来说是可能的。所以先验逻辑其实是对我们这个存在者的知性本身的考察。

正因为如此，海德格尔认为，康德的先验调查其实就是一种存在论调查，康德的先验知识其实就是一种存在论知识。也就是说先验逻辑的主题就是存在论知识，是一个存在者存在论建构的知识。更进一步说，对这个知识的可能性的考察就是对我们人类自身的存在者的存在机制的考察——我们为什么能存在。只不过是这个调查的路线如我们前面所说不是由生存走向存在，而是由逻辑走向存在，逻辑的问题在于我和对象之间的关系问题。我们可以清楚地看到，从康德对逻辑的追问中，可以牵连出一个"认识着"的我，而且这个"我"必须要以批判（反思、先验）的方式给出自己的可能性。否则，这个"我"将是一个没有被标明的我，也就是说这个"我"是一个在自己的行动中不会产生意义（知识）的"我"。因此，正如海德格尔所认为的一样，康德的"先验"不仅仅意味着一种先天综合知识的可能性，还在于先验的可能性，"先验可能性是一种不同于仅仅是逻辑可能性的存在论可能性，也就是一种不会根据自己的内容而自相矛盾的可能性"②。在先验逻辑中，先验可能性标明了人的存在的可能性，或者说赢得了一个存在论区域，赢得了一个真正的自由领域，这个自由领域让人与世界（对象）的关系具有发生学意义。"在康德哲学中，

① ［德］康德：《纯粹理性批判》，邓晓芒译，人民出版社 2004 年版，B25，第 55 页。

② Martin Heidegger, *Phenomenological Interpretation of Kant's Critique of Pure Reason*, Translated by Parvis Emad and Kenneth Maly, Bloomington: Indiana University Press, 1997, p. 127.

先验可能性是一个区别于逻辑可能性的实在的可能性（the real possibility）。”[1] 海德格之所以说先验可能性是实在的可能性还在于先验可能性首先是因为对我们自己来说先验是可能的。海德格尔同时提醒我们在时间和空间的先验阐明中的先验可能性对康德来说不是实在的可能性，而是观念性的（ideal）。因为在那里的先验的可能性并没有得到经验的运用，那里的先验可能性是一种形象的提供的可能性，是一种纯粹直观的可能性，它只是为了让范畴的经验运用成为先天可能的一个基本条件。

先验可能性之所以可能就在于一种与对象关联的纯粹的思想的可能。我们只要能阐明在先验逻辑中纯粹思想是如何可能的，那么我们就阐明了先验逻辑的先验可能性。我们知道，在普遍逻辑中，纯粹思想只是就方式和方法上而言，而不是主题意义上而言。那么在先验逻辑中纯粹思想如何展现为纯粹的？我们之所以把普遍逻辑叫作方法上的纯粹，是因为普遍逻辑只是注重对思想的形式和规则的规定，它是一个不能提供真理的正确性逻辑（the logic of correctness）。因为在康德看来真理在于知识与它的对象相一致，而普遍逻辑的纯粹思想无法提供对象对自身的规定性，所以在普遍逻辑中真理的标准是不存在的。正因为如此，康德把它的先验逻辑也叫作真理的逻辑。

但如前面所说，先验逻辑中的纯粹思想同普遍逻辑一样也是纯粹的、先天的、独立于经验的。对这样的纯粹思想而言，它与对象的关联是如何可能的。这里关系到对真理的理解问题。对康德来说，真理就是知识与它的对象相一致。首先的问题便是，对康德来说这里的“一致”到底是什么意思？同时，这个一致是如何可能的？就第一个问题而言，这个一致无非是说在我们的知识中，在我们的判断中表达了关于对象的东西。因为我们是就对象显现给我们的表象而对对象进行判断。所以在这里的一致其实就是说我们把对象把握为对象，因此对象也获得自己的存在方式，也就是说在知识的逻辑关系中我们表达了存在者的存在。因为“存在者的存在”的问题其实就是“存在者如何存在”的问题，也就是存在者如何到来、如何出现（显现）、如何被揭示的问题。所以对康德来说，真理其实是存在论的真理。这是由康德哲学自己的特点决定的，因为在康德哲学中对象

---

[1] Martin Heidegger, *Phenomenological Interpretation of Kant's Critique of Pure Reason*, Translated by Parvis Emad and Kenneth Maly, Bloomington: Indiana University Press, 1997, p. 127.

只有作为现象才是可能的，也就是说对象总是要获得一种表象的存在方式。否则，存在者（对象）无法出现。对对象而言，真理在康德这里就是一个这样那样得到揭示的存在者，对我们而言，真理就是一个“进行揭示”的存在。这与海德格尔在《存在与时间》中对真理的定义基本一样，不同的只是揭示的表现方式不一样。就第二个问题而言，也就是这个一致是如何可能的。毫无疑问，这对康德来说就是通过先验分析论来完成的。康德通过分析得出纯粹思想的基本要素，并通过时间让纯粹思想获得其与对象的直接的直观的逻辑同一性。现在，我们可以看到，先验逻辑的真理其实是存在论的真理。在先验逻辑中的纯粹思想必须对这样的真理具有构建意义，否则这样的真理在康德的先验哲学中是不成立的。因为知识的构成要素之一——思想——本身必须承担这样的任务。那么，纯粹思想是如何让这种真理成为可能的，或者说纯粹思想如何与对象关联？首先看康德的论述：“所以，只有凭借这些概念先天地表达了任何经验中诸知觉的关系这一点，我们才认识到这些概念的客观实在性，即它们的先验的真实性。”①

我们可以看出，就拿思想的基本要素概念来说，它的先验的真实性（真理性）在于它的“先天”。那么这个先天如何可能才能让它与直观的结合中将先验的真理性实现为能表达存在者的存在的真理性，也就是存在论的真理。这个先天在我们以后的论述中会得到充分的说明，它其实就是指在先验演绎中的那个概念中认定的综合的时间向度，它其实是一种在时间中的先天，也就是一种事先、将来。因为如果我们的概念的综合统一性不在时间中发生，我们无法确定对象与概念表象的同一性，因而一种存在论的真理也无从发生。同时，如果概念的综合行为如果没有时间的规定，那么先验逻辑也无从确定它的表象始终就是对某个特定对象的表象，这样先验逻辑的真理性也无从谈起，先验逻辑的同一性也无法保障。那么先验逻辑中的分析论与辩证论的区分标准就不会显得那么的根本，因为我们完全有可能对它有工具论运用的可能——表象间的无限关联。所以说，只有在时间中，概念以及思想的表象连接才是一个特定对象的表象。那么这里的先天其实就是指概念能一般地事先对让某物到来的视域的探索，而这正是概念的先验真理性，正是作为一种自发性的知性的概念的意义，正是先

① ［德］康德：《纯粹理性批判》，邓晓芒译，人民出版社 2004 年版，B269，第 199 页。

验逻辑的概念与普遍逻辑的概念的不同之处。正因为如此，海德格尔对纯粹思想做了如下的论述："就这个思想应当事先如此地规定那个与任何对象性（objectivity，Gegenständlichkeit）相称的东西而言，那个对这些真理具有建构意义的先验真理与对象的纯粹思想其实事实上预见（anticipate）了知识的质料。纯粹思想事先规定了对象的对象性，以至于只有在这个规定的基础上，对象才能作为一种存在学（ontic）经验知识相适应的东西被当下遇见。除了这样一个预见的意义与合法性问题，这样一个先于所有经验的关于对象的规定的预见的可能性问题是先验逻辑的基本问题。"①

由此可见，纯粹思想只有作为一种对对象的对象性的规定，也就是事先预见了（其实这种预见就是一种勘察和探索，因为这是由思想的自发性决定的）那个让某物能够以某物发生出来的视域，对康德来说某物被认为是某物。在接下来的分析中，我们会看到，这个探索和预见其实就是一种"先行承担"（Vorhaften）、这种"先行承担"在海德格尔看来其实就是未来的"源构成"——这与《存在与时间》中关于未来的论述基本一样。显而易见，如前所说，如果没有纯粹思想的预见，康德的那种知识与对象一致的真理就不会发生，所以这里的纯粹思想是一种真理性逻辑，也就是先验逻辑所要求的。这样的纯粹思想在先验逻辑中之所以可能，之所以会发生，正是由于纯粹思想是一个以纯粹直观为基础的纯粹思想。"但是这些纯粹思想的预见是如此地必须地本质地被奠基于纯粹直观之上，并只有在这样的一个纯粹直观的基础之上才能被完成。"② 那么问题现在就很清楚，就先验逻辑作为一种真理的逻辑而言，一种事先规定对象的对象性的纯粹思想是必要的；就纯粹思想的可能性而言，是因为纯粹思想是一种被纯粹直观所奠基的思想，这是一种对思想本身的规定，同时也构成了先验逻辑的全部本质。

如果事情真的是这样，那么我们前面提出的存在、逻辑与思想的同一性问题就完全给予了回答。可问题是，首先就康德自己哲学的先验逻辑的可能性而言，纯粹思想为什么要以纯粹直观为基础；同时纯粹直观在哪种意义上为纯粹思想奠基，这个奠基就先验逻辑以及思想本身来说为什么是

① Martin Heidegger, *Phenomenological Interpretation of Kant's Critique of Pure Reason*, Translated by Parvis Emad and Kenneth Maly, Bloomington: Indiana University Press, 1997, p. 133.

② Ibid..

要命的。就第一个问题，康德其实说得很清楚，如果纯粹思想没有纯粹直观的规定，那么我们的知识会产生幻相、会产生错误，我们的知识就不一定是关于对象的知识。这也就是说我们纯粹思想的运用会成为辩证的。先验逻辑的辩证论与分析论正是以一种严格的纯粹思想的规定为标准的，同时我们发现这个标准不是来自逻辑自身。与普遍逻辑的那种来自逻辑本身的正确性的保证的标准不同，这个标准是来自逻辑的经验运用。而且我们发现，不像在普遍逻辑中那样的经验的不可能性，在先验逻辑中经验是先验可能的，因为逻辑自身具有一种由纯粹思想所标明的先验可能性。在海德格尔看来，在这个意义上的先验逻辑的辩证论正是对人类本性的表达，也就是说以这种标准划分的先验逻辑是对我们人类本性的表达，不像普遍逻辑的分析论与辩证论的工具论划分与我们人类自己的本性毫不沾边。因为我们完全有可能在没有被直观所奠基的情况下来概念地造出某物。这是我们人类的本性，比如对上帝的制造，正如康德认为的我们人类具有形而上学本性一样。所以，“然而，这个（指先验逻辑的辩证论——笔者）预示了一个人正确地理解这个批判（指康德的纯粹理性批判——笔者）的基本意图，也就是形而上学奠基。这同时表明先验逻辑的辩证论除了是一种本性形而上学（natural metaphysics）的存在论解释之外，它什么都不是，也就是，一种对被我们叫作是人类的关于世界的本性看法（view）的基本结构的解释”①。

可见，只有以纯粹直观作为纯粹思想的基础，先验逻辑的自我区分才是可能的，这个区分其实隐含了关于人类自身的秘密，这也就是说先验逻辑的划分在此表现为一种自我区分，其原因就在于先验逻辑与我们人类本性的关联。也只有在此根本的意义上我们才可以说先验逻辑是真理的逻辑。那么就第二个问题而言，纯粹直观的奠基性关涉先验逻辑自身的概念与原理的可能性问题，也就是在先验逻辑中认识是如何可能的，同时认识怎么会具有知识（经验、真理）的意义——规定性由何而来？也就是说在康德哲学中，逻辑的形式如何才能被我们看清楚，或者说逻辑的形式意义是如何可能的并因此构成了经验（知识）的可能性，同时在此基础上康德的真理观是成立的。由此我们进入先验分析论。

① Martin Heidegger, *Phenomenological Interpretation of Kant's Critique of Pure Reason*, Translated by Parvis Emad and Kenneth Maly, Bloomington: Indiana University Press, 1997, p. 134.

第二节　先验逻辑中的概念问题

一　作为区域存在论的先验哲学

普遍逻辑的形式的可能性在于一种思想的规则，而先验逻辑的形式的可能性又在于什么呢？对先验逻辑来说，说其形式的可能性就是说我们经验的可能性，而且这个形式必须具有存在论意义。因为如前面所说，先验逻辑是一个与对象有关的逻辑，在其中对象是一个有区别的差异性的对象，而普遍逻辑只处理对象一般。正如康德所说，“作为普遍逻辑，它抽掉了知性知识的一切内容及其对象的差异性，并且只与思维的单纯形式打交道”①。不论是先验逻辑还是普遍逻辑，我们都可以一般地叫作与对象有关的思想的科学，但问题就出在这个“对象”上。在普遍逻辑中，这个对象我们可以叫作一切已经存在的物，但这个物并没有得到“是其所是”的把握，因为它忽略了在对象中存在的差异。我们要把握的是对象，是一个能与其他对象得以区分的对象。这个问题是出在思想的问题上，而不是对象的问题上，这是由先验逻辑的思想规定所证明的。

那么在先验逻辑中能让对象与其他对象得以区分的思想把握又说明什么呢？毫无疑问，在先验逻辑中对象只有被思想所规定才是可能的，也就是说，只有这样对象才作为对象。更重要的是说明我们在先验逻辑中对对象的调查是就对象的对象性而调查，只有从对象的对象性出发，我们才可以说某物（something）作为某物，才可以说某物作为一个区别于其他的存在者的某物。对象的对象性在此作为人和世界之间的一种存在论结构的基础或保证。具体说，只有从对象的对象性出发，我们才可以把概念作为存在论谓词归结于某物，从而表达某物的一种存在方式。因为如果不调查对象的对象性，对象作为一般的外在的存在者的区分是不可能的，那样我们处理的仍然是对象一般。所以说，先验逻辑只有以对象的对象性出发，有区分和差异性的对象才可以作为先验逻辑所处理的对象。但必须注意的是康德在先验逻辑中处理的对象是那些现实存在者（the Extant），“因为

① ［德］康德：《纯粹理性批判》，邓晓芒译，人民出版社 2004 年版，B78，第 53 页。

哲学是来自单纯概念的理性知识，而数学则是来自概念构造的理性知识”①。这也就是先验逻辑不构造对象——先验感性中时间和空间作为对象但不是一个存在者，而是就已经存在的对象而言。正因为如此，海德格尔认为先验逻辑是作为一般地现实的存在者的存在论（as Ontology of the Extant in general）。为什么先验逻辑中处理的是现实存在者呢？这与先验逻辑的纯粹思想的基本规定有关。我们知道，纯粹思想只处理那些来自刺激的对象的表象。为什么先验逻辑必须是一种关于对象的存在论呢？这是因为只有在存在论的意义上的对对象的规定才能让对象具有区别于其他对象因而本性上属于自身的差异性，只有这样先验逻辑才能具有与普遍逻辑的本质差别，只有这样对象才能在先验逻辑中被规定为对象自身，但这一切都要以先验逻辑以对象的对象性为出发点和前提。同时，我们也可以看出，只有作为现实存在者的存在论的先验逻辑本质上才能与我们的知性相关——先验逻辑的形式在于思想与对象的存在论关系。

先验逻辑的形式及其形式的形式意义就是指我们经验的可能性，也就是什么东西让我们的经验可能。答案当然是先验逻辑的形式，因为在这个形式中存在者的存在能得到表达。但是，我们知道这个形式本身的形成是先天的独立于经验的，可同时让经验成为可能。这就是先验如何可能的问题。在这个问题中形式本身得到了规定，也就是那个必须能表达存在者的存在的形式，而不是像普遍逻辑那样与一般对象相关从而与存在者的存在不沾边的形式。这也就是说，我们要发现一个有规定的封闭的区域（领域），在其中存在者的存在能够得到表达，但这个区域的发现是先天的。这就是在康德哲学中逻辑与存在的一种关联。先验逻辑作为现实存在者的存在论就意味着先验哲学要将这个区域的构建作为自己的主题。

严格说来，这个区域就是我们经验的发生区域，它不只来源于对逻辑形式的简单规定，而且这个规定只是为了让这个区域的形成成为可能。对形式的规定其实就意味着直观和思想共同构成了我们经验的可能性，意味着这个区域的建立与知识的两个基本要素有关。海德格尔认为康德在这部分的表达是很模糊的，只有我们追问先验逻辑的本质，尤其是与普遍逻辑的区别的何以可能时这个问题才会变得如此彻底，否则康德的先验逻辑的

---

① ［德］康德：《逻辑学讲义》，许景行译，商务印书馆 1991 年版，A22，第 13 页。

主题得不到澄清。不难看出，这个区域其实就是一个封闭的存在者的领域，先验哲学的主题就是构建这样的区域。同时这个区域对我们有限的经验来说是可以通达的。这意味着“这些现实存在者一般有它们的本质构建，也就是说，是一个相互关联的本质规定的统一性的血统（a unified stock）。这些规定定义并规定什么是属于一个作为已经存在的东西的存在者和那个如此构建一个‘本质’（nature）的东西”[①]。对先验哲学来说，我们只能尝试去发现我们能够先天地知道的关于已存在者（extant beings）的东西，这是一个一般地去发现那个先天的属于“自然”（nature，本性、本质）的东西的尝试。必须注意的是，这里的自然（本质）是就我们与物共在的世界意义而言，这是由我们的有限性决定的，同时也与海德格尔的思想有关。因为在海德格尔看来，“就存在者现在只对一种意识而言才存在着而言，与这种存在学的划分相应的乃是一种合乎意识的划分，在其中所追问的是存在者借以‘构成自己’的‘意识方式’的联系。这个问题是由康德提出来的”[②]。与存在者的存在构建的这个存在论问题相应，康德将这个问题表达为先天综合判断如何可能的问题。因为我们现在追问的是我们先天的能知道关于构成存在者的本质（自然）是什么，所以我们考察的是“什么”是我们事先可以知道的关于存在者的东西。正是这个“什么”构建了存在者，所以在海德格尔看来正是存在者的构建使康德哲学有一个特定的区域出现，并因此把康德哲学叫作一种区域存在论（a regional ontology）[③]。对康德来说这个存在论的构建事先是可知道的。

由此可见，对存在者的存在论构建让康德的哲学赢得了一个新的领域，康德正是从事这个单独的区域的形成与构建。在这个区域中，康德的经验才可能，所以“‘经验的可能性’并不是指诸如‘经验是可能的’这种空洞的思想，而是意味着在那个开始的地方（in the first place）使经验成为可能的东西的条件的完整性”[④]。就此而言，纯粹直观和纯粹思想就

---

① Martin Heidegger, *Phenomenological Interpretation of Kant's Critique of Pure Reason*, Translated by Parvis Emad and Kenneth Maly, Bloomington: Indiana University Press, 1997, p. 140.

② ［德］海德格尔：《形式显示的现象学》，孙周兴编译，同济大学出版社 2004 年版，第 67 页。

③ 参见 Martin Heidegger, *Phenomenological Interpretation of Kant's Critique of Pure Reason*, Translated by Parvis Emad and Kenneth Maly, Bloomington: Indiana University Press, 1997, p. 141。

④ Ibid..

是经验成为可能的东西，并且是它们构建了这个封闭的区域的完整性。与此相关，对对象的纯粹思想的规定必须属于这个区域的完整性。这对纯粹思想而言，纯粹思想必须展示其在自身内的系统的完整性，同时它必须事先朝向这个系统的统一性和经验成为可能的区域的完整性，因为只有事先地朝向我们才能个别地去规定对象，同时才能完成这个区域的完整性。这也就是说，这个区域正是我们先天发现的“自然”，正是这个“自然”让我们明白了先验逻辑谈论的是什么，也就是说先验逻辑的对象才首次到场（presencing）。“一切现象都处于一个自然中，并且必须处于其中，因为没有这种先天的统一性，任何经验性的统一性、因而任何对经验中的对象的规定也都将会是不可能的了。”[①] 对我们有限的人类认识而言，存在者首先获得了自己的存在区域，同时这个区域的发现是先天的。由此出发，先验逻辑学的对象出场了，同时先验逻辑想谈论的是什么也清楚了起来，先验逻辑也获得了其内容。这里海德格尔对《逻辑研究》的评论同样适用于康德：“胡塞尔的《逻辑研究》就是从这样一种科学形式中生长出来的。它是对传统意义上属于逻辑领域的研究……所以，其问题的方式就是：对象性的东西何在以及如何在此，逻辑学谈论的是什么。逻辑学所说的东西要有基础的话，就必须使这些实事凭其自身成为可通达的。关于概念和命题的概念和命题必须从对象自身中获取……”[②] 其实，通过纯粹直观和纯粹思想的区域构建，我们认识的这个实事凭其自身就是可通达的，一种先天的认识和先天综合知识是可能的，那么康德的先验逻辑最终是有其基础的。

先验分析论作为纯粹思想的科学目的就是让这个先验逻辑的基础明确起来，就是让这个原初的完整性的区域获得自己的存在方式。这个存在方式是由知性及其纯粹概念所标明的，也就是以源始和要素的方式给出这个区域同时说明在这个区域中思想的工作原理。更进一步说，就是我们通常所说的在康德哲学中思想的必然性是如何可能的。对康德来说，先验分析论就是把我们全部的先天知识分解为纯粹知性知识的诸要素。同时“既然一门科学的这种完备性不能通过对单一尝试所凑合起来的东西加以评估

---

① ［德］康德：《纯粹理性批判》，邓晓芒译，人民出版社2004年版，B263，第195页。

② ［德］海德格尔：《形式显示的现象学》，孙周兴编译，同济大学出版社2004年版，第129页。

就放心地假定下来，因此它就只有借助先天知性知识的某种整体理念，并通过由此确定的对那些构成它的概念的划分，因而只有通过这些概念在一个系统中的关联，才是可能的”①。

很清楚，对康德来说，所谓的范畴表必须被一个整体的理念所调节、所引导。我们同时发现，这个整体的理念是什么康德自己并没有说，虽然康德后面提到纯粹知性是一个自为自持的、自我满足的，并且不能通过任何外加的条件（包括感性）而增多的统一性，但纯粹知性的这种特征是某个整体理念条件的结果而不就是这个整体的理念本身。其实这个整体的理念通过海德格尔的分析就是这个区域的完整性，因为这个区域是由纯粹直观和纯粹思想共同构建的，纯粹知性只有以这个完整性的整体性理念出发才能获得自己的完整性。但问题又出现了，因为康德说得很清楚，纯粹知性可以在没有感性的情况下来实现自己的完整性。对此，一方面，如海德格尔认为，这和先验感性论的单独考察一样是出于一种表达的需要，因为纯粹思想的先天规定总是概念的。另一方面，我们发现这里的没有感性的情况下是指就知性的纯粹思想的活动而言，因为纯粹思想的活动是非感性的、先天的，但并没有排除纯粹思想在自己的纯粹活动中与感性的关联，纯粹思想正是以一种非感性的方式、先天地与感性相关联，而这正是知性的自发性的表现。康德之所以把全部先天知识分解为纯粹知性知识的诸要素，首先就要保证先天知识与纯粹知性知识外延上的同一，而能保证这种同一的只有纯粹知性与纯粹感性两者作为一个整体（区域）并作为关于已存的对象的先天知识的条件，否则，这样的先验分析论本身就不具有分析的特征。在海德格尔看来，之所以对知性知识的诸要素的分析能做出经验之所以可能的回答，关键就是知性的纯粹思想本身在其活动中构建了一个使经验成为可能的区域，因为知性的活动是独立于经验的、先天的，同时它和感性先天关联。基于知性活动能提供一个完整的封闭的思想的规定系统，康德提出了先验分析中最重要的基点，由此我们进入先验逻辑的具体分析。

二　先验逻辑中的概念问题

（一）先验逻辑的划分与概念问题

对先验分析论而言，康德认为有如下几点很重要。“1. 这些概念应是

① ［德］康德：《纯粹理性批判》，邓晓芒译，人民出版社 2004 年版，B89，第 60 页。

纯粹概念，而不是经验性的概念。2. 它们不是属于直观和感性，而是属于思维和知性。3. 它们应是一些要素概念，而和那些派生出来的或由此复合出来的概念严格区别开来。4. 这个概念表应是完备的，并且这些概念应当完全涵盖纯粹知性的整个领域。”① 在此我们发现，根据康德的论述，这里提出的概念问题是基于知性作为活动能提供一个完整的封闭的思想的规定系统而言的，也就是说是根据知性的完整性而言的，这里并没有对先验逻辑进行划分的意思。但紧接着康德又对先验逻辑做了如下划分：“但先验逻辑的这个完整的部分也由两卷构成，其中第一卷包括纯粹知性的诸概念，第二卷包括纯粹知性的诸原理。”② 这也就是说先验逻辑要划分为概念分析论与原理分析论。既然概念能体现先验逻辑的完整性，那么为什么还要这样的划分呢？康德这样的划分有何意义呢？就这一点，康德自己根本没有说，我们只有从思想本身出发分析这样划分的原因。

在海德格尔看来，如果我们不假思索地接受这样的划分，那是因为我们相信康德同样是受传统的普遍逻辑的影响。事实是，一方面，康德的确是受传统普遍逻辑的影响，我们只有先谈概念，然后才能谈判断；另一方面，康德这样的划分有其自己的原因，我们不能简单地停留在这样的标题之上，而是要看在这样的标题下面康德处理的是什么问题。不用海德格尔为我们提醒，我们发现在概念分析论部分康德同样处理判断的问题，如范畴表在康德看来就是以判断表为线索的。在原理分析论部分康德同样处理概念的问题，如范畴的图型化。在海德格尔看来，这两个的划分在先验逻辑中绝对不是并列的关系，“而是概念分析论同样提供了一个知性的纯粹命题和它的结构的源始的发现，提供了一个知性的纯粹概念表象一个本质的瞬间（an essential moment）中所表象的东西的源始发现。但是原理分析论提供了存在论知识，它必须属于经验的可能性。这个分析以在范畴的客观实在性中、在范畴的先验真理中来确证范畴为目的来提供这样的知识。这意味着仅仅原理的标题不只是意味着逻辑，甚至仅仅首先不只是逻辑，而是它正好是关于我们在此正在处理的先验真理的知性纯粹要素的起源问题。也就是说，在这里我们在处理范畴起源于直观的问题”③。

---

① ［德］康德：《纯粹理性批判》，邓晓芒译，人民出版社 2004 年版，B89，第 60 页。

② 同上。

③ Martin Heidegger, *Phenomenological Interpretation of Kant's Critique of Pure Reason*, Translated by Parvis Emad and Kenneth Maly, Bloomington: Indiana University Press, 1997, p. 143.

的确，不论是概念分析论，还是原理分析论都涉及范畴的起源问题。在概念分析论中我们发现范畴的起源与我们的知性的纯粹活动有关，而且范畴正是因此与判断本质相关。同时，在原理分析论中，判断总是与范畴的图型化处理分不开。对前者来说，没有概念，判断的结构和它最初的形式无从发现，因为没有概念的经验运用（也就是说没有概念和直观），判断的形成不能获得思想的保证。比如，粉笔是白的这个命题，如果没有白这个质的范畴与关于粉笔的直观，判断也无法形成。所以，海德格尔在此认为概念分析论提供了一个关于知性的纯粹命题的源始发现。这里的意思是说，对判断来说，什么构成了知性的判断的纯粹的基本规定，那无疑就是概念。从康德开始给出的对概念的基本界定的四点，我们可以看出，先验分析论主要是谈论概念的问题，紧接着对先验分析论的划分其实是可以看作从不同的方面来谈论知性概念的起源问题。

关于知性概念的起源问题，海德格尔认为起源在康德哲学中很模糊，它至少具有两层意思："（1）一方面'起源'意指如此地在知性的纯粹活动中知性的纯粹概念的起源，也就是说，在范畴和知性的纯粹运用之间关键的与构建性的相互联系，与（2）另一方面，'起源'意指来自纯粹知识的构成部分的知性的诸要素的起源，它不同于知性——知性的纯粹原理的起源在纯粹直观中，范畴的起源在时间中。"① 一般认为，康德的概念分析论是对概念的起源问题的回答，是对范畴作为知性的纯粹概念问题的回答，它是独立于原理分析论的。但我们发现，在概念分析论中对概念起源的论述是就概念与我们知性的运用的契合为基础的，是通过范畴与我们的思维机能在形式（逻辑）上的完全契合来证明的。可这样的对范畴的起源的论述无法回答范畴作为我们知识的要素，因为我们知道范畴之所以能作为知性的要素关键就是因为范畴能作为先天知识的要素，这也是康德先验分析论的基础所在，否则康德不可能把先天知识分解为知性的要素。而且，我们发现康德非常强调概念作为要素概念。那么范畴如何才能作为一个要素概念呢？很显然概念分析论不能回答这个问题，因为最简单的事实是知识（判断、命题）在概念分析论中还没有形成。"除了使作为纯粹知识的要素的知性的纯粹命题显而易见，范畴是不可能被解释为要素的，

① Martin Heidegger, *Phenomenological Interpretation of Kant's Critique of Pure Reason*, Translated by Parvis Emad and Kenneth Maly, Bloomington: Indiana University Press, 1997, pp. 143-144.

也就是说，使那个——本质上作为思想——本质上与直观相关的东西显而易见。”[①] 也就是说，要把范畴（概念）解释为知识的要素就必须使那个由范畴构成的知性的纯粹命题作为思想本质上与直观相关，因为只有这样我们才可以说命题陈述了对象，或者说命题是从对象自身中获取。这样，我们才可以说这一个命题（判断）是知识（我们的经验）。否则，即便命题从形式上是可能的，但从思想上没有经验的可能性可言。

范畴要作为纯粹知识的要素，只有在与直观的关联中才是可能的，因为只有这样知性的要素才能是纯粹先天知识的要素。其实，康德将概念作为要素概念不只是指概念作为知性的要素，而且指纯粹先天知识的要素。就我们来看，综观康德回答的主要问题（先天综合判断是如何可能的），我们同样也会发现康德只有把概念作为纯粹知识的要素这个问题才可能进行回答。如果说范畴（概念）是纯粹知识的构成要素，那么它与直观就必然相关。知性的纯粹命题的经验（知识）意义是由范畴决定的（这一点由概念分析论可以证明，即范畴的经验运用）。但必须说明的是，范畴的经验运用并没有说明范畴作为要素，因为这里只是就范畴与知性的纯粹运用的关系来说的。范畴要作为知识的要素（不只是知性知识，而且是全部先天知识），范畴必须获得一个不同于知性的起源。这里须再说明的一点是，这是由康德哲学的内在必然性决定的。因为先验分析论是将全部先天知识分解为纯粹知性知识的诸要素，并由此提出概念作为要素概念的要求，这就要求概念（范畴）不只是有其知性的起源，而且要求其要有先天的起源。知性的起源是说其先验的起源，可先验的起源不能说明其先天的起源，先天的起源只能在感性（直观）中被找到。因为如果事情不是这样，那么我们就不能确定知性的知识就是先验知识（就先天地与对象发生关系的可能性而言的知识），同时更不能确定先验逻辑中所谈论的先天知识其实就是一种先验知识，这正是先验逻辑作为现实存在者的存在论对先天和先验之间的同时规定——这个规定意味着康德哲学中先天的先验规定的可能性。如果事情不是这样，康德的由先天知识到知性（先验）知识的进路就会被封闭，两者就没有逻辑外延的一致性。这也就是说康德之所以由先天知识进入先验知识的分析就不会那样的顺理成章。

---

① Martin Heidegger, *Phenomenological Interpretation of Kant's Critique of Pure Reason*, Translated by Parvis Emad and Kenneth Maly, Bloomington: Indiana University Press, 1997, p. 144.

可康德为什么可以这么做呢？这是由我们的有限性决定的（能提供我们的有限性的东西就是直观）。关于现实存在的对象的先天知识只能在先验（知性）中加以整理（这一点同时是由康德的存在学的特点决定的），同时更重要的是先验知识总是只有在先天的（直观）的基础之上才是可能的。而这一切在康德那里（或者对我们来说并不是一种巧合或者命运）都与范畴的本质有关——我们的知性的范畴同时具有一个先天的起源（这正是在康德哲学中先验与先天在先验逻辑中可以互换运用的秘密）。对这个范畴的发现就是哲学家的任务，同时也意味着一个封闭的区域的构建。

总之，范畴作为要素不只是作为知性的要素，而且同时必须作为知识的要素。作为知识的要素范畴起源于直观，起源于时间。只有这样，知性的自发性才可能必然做出经验的运用，用海德格尔的话说就是范畴规定了知性的“何所向”。由此可见，先验逻辑的划分是与范畴（概念）的起源密切相关的。

（二）先验分析与概念问题

可以说对先验分析来说没有概念就没有康德整个对先验逻辑的分析的展开，这一点与所谓的形式逻辑一样，但不同的是这里的概念不再是形式逻辑意义上的概念。这一点从先验逻辑的划分就可以看出。如果我们要把概念作为纯粹知识的构成要素，那么这个分析就不只是对概念的形式意义的分析，“而是这个分析来提供一个关于知性自身能力的澄清，提供一个思想的行为的澄清，它意在使这种作为先天规定对象之对象性的概念的诞生地的思想行为明朗起来”①。这一点，康德自己说得很清楚。康德的分析其实就是对知性能力本身的分解，为的是在知性那里发现概念的起源、探究概念的可能性，同时就此来谈论知性的纯粹运用。所以分析就是就知性的全部的内在可能性而言，就是对知性本身的分析。通过对知性的分析，我们会发现那个使概念成为可能的东西，也就是说通过对知性的分析我们会回答“什么使概念可能”的问题。显然，概念的起源与知性密切相关。但知性的分析是在哪个空间中展开呢？是逻辑空间，还是别的什么？这个问题我想对康德来说是很要命的。

在我看来，这对康德来说，是一个有意义的循环论证，同时也是分析之所以可能的关键所在。首先，康德必须回答的问题是，知性凭什么

① Martin Heidegger, *Phenomenological Interpretation of Kant's Critique of Pure Reason*, Translated by Parvis Emad and Kenneth Maly, Bloomington: Indiana University Press, 1997, p. 149.

（或有什么内在的决定原则）来确定和自己发生关系的东西（对象，为什么不和上帝或者其他东西发生关系）？如果知性不确定自己运用的空间（界域），那么知性的分析就不可能进行。其次，如果不能确定那个使知性的运用成为可能的东西（因为这个东西给了知性运用的界域），那么知性本身就不可能了，那我们就不可能在知性及其运用中发现概念。可康德正是通过知性运用的现象来进入概念的，但反过来概念又构成了知性的内在确定性原则，或者说它的全部的内在可能性。这表面上看就是一个循环，因为没有知性就没有概念的出现，但概念一旦出现就构成了知性的全部内在可能性，因而也决定了知性的运用及其界域。用海德格尔的话说是概念制定（enact）了知性（下面会谈到这个问题）。那么我们追问的是什么引导我们发现知性的概念的线索呢？这个问题对康德来说很重要，但康德基本没有说什么，因为这关系到它对知性及其概念的演绎的"权利问题"，也就是说康德凭什么确定知性就具有先天经验运用的可能性，或者说康德凭什么能知道知性具有逻辑的形式意义（先天的）和经验的可能性意义。下面将这个循环具体地给予说明——从这个循环中，我们发现康德哲学只有作为一种现象学才是可能的。

就知性的运用与概念的引出而言（指发现知性概念的线索），康德做了如下的论述。首先，就知性的思维机能的自发性而言（思维一般情况下是知性的机能），"不过我们思维的自发性要求的是先将这杂多以某种方式贯通、接受和结合起来，以便从中构成知识。这一行动我叫作综合"①。这是由知性的思维的自发性引出综合。然后，"但我所理解的综合在最广泛的含义上是指把各种表象相互加在一起并将它们的杂多性在一个认识中加以把握的行动"②。同时，如果这个杂多是先天的被给予的，那么这个综合就是纯粹的。这是由综合给出普遍性（commonness）。紧接着，"于是，纯粹的综合，从普遍的方面来看，就提供出纯粹的知性概念"③。这是由综合的普遍性来引出知性的概念。从以上看出，康德对知性的概念的引出一方面受到传统形式逻辑学的影响，因为都是就普遍性而言。但不同的是，另一方面康德对普遍性的引出与传统形式逻辑学抽象的

---

① ［德］康德：《纯粹理性批判》，邓晓芒译，人民出版社 2004 年版，A77，第 69 页。

② 同上。

③ 同上书，第 70 页。

方法不同——普遍性是在与杂多的一种具体的把握行动中得出的。这也就意味着在每一个事例中，概念的普遍性都要与一个具体的杂多相关，也就是说概念要与对象相关，而且这个对象不同于形式逻辑的对象一般，而是具体的有区别的差异性的对象。

可是我们发现，在这里思维的自发性的“何所向”和综合发生的界域都没有得到事先的规定，那么是什么引导了康德以这样的方式去这样发现概念呢？难道是传统的形式逻辑吗？因为传统逻辑学正是从普遍性方面来谈论概念的，答案当然不是。因为传统逻辑虽然从普遍性方面来谈论概念，但只是就形式方面而言，不可能从具体的表象的连接的发生的内容方面来说概念的。难道是知性的纯粹概念吗？答案当然不是，因为从事后看这可以说是概念的功劳，但这是建立在我们对知性的纯粹概念认识的结果之上，这里我们还没有形成对这个概念的认识。那么是什么呢？在海德格尔看来，这只能是经验。海德格尔认为，康德不是在笛卡儿和莱布尼兹那种模糊意义上来说“为了使用，概念已在心中”，而是“当我们被告知这些概念已经存在于知性的能力中以备使用时，这不是意味着这些概念已被发展为概念。真实地说，这些概念不是首先通过经验而起源，因此它们是‘为了使用准备好了的’。但是，在经验的时机我们首先对它们有了意识。对我们来说，经验是我们遇见它们（概念——笔者）的诱导。我们朝向存在者的行为——在此之中我们作为生存着的存在者而有能力活动——对我们来说是对它们有意识的诱导。这就是说，有一个像存在者的知性的某物在此行为中朝向存在者们。正因为如此，此在——作为存在论解释的对象——对先验逻辑的主题来说是显要的，它的主题如此是此在之先验的存在论”①。由此可见，先验逻辑只有把先验作为此在之先验②，或者说只有

① Martin Heidegger, *Phenomenological Interpretation of Kant's Critique of Pure Reason*, Translated by Parvis Emad and Kenneth Maly, Bloomington: Indiana University Press, 1997, p. 149.

② 需要说明的是，海德格尔如此理解的先验已经不是一个方法论意义的“先验”，不只是作为经验的可能性条件，而且是一个具有主体性意义的存在论的“先验”。这其实可以看作海德格尔通过现象学方法将胡塞尔的“先验主体性”向康德先验哲学的植入，以彻底地揭示“先验”的基本意义，从而使康德哲学中的“先验”同样具有存在论意义的独立的实在性地位。这里，先验与此在的关系在此构成了“先验可能性”的主题，而不是经验。其实，在康德哲学中，先验总是就经验来说，离开经验我们无法说“先验是如何可能”的问题。但在海德格尔看来任何存在学的真理都以存在论真理为前提。作为经验的条件的先验是存在学的先验而不是存在论的先验，他这里是在谈论存在论的先验。

把此在形成为主题，我们才可能合理地（用康德的话说有权利）获得一个知性概念的起源的地方。

康德的这个对概念发现道路的获得其实是建立在我们的经验的事实的基础上的，因为经验作为一种生存现象对我们来说是基础的（不只是一个意识的东西，而是意识成为可能的东西）。可见，对康德来说，概念的起源问题首先只有作为一种生存论的现象学才是可能的。所以，正是我们的经验让知性及其概念获得了一种被发现的契机，知性及其运用的界域虽然在此还没有得到充分的规定，但它毕竟获得了一种成为自己的可能性。在生存经验的世界意义（海德格尔意义上）那里，知性获得了自身的启明，但同时自己又不断地遮蔽起来（知性需要把自己制定为自己的那个东西）。这难道不正是一种“隐与显”的游戏吗？（从这个意义上我们可以说，一旦把存在和世界形成为主题，就隐含着某种真理问题，所以海德格尔的《存在与时间》与它后期的思想并不是不相通的）以上是就从知性引出其概念来说，也就是回答什么引导了康德去走这样一条道路，从而使得在这条道路上对知性的内在可能性和其基本规定的探讨成为可能，而这正是先验分析的意义所在。那么下面的问题就是，在这条道路上，康德得到了关于知性及其运用的界域的什么具体规定。

（三）概念分析论与概念问题

1. 概念、判断与知性

那么通过这样的道路和方法得来的概念究竟意味着什么呢？它的本质究竟是什么呢？对此，康德说知性是一种概念的能力，而且我们的综合是根据概念的综合①。这究竟意味着什么？我们都知道，一般来讲，知性是一种判断的能力和规则的能力，可为什么在康德这里知性首先是一种概念的能力呢？康德的形而上学演绎的道路为什么会将概念形成主题而不是别的？为什么要演绎概念呢？“赋予一个判断中的各种不同表象以统一性的那个同一个机能，也赋予一个直观中各种不同表象的单纯综合以统一性，这种统一性用普遍的方式来表达，就叫作纯粹知性概念。”② 这是康德对纯粹知性概念，也就是范畴的解释。从这里我们可以看出，对知性和判断来说概念显得更为根本。在这里，如果我们把知性看作在思维的自发性基

① 参见［德］康德《纯粹理性批判》，邓晓芒译，人民出版社 2004 年版，A78，第 70 页。

② 同上书，A79，第 71 页。

础上的一种统一性功能，那么知性首先就要被叫作“概念的能力”。这也就是说，如果没有概念，我们无法知晓知性，所以概念是标明知性的那个东西。同样，判断的统一性也是由概念赋予的。这好像与我们传统理解的概念与判断的关系不相符合。那么问题是，概念在哪种意义上标明了知性，或者说“知性首先是一种概念的能力”究竟意味着什么？在对纯粹理性概念的说明中，康德认为“理性概念用来统握（Begreifen），正如知性概念用来（对知觉加以）理解”①。这也就是说知性的概念其实规定了知性的“何所向”（知觉、对象），并因此规定知性运动的界域。知性之所以能如此这般地运用关键就是因为知性的概念本质。知性的概念本质首先就是规定了知性的运用。我们通过知性的运用来发现概念，同时概念规定了知性的运用。

必须注意的是，前一个运用的意思是属于知性自己的活动，是由知性引出概念的进路，这个运用还不是一种具体的运用，因为在此还没有什么东西来规定知性的运用，知性不知道如何运用——朝向哪里运用。因此这个运用只是一种活动，活动因为经验的诱导需要一种形式的进路，或者说这个运用之所以会产生概念，那完全是靠经验的诱导。所以说“通过知性的运用来发现概念”，如果不加分析的话，那将是康德自己也回答不了的问题。而后一个运用则是具体的运用，知性要有经验的运用，要朝向那个由直观而来的对象（知觉只是就对象与意识的关系而言的）以及在此基础上的具体的表象的关联（这正是知性之运用的界域）。因此，海德格尔认为“概念的最内在的可能性只有在与知性的一般结构的分析的关联中被解释为那个制定（enacts）知性的东西：‘知性概念｛使我们｝理解知觉’”②。概念正是制定知性的那个东西。

那么判断又是什么呢？“那个在其中知性作为制定着（enacting）的知性而运行的方式就是判断。”③ 概念制定了知性，知性也因此具有了其运用的基本规定，拥有了自己的内在可能性。所以，这样的知性只要运行起来，那它势必也同样有一种对其他东西（表象）的制定，而这样的知

---

①［德］康德：《纯粹理性批判》，邓晓芒译，人民出版社 2004 年版，A79，第 268 页。

② Martin Heidegger, *Phenomenological Interpretation of Kant's Critique of Pure Reason*, Translated by Parvis Emad and Kenneth Maly, Bloomington: Indiana University Press, 1997, p. 150.

③ Ibid..

性对其他东西制定都有自己运行的方式——判断。同样，不难理解，判断的统一性也正是来自概念的统一性功能。由此，在先验逻辑中，概念、知性、与判断的基本规定和其相互关系也基本明确了起来。至此，知性就是一种概念的能力就很容易理解了。同时，我们也能理解知性就是一种规则的能力的真正意思。正因为如此，我们也明白了康德为什么说“思想是凭借概念的知识”，因为我们一般认为知性就是一种思维的能力，而经过概念制定的知性其实就是一种思想的能力，先验逻辑学也由此和思想真正地有关。毫无疑问，我们对思想的研究在先验逻辑中就是对概念的研究，因为概念构成了思想的全部本质，所以我们也不难理解为什么在先验逻辑中对思想的研究会成为一种对概念的演绎，或者说对概念的研究会成为一种思想问题。由此我们进入先验逻辑中的概念问题的具体研究。

2. 概念的起源与知性的逻辑活动

（1） 概念起源的相关问题

通过经验的诱导，我们会意识到概念在我们知性的运用中成为问题，我们需要把知性的活动通过概念的方式表现出来，或者说我们需要把知性给予逻辑的理解——知性的活动要表现为一种逻辑的活动，同时知性的活动据此也成为一种有能力的活动。通过对知性的逻辑活动的分析我们会形成关于概念的认识，也就是发现概念在知性中有其起源。但这样得来的认识只能是对概念的形式方面的认识，因为这里只表明了概念对知性的形式和逻辑意义，并没有在与直观（对象）的关系中将概念形成为主题。但事实是，经验诱导我们让我们遇到的概念是一个和对象相关的概念，不只是具有形式意义。所以说就概念在知性的逻辑活动中有其起源而言，我们从知性的逻辑活动中得来的只能是概念的形式，而不是概念的内容（质料）。这样的概念不会回答知性朝向哪里运用的问题——它本身就来源于知性，并形成了知性的全部的内在可能性，但只是就知性的纯粹的逻辑活动，或者说就知性的逻辑意义而言的。这也就是说，把概念从知性的活动中发展出来后，我们就穷尽了知性的全部逻辑（就形式而言）意义。

但知性作为一种概念的能力同时也是一种思想的能力，在此能力的展现中（因为康德对思想的规定），思想必须要与对象相关，否则思想本身就得不到说明。这也就是说在知性的运用中必须要体现康德所规定的思想的本质，否则知性的运用便没有任何思想意义，那么我们也不会说知性是一种思想的能力和概念的能力，而能让知性展现其思想（知识）意义的事情就是知性与对象的关联。我们说“知性具有思想意义”就是指知性能让我们形成关于存在者的知识。概念制定了知性，那么只要概念能与对象先天相关，那么知性也就与对象相关，这样知性的活动就不只是具有逻辑意义，同时也具有思想意义。可问题是在知性的逻辑活动中我们只可能发现概念的形式起源，而不会获得概念的内容起源——难道知性除了有逻辑的活动之外还有其他的活动吗？

以上问题可以从康德自己的思想中得到说明。首先，康德认为就概念的质料方面的起源而言，“质料方面的概念的起源（就此而论，概念不是经验的就是随意的或理智的），是在形而上学中去衡量的”[①]。同时，就思想（知识）的本质而言，“因为只有个别事物或个体是通体规定的，所以能给予的通体规定的知识只是作为直观，而非作为概念；就后者而言，逻辑规定永远不能视为业已完满”[②]。逻辑规定还不完满，这正是先验逻辑的使命所在。在普遍逻辑中，我们只能从形式方面来谈论概念，所以这样的概念与个体（对象）无关。也就是说，在逻辑中我们不会形成对个体的真正规定。普遍逻辑不会考虑个体如何通过它自己的特征而被规定，因为对个体的规定是一个通体规定。而与直观（对象）有关的先验逻辑却能使个体作为个体得到规定。先验逻辑对逻辑事业的发展正是在于这种在逻辑中对个体进行逻辑规定的可能性，同时又不丧失个体的个体性。这也就是说在先验逻辑中个体会作为个体自己而出现而不是别的个体或者是别的什么——这是一个通体的逻辑规定，同时“逻辑规定”本身也得到了发展——逻辑规定必须把个体作为个体自己本身在存在论意义上加以规定。

正因为如此，先验逻辑才有知识意义或者说思想意义——一种对与我们共在的个体存在者的逻辑规定的可能。这就表明我们从自身的思想能力出发，我们会获得关于个体的知识。如前所述，而这一切对个体的逻辑规定的可能性都源于在康德看来的一种先天的可能性。毫无疑问，这正是一种形而上学的事业，一种对形而上学奠基的事业，是一种科学的形而上学的可能性之所在。所以在这个事业中康德必须处理概念的内容（质料）的起源问题。虽然康德在《逻辑学讲义》中认为就概念的内容起源而言，概念不是经验的就是随意的或理智的。但对《纯粹理性批判》中的康德来说，

① ［德］康德：《逻辑学讲义》，许景行译，商务印书馆 1991 年版，第 85 页。

② 同上书，第 90 页。

概念就其内容方面而言绝对不会是经验的、随意的或理智的，而必须至少是先天可能的。因为“思想必须要建基于其中并与直观关联在一起的那个让思想成其为思想的那个东西：一个规定着（a determining）”[①]。与直观的先天关联是思想成为思想的东西，如果没有这个关联我们在逻辑中对任何个体的逻辑规定都不可能，那么这个先验逻辑的形而上学事业就绝对不可能。思想是一个规定着，这里的意思其实就是说思想是一个对个体的规定着——使对象（个体）的逻辑规定成为可能的那个事先的统一性视域。“规定着”意味着让思想获得了一个在世界（就我们与其他存在者共在而言）中的位置，思想因此也被标明（引申地可以说是对人自身位置的标明，是属于我们的自由）。这就要求能将知性能力表现为一种思想能力的概念在直观中有其起源。因为概念是知性的制定者，我们的知性能力要获得对个体的通体的逻辑规定，就必须要求概念不只是有一种逻辑的意义，而且它要使知性对个体的具体的通体规定成为可能。这也就要求我们在知性中发现的概念不只是具有逻辑意义与形式意义，而且要有内容[②]。概念要先天地与直观（个体、对象——因为在直观中个体就是个体自身）相关，这其实就是要把知性源始地制定为“一个规定着”，因为这样的知性才具有思想（知识）意义。按照康德的先验逻辑理想的可能性而言，概念在内容方面的起源是必需的。可事实是，在纯粹理性批判中，我们更多看到概念在逻辑与形式方面的起源。

（2）概念的形式起源与知性的逻辑活动

在这一部分的解读中，海德格尔着重从康德的《逻辑学讲义》出发来论述康德关于概念的形式起源的问题。在概念分析论部分中康德试图对知性概念的起源做出不同于《逻辑学讲义》关于概念的起源的论述（因为这是形而上学的事业）。但在海德格尔看来，在概念分析论部分，康德只是重

---

① Martin Heidegger, *Phenomenological Interpretation of Kant's Critique of Pure Reason*, Translated by Parvis Emad and Kenneth Maly, Bloomington: Indiana University Press, 1997, p. 152.

② 概念来源于知性，同时概念把知性制定为思想的知性，这正是一种很到位的现象学（属人的现象），也是一种新的区域的发现（这一点也与海德格尔的形式显示的思想有关）。或者说，这个以经验事实为开端（概念来源于知性）的先验哲学（概念把制定知性为一种具有先验可能性的思想）只有被把握为一个存在论意义上的现象时才是可以被理解的，否则康德哲学按其内在可能性而言本身就是不可能的。这也正是海德格尔认为先验逻辑根本不是一种逻辑学，而是一种存在论的现象学的原因。

点说明了概念的形式起源。按照海德格尔的思路，这样演绎得来的概念并不能说明概念作为一种相对于其他存在者而言的先行具有（Vorhabe），更谈不上一种先行具有的形式显示①。

就概念的形式起源与知性的（逻辑）活动而言，我们一般把概念叫作普遍的表象。这就是说，概念是一个从其他不同表象中得来的一个共同的表象。"共同性"（commonness）在概念中被考虑，这个共同性就是概念的形式。现在的问题是就知性的活动而言，在我们得来这个共同的表象的过程中，什么规定（决定）了这个概念的形式——共同性。康德曾经说过知性的（逻辑）活动与概念的形式起源，但没有说在这个过程中，什么是决定性的。"就其形式而言，概念据以产生的知性的逻辑活动是：（1）比较，即诸表象在相互关系中比较而达到意识的统一；（2）反思，即考虑怎样才能将不同的表象把握在一个意识中；最后（3）抽象，即同所与表象在其中相区别的其余一切东西分离。"② 通过比较，我们看到一些在众多表象中的相似性；通过反思，我们把那些相似的表象特征在一个单独的表象中进行联结，这正表达了对那些众多的表象来说什么是共同的；通过抽象，我们把那些特殊的差异从我们的概念中抽走以保证概念在它确定的界限之内来完成对表象的逻辑规定。知性的这三个活动生产了概念的形式，使概念在形式上获得自己的统一性。

海德格尔认为在这个过程中，反思是概念形式的形成中首要的活动，是反思规定了概念的形式，因为反思在多样性中抓住了统一性③。在反思中的共同性是把握在一个意识之中的共同性，这个共同性的基础就是在于众多的表象与某个单一的表象或者说与某个东西达成一致这个事实。在那里众多的表象被表象为一个"统一的一"（a unifying one，Einiges），这个"一"是一个具有自我同一性的"一"，而这正是知性的逻辑活动（反思）具有概念意义之所在。所以我们看出共同性必须以统一性为基础，同时这个统一性对概念的形式来说必须是源始的，它其实包含了作为共同

---

① 参见［德］海德格尔《形式显示的现象学》，孙周兴编译，同济大学出版社 2004 年版，第 135—136 页。

② ［德］康德：《逻辑学讲义》，许景行译，商务印书馆 1991 年版，第 86 页。

③ 参见 Martin Heidegger, *Kant and the Problem of Metaphysics*, Translated by Richard Taft, Bloomington：Indiana University Press，1990，p. 37。

性的概念的形式。由反思给定的概念的形式就是这个众多表象的共同性的统一性，它本身就是统一性。因为“这个如此这般地统一性不是存在于那个构造对象的众多性的个体之中的。而是，这个作为包含共同性的统一性，也就是说，必须被弄得在个体之中透明并首先被看到并在这里得到保持”①。

在海德格尔看来，在康德先验哲学中，反思的最内在的可能性正是在这里被发现。“这个作为概念的形式的首要的使透明（making transparent）和这个包含共同性的带进统一性的看（bringing into view of unity）正是康德叫作反思的那个行为的最内在的可能性。”② 这也就是说，反思是一个中介，通过它我们可以统一不同的东西，“考虑怎样才能将不同的表象把握在一个意识中”。反思一直在考虑，使那些共同性在一个可能的统一性中得到把握，同时这都要以反思必须使一个可能的统一性自身成为透明为前提。更进一步说，反思必须使那个包含共同性的统一性自身透明，反思作为一种一切可能的统一性的预期者而把统一性据为己有。康德说反思是在考虑，考虑怎样把不同的表象把握在一个意识中。这就是说在意识中，不同的表象达成了一致，同时这些一致的表象在那里得到了统一，并且这里的统一之所以作为表象的统一，它必须表达了某个东西，也就是说它们必须作为一个“一”。

那么这一切之所以可能实现首先就要求对反思来说，统一性必须是显而易见的事情，在它那里一种事先给予的一致性必须给予，只有这样它才能与众多的表象有关。通过比较走向的是共同性而不是差异性，否则反思首先要考虑的事情便是它有没有统一性的特征。所以，对反思来说统一性不是一个逻辑的问题，而是一个现象的问题，因为那样会导致一种恶的逻辑循环。哲学家只是对反思这个逻辑活动给了一种现象学的发现。正因为如此，海德格尔认为，正是**反思构成了概念在形式上的起源**。对我们的知性的逻辑活动来说，反思可以被认为是先天可能的，但这个先天可能的东西并没有因此获得一种先验的基本规定，也就是说在此我们仍然无法确定知性的运用的朝向。海德格尔把形式意义上的概念（范畴）叫作“观念”

---

① Martin Heidegger, *Phenomenological Interpretation of Kant's Critique of Pure Reason*, Translated by Parvis Emad and Kenneth Maly, Bloomington: Indiana University Press, 1997, p. 157.

② Ibid..

(notion)。康德也使用过这个词，他是就范畴在知性中有其来源而言的，“概念要么是经验性的概念，要么是纯粹的概念，而纯粹概念就其仅在知性中（而不是感性的纯粹形象中）有其来源而言，就叫作 Notio”[①]。海德格尔把范畴叫作“notion”，是强调范畴的逻辑方面和反思性方面，认为是反思构成了范畴的形式方面的本质。

反思的这个特征正说明了它是一个对表象的表象，是间接的和推论性质的，这和我们前面说的思想的基本特征一样。其实思想就是凭借概念的知识，思想的基本特征正是在于反思先行于比较的基本特征。同样，我们通常所说的概念的统一性功能也在于反思，那么在反思和功能之间必须有所沟通，否则概念自身的含义会不明。概念依赖于功能指的就是依赖于判断的功能。康德有时候把知性叫作概念的能力，有时候把知性叫作判断的能力。那么这是为什么呢？除非概念和判断同一，否则这样的叫法是有问题的。概念的形式来源于反思，那么反思的功能是什么呢。反思作为一种事先的对统一性的看，它正是在统一的活动中发挥它的功能，也就是说在给出统一性的活动中发挥它的功能。通过这个统一性活动，反思能规定很多不同的表象，反思也因此获得了一种个别的表象的关联。因此反思（概念）就可以作为一个与对象相关的一个可能的谓词。然而，反思的功能除了是判断不可能是别的东西，因为这些概念只能用来做判断，判断也因此表现为一种统一性功能，它们的功能都具有相同的性质，也就是把不同的表象带向一个共同的表象之下。但不同的是，判断的表象始终是对表象的表象，而概念之下的表象之中包括有一个与对象直接有关的给予表象。“判断是不同表象的意识统一之表象，或构成一概念的不同表象的关系的表象。”[②] 也就是说，判断只是不同的表象如何属于一个意识（表象）的方式的规定，判断的统一性功能其实是来源于反思。

正如前面我们对概念与判断的关系的考察中阐明的那样，判断的统一性也正是来自概念的统一性功能。所以，“记住在作为形成概念的基本行为反思与作为判断的基本行为的统一性功能之间的联系是至关重要

① ［德］康德：《纯粹理性批判》，邓晓芒译，人民出版社 2004 年版，B377，第 274—275 页。

② ［德］康德：《逻辑学讲义》，许景行译，商务印书馆 1991 年版，第 93 页。

的。两者是同一的”①。这一点其实康德在《纯粹理性批判》的 A68 = B93 中表现得很清楚，康德正是通过概念来说判断的。由此可见，判断和概念在种上是同一的，这意味着概念可以作为判断的谓词，因为如果事情不是这样，判断会从别的地方获得一种关于对象的感知方式并使之成为它某种功能的来源（如上帝的箴言）。同时我们发现正是反思的统一性功能奠基了概念的形式，否则我们不会让概念获得一种先天可能的存在方式。康德在让概念成为可能的同时，也让判断获得了自己的存在形式。但这样的具有形式意义的概念并没有必然的具有某种来自我们自身的规定性，正如康德在“对反思概念的歧义的注释”说明的那样。因为这里的由反思得来的概念完全只是与一个可能的直观相关，并没有必然的与我们有限的人类直观相关。这也就是说，概念并没有保证自己先天地与我们的直观相关。概念中表象的内容完全有可能是虚构的，对我们人类来说是真实的东西。虽然康德认为概念之下必然包括一个与对象直接相关的给予的表象。但这样的表象并没有在康德哲学中合理地给出。那么这样的概念我们就不会认为它是先验的，因此我们不会认为它是作为一个要素来构成我们的知识，因此也无法回答我们的知识何以可能的问题。更进一步说，这样的概念还没有一种康德所说的对象的规定性，它还没有必然地作为那个能让存在者得以显现的地方，所以概念还需要内容的起源。

第三节　范畴的内容起源

一　范畴的内容起源与康德哲学

概念的内容起源是一个形而上学的问题，意味着我们要发现一个概念并且它的内容是先天起源的，这个先天起源的概念能先天地与对象（直观）相关并且这样的相关性构成它自己的规定性。先天地与对象相关对康德来说是先验的问题，如前所述，这个问题就是一种人的形而上学问题、存在论问题。那么在康德哲学中概念是如何拥有其内容的，并且这些

① Martin Heidegger, *Phenomenological Interpretation of Kant's Critique of Pure Reason*, Translated by Parvis Emad and Kenneth Maly, Bloomington: Indiana University Press, 1997, p. 163.

概念在其内容上的起源是如何被显明的。为了使这个问题的追问显得更为根本，我们必须说明的是在康德的整个批判中，康德追问的就是“先天综合判断如何可能”——追问一种存在论知识的基础及其可能性。这也就是说，追问一种能先天构建存在者之存在的知识，这种知识先于经验并使经验成为可能。这种知识是先天的并具有事实上的（factual）内容（这是由先验逻辑作为现实存在者的存在论决定的）。对康德来说这种知识就是由直观与思想的结合而组成的。思想是凭借概念的知识，所以这种知识要具有关于对象的事实内容就必须凭借概念来让思想与直观结合。那么概念是如何具有一个先验的内容的？我们怎样来揭示这个概念的内容起源？概念如何在不依赖于经验的情况下就具有一种客观实在性？一个主观的东西为什么具有客观的意义呢？这都是概念的内容起源要回答的问题，也就是范畴的先验演绎要回答的问题。

“……而把一种先验的内容带进它的表象之中，因此把这些表象可称之为纯粹知性概念，它们先天地指向客体，这是普遍逻辑做不到的。”①康德把这些概念叫作范畴，这些范畴的一个基本特征就是先天地与对象有关。可在对范畴的来源的论述中康德注重的是就范畴在逻辑机能方面对知性功能的穷尽，也就是注重范畴的穷尽性和完整性的问题，而且只是在逻辑方面。前面说过，康德认为知性是一个自足的能力，通过它的活动它可以构建一个封闭的系统和区域，并且这个系统具有存在论的意义而不仅仅是逻辑意义。如果说范畴是来源于知性的活动，那么这里知性的活动就不只是知性的逻辑活动，知性的活动应该同时具有形式意义和思想（知识）意义。知性对康德来说不仅仅是具有逻辑意义上的思维能力，而且是思想的能力。这也就是说，知性的自发性就在于它作为思想先天地规定了对象的对象性——使某物先天地作为对象成为可能。那么知性先天地与对象相关的纯粹能力就有可能是概念的先验内容起源的地方，正如反思是概念的形式的起源的地方。

在康德哲学中，康德除了提到知性的逻辑活动之外，知性还有可能有什么纯粹的活动呢——这个活动使得概念在成为我们主观的东西（先天的——这是由反思决定的）的同时使概念成为那个能让我们与其他存在者建立关联（先验的）的东西：也就是说概念对我们来说是本己的。

① ［德］康德：《纯粹理性批判》，邓晓芒译，人民出版社 2004 年版，B105，第 71 页。

这是知识是我们人类的知识的关键所在，同时也是先验逻辑的概念具有存在论意义的关键所在，因为如果我们确定不了概念不是属于我们自己的本己的在与其他存在者一道存在中必然显明的东西，那么我们就不能通过概念来谈论我们关于对象的认识。这其实向我们表明了这样一个事实：通过对概念总是朝向作为其对象的某物这个内在机制的揭示，概念只有作为一种能带来一个“我与其他存在者一道存在”这个存在论现象，概念才是可能的。这里一个重要的问题就是，如果我们不能确定概念是先验的，是先天地与对象相关，即便我们通过知性的逻辑行为确定了概念是先天的，我们也无法确定概念必然会是我们和存在者打交道的基本模式。那么这样康德谈论的知识的发生学就不属于一种在有限性基础上给定的必然性的东西，也就是不能回答知性必然地做出经验的运用，因为我们完全有可能把先天的概念做出先验地运用（正如康德自己所说的那样）。康德先验哲学的关键就在于先验哲学谈论的是我们的现象（一种必然性），是我们思想当中的必然性因素，这样才能保证一种学说的严格性。所以对范畴的内容的起源的论述关系到康德哲学自己的内在决定性（确定性）原则，正如尼采一样，是一种力（活动）决定了思想的事情。康德的哲学并不是建立在一种设定之上，而在于发现了逻辑在我们的活动和存在方式之中的起源。正因为如此，我们有理由运用逻辑，因为它是我们力的一种表现方式。这是对逻辑本质的一种揭示，同时也是一种自我认识和自我确定——是我们给自己一个位置的理由。

二 范畴的内容起源

范畴来源于知性的活动，知性的活动最内在的可能性就是统一性的功能。如果我们能够发现知性统一性活动的全部不同方式，并且在不同的方式下，这些功能能得到系统的展示，那么我们就能掌握整个知性并由此来回答范畴来源于知性这个问题。于是我们打开了一个视域：通过对作为知性的可能的活动模式的不同的统一性功能的考察，我们会发现一个相应的不同的统一性。这个统一性也许不同于知性的逻辑活动（反思）的统一性，但这些不同统一性的先天规定也许会生产出一种知性的纯粹概念（范畴）。与统一性的反思规定不同，这些规定包含着一种与对象的先天相关性。也就是说，通过对知性的另外的统一性活动的分析，我们会发现在那个来自知性的活动的统一性模式有可能作为经验的先天形式。这样我们就会获得一个先天可能的统一性模式作为范畴的内容的起源。我们知道知性作为一种判断的能力不只是一种逻辑意义的形式统一性，而同时意味着对来自对象的表象的统一，虽然其统一性功能来源于反思。但知性作为知性，它不但在其逻辑活动中来表现自己（在概念中），同时也在判断活动中来表现自己。

在判断活动中由反思规定的概念同时获得了一种在表现方式上的规定。这也就是说，在反思和判断之间必须有共同之处，那些由反思规定的概念只能用来做判断。这样才能保证判断有能力形成知识同时在判断中的概念包含一个直接与对象直接相关的被给予的表象。总而言之，知性在判断的活动中获得了自己的表现方式，获得了一种样式（模式），而这一点同时构建了概念本身。在判断和概念之间，有着一种相互规定和相互构建。我们说判断的统一性功能是来自反思，但并没有说这个统一性的具体模式。判断作为不同的表象如何属于一个意识（表象）的方式的规定，其实就是一种统一性得以实现的模式。那么，反思可以看作统一性的一种先天存在方式，但在反思那里我们还没有获得统一性与对象之间的关系，也就是说这个统一性还没有得到一种对象的规定——它必然地就会做出对来自对象的表象的统一，因为这个对象（表象）的对象性没有得到先天的规定。这同时意味着在知性的判断活动中，概念获得了其先天的内容的规定性。也就是说，判断在内容上构建了概念。这样的概念我们才可以说是知性的概念。只有事情是这样，我们才能从判断表引出范畴表——概念只能用来做判断。这其实是一种对范畴在其内容上的规定——范畴如何作为判断的谓词。或者说，在判断中有一种范畴的统一性的模式存在，这就是知性运用的基本原理要解决的问题。那么，在判断中获得一种统一性的模式的概念是什么样的概念呢？

海德格尔认为，在康德一份没有出版的手稿中，康德提到了这样的概念。“所有的一般概念，不管它是从哪里得到它们的质料（Stoff），都是被反思的表象（reflected representations），也就是他们被置于运用于众多（many）的这一逻辑关联中进行反思。然而，有一些概念它的整个意义就是能隶属于任何发生的表象，作为一个或其他反思。它们被叫作反思的概念（conceptus reflectentes）。同时因为任何反思都发生在判断中，这些概念将被绝对的理解为仅仅是知性的活动，它在判断中作为判断的可能性的基础而应用于关联。”① 康德认为有些概念的整个意义都在于反思，但海德格尔认为康德在这里谈论的并不是在“反思的歧义”中的那些反思概念，而是意味着范畴——对所有概念的规定。前面说过，任何概念都是反思的概念，都是凭借反思构建的，都有反思的规定，所以我们把概念叫作反思的概念（the concept of reflection），但这并不意味着所有概念的整个意义都在于反思。海德格尔认为这里说的反思的概念是概念的特殊的类型，它指的是反思着的概念（reflecting concept）。“反思着的概念”意味着反思的表象（reflective representation），意味着自己表象反思。也就是说，这些概念不只是通过反思而存在（exist），而且抓住一个反思，抓住反思这个活动。进一步说，这些概念能够先天地完成一种反思活动。正因为如此，在海德格尔看来，康德才说所有概念都是被反思的表象。很显然，有些概念可以说是对反思的表象，它能够先天地完成反思活动，但这并不意味着所有的概念都是如此。那么海德格尔为什么会这样认为呢？

“所有的反思都发生在判断中。这意味着作为统一功能的判断的可能模式就是反思的可能模式和属于这个反思的统一性的可能模式。”② 因为康德认为所有的反思都发生在判断中，所以反思着的概念的统一性就属于判断的统一性活动。这些与判断的统一活动方式相应的反思的统一性方式就是反思着的概念所反思和理解的东西，反思的概念由此获得其内容。同时这些概念是进行判断活动的可能性基础，因为这些概念将内容（对象）带向了判断。这也就是说概念作为概念，不只是考虑自己的统一性，而且要考虑自己的如何统一。这也正是在形而上学意义上对概念的考察。对判断来说，它的统一活动的方式在于概念的统一性方式。这个概念的统一性方式正表达了概念的先验本质。“因为对作为对预先给予的（pre-given）杂多表象的统一，判断活动真正地需要一个朝向统一性的关涉，统一活动根据这个统一性发生。”③ 这也就是说，判断的统一活动的发生只有根据某种统一性才是可能的。这个统一性是由反思着的概念提供的，反思着的

① 参见 Martin Heidegger, *Phenomenological Interpretation of Kant's Critique of Pure Reason*, Translated by Parvis Emad and Kenneth Maly, Bloomington: Indiana University Press, 1997, pp. 169-170。

② Martin Heidegger, *Phenomenological Interpretation of Kant's Critique of Pure Reason*, Translated by Parvis Emad and Kenneth Maly, Bloomington: Indiana University Press, 1997, p. 170.

③ Ibid., p. 171.

概念在这种统一性的提供中其实超越了概念的反思本质。我们前面说过，是反思活动提供了概念的统一性，但这里的统一性还不是一个关涉自身的统一性，它还没有涉及如何统一的问题。如果我们想把概念作为一个先验逻辑的概念在判断中表现出来，还需要概念是一个反思着的概念。这其实就是一种对反思的反思。反思不仅需要本质（统一性），而且需要建立在某种机能之上的一种特殊的实现方式（对我们有限的人类来说，反思只能是在判断中实现出来，这样才能体现反思的形而上学意义）。先天地具有形式和内容的概念在康德看来才是纯粹知性的概念，即范畴。否则没有内容的概念和普遍逻辑的概念没有什么差别。

康德虽然在这一部分对范畴做了先验演绎（不论是主观的还是客观的演绎），但都觉得对这个问题回答的不够理想，这一点他多次提到。究其原因，主要是他只注重了对范畴在事物上的经验应用并由此来论证范畴作为经验的先天形式，也就是说总是首先在与对象的关系中来说范畴的形而上学本质。这给人一种不严格的循环论证的假象，因为范畴能运用于经验，所以范畴作为经验的先天形式。其实，在我看来，主要是因为康德没有阐明概念在内容上也是来源于知性，没有将范畴的先验本质给予坚决的执行，没有将范畴的先验本质凸显出来，虽然事实上康德始终都是以范畴具有内容和先验本质为其思想前提。更进一步说，在康德那里没有把范畴的内容起源的形而上学根源给明确起来，没有发现这个起源的知性根源，因此也缺少对这个根源（机缘、线索）的进一步规定，并因此缺少一种对先验的内在决定原则的明确——使先验获得一个真实的基础。因为我们知道康德的范畴只有获得了一种先验的本质后才能运用于经验，而同时是通过经验的运用我们发现了概念的先验本质，所以对范畴的经验运用的说明就必然得出范畴的先验本质。如前面所说，经验在这里充其量只是我们发现范畴的一个诱因，在这里我们会遇到范畴但不会形成对范畴的先验规定。范畴的先验规定是范畴与对象先天相关的一个主观说明，从而保证范畴的形而上学意义（范畴是我们的范畴）。所以，不论是主观演绎还是客观演绎都要说明范畴的主观性（从而引导出发现我们主体性的线索）。客观演绎虽然缺少了心理学的因素，但它太客观了，以至于连基本的是我们人类自身的身份标明都显得太逻辑化了，主体好像是因为一种理论的需要而被制造出来的。客观演绎没有回答范畴对对象的对象性规定的先天机能因缘，因为统觉只是表明了自我意识的先验统一，但没有更进一步说

“我思”为什么能够必然伴随着我的一切表象。这其实就表明了那个最高的先验原则缺少一种“力”的说明，这是统觉能标明我们主体性的前提。如此具有逻辑力的“我思”的知性活动的根源在哪里？统觉的自发性为什么就是一种先验统一的自发性，它的原因在于什么？

只有回答了范畴的知性起源在康德哲学中的真正意思我们才可以回答以上问题。对反思的论证其实就是一种形而上学论证，反思不仅具有逻辑意义，而且具有知识（思想）意义，反思其实标明了逻辑与存在的同一。反思具有一种自身获得反思的内容的能力，它是先天完成的。它规定了判断的统一方式。海德格尔认为，在康德哲学中，康德对反思着的概念的说明是发现概念的内容起源的首要线索。但现在还有一个重要的问题，反思着的概念的统一性的给出虽然标明了它具有获得内容的能力，但这个内容如何先天的是与对象相关的内容呢？这也就是说，是什么规定了范畴作为反思着的概念而能先天地与对象相关，反思着的概念凭什么并在哪种意义上是一种对对象的对象性的先天规定。

三 时间与范畴的内容起源

就范畴的形式起源，我们归功于知性的逻辑活动——反思及其统一性；就范畴的内容而言，我们归功于知性（思想）的统一功能——判断，从判断的统一功能中我们会发现一些范畴的内容起源的线索。这个线索只是告诉了范畴获得内容的一种先天可能性，并没有告诉我们这个内容就是来自对象的内容。这也就是说有一个东西同时规定了范畴的本质从而使范畴具有反思着的概念的一切特征，从而保证了其与对象之间相关的那个可能的通道和发生方式。我们知道，在思想的统一活动中，思想能够间接地和直观相关并服务于直观，通过与对象的相关我们的思想获得其内容，所以知性的纯粹概念也只能在直观中获得其内容。虽然我们前面把范畴的内容的统一性归于判断的模式和思想的统一功能，在这种模式中我们有一个对内容的形式预期，但能规定内容成为对象的内容的还是直观。思想（知性、判断）正是在与直观的关联中获得了其内容。现在必须说明的一点是，通过知性和判断来说明概念的起源问题（也就是把概念的起源归于知性）是就经验作为诱因而引起的对概念的发现之路而言，我们说概念制定了知性及其判断是就概念的存在论意义而言的，因为在海德格尔看来任何存在论只有作为一种现象学才是可能的。所以这里由判断来说概念，然后由概念来说判断是不矛盾的，因为它们都是“事情本身”。

其实，就康德哲学的内在可能性而言，这个解决问题的方式是必需的。更何况，康德自己就是这么做的。由判断引出概念的路径，我们会得出概念的内容的起源必然要与直观相关，这是由思想（判断）的本质规定决定的。概念只有与直观相关，概念才能获得其内容。在海德格尔看来，“正是因为概念在知性的能力中有它们的起源，根据知性的中介，它们首先起源于直观。范畴有一个双重的起源，作为‘观念’（notions），它们起源于统一的功能，作为存在者的种类（kinds of being，gene tou ontos）起源于感性的纯粹形象，起源于时间”①。我们知道，在海德格尔看来康德的知性始终是一个被直观奠基和引导的知性，所以要根本上回答范畴的起源问题，还要看范畴和直观的关系。在海德格尔看来，范畴只有起源于时间，起源于纯粹直观，范畴（反思）才能先天地获得对对象的对象性规定，因而才能先天地规定对象，先天地与对象相关。那么现在的问题就是“所有的反思都发生在判断中”是如何可能的？由概念制定知性和判断的思路我们可以看出，在这里不是判断决定反思，而是反思决定判断。从前面论述可以看出，这个反思不是一般的逻辑意义上的提供观念（notion）的反思，而是一个提供反思着的概念的反思。所以概念（范畴）本质上就是一个反思着的东西，是一个对判断的统一方式能形成反思的概念，这就意味着对判断的统一性及其方式有一种源始的知晓。这个“源始的知晓”意味着范畴本质上不但知道它自朝向那里（运用于对象），而且意味着它知道自己的如何朝向（通过什么样的方式才能实现这个朝向、才能如何运用到对象）。这意味着我们把范畴理解为一个反思着的概念只是对范畴的基本特征的描述，至于它为什么具有这样的特征，这一点是反思本身不能回答的问题。只有基于一种“源始知晓”，我们才可以说“所有的反思（概念）都发生在判断中”，否则概念有可能以别的方式来展开自己与某种东西（不一定是现实的对象）的通达，或者说它完全可以不“动”（因为没有什么东西让它必须如此这般）。

由此，范畴要作为一个知性的纯粹概念的一个基本特征就是它必须获得一种“力”的保证，同时要获得一种存在论的保证。因为范畴的“反

---

① Martin Heidegger, *Phenomenological Interpretation of Kant's Critique of Pure Reason*, Translated by Parvis Emad and Kenneth Maly, Bloomington: Indiana University Press, 1997, p. 172.

思着”只是说明了范畴之于判断和自己的发生方式而言的一种自我规定的能力，同时它还要保证自己能以这种方式和对象相关，或者说它要保证这个方式只能是在一种与对象的关联中所具有的方式——这其实同时规定了这个方式本身的可能性。由此可见，范畴的反思着的特征只有在与直观的相关性中才能获得保证。海德格尔给出以上关于范畴的反思着的特征的理解都是出自康德自己对范畴的理解，都是按照康德自己所说而对其进行追问而得来的关于范畴本身所必须具有的特征的说明。所以，海德格尔在这里把范畴的内容的起源归功于知性（思想）的统一功能——判断——的做法只是为了在康德哲学中找出一个范畴具有内容的起源的线索，至于范畴在哪里具有了这种“反思着”的特征现在还没有回答。那么范畴是如何具有这样的反思着的特征呢？很显然，这只有在它与直观（时间）的关联中才能获得？这也就是说，范畴必须在时间中拥有自己的起源。那么，范畴是如何在时间中拥有其起源的呢？在海德格尔看来，这个问题直接关系到康德哲学的内在可能性的问题，关系到对“此在”的理解问题，关系到时间与“我思”等问题，由此我们进入在海德格尔看来康德哲学中最重要的时间问题。

第三章 时间、范畴与想象力

海德格尔为了论证范畴的时间起源，他具体考察了在康德哲学中范畴与综合的关系。对此，他具体的分析了《纯粹理性批判》的 §10 里的六段论述。在这部分，康德具体分析了综合的表象联结过程，并对综合给以说明。康德通过说明知性在判断中的统一功能与它在综合中的功能的联系来给出范畴的"形而上学演绎"。但在海德格尔看来，如果不对这个"综合"说明进行深入研究，我们就很容易肤浅地去理解康德的整个思想。范畴给予判断的统一性是分析的统一，范畴给予直观中杂多的统一是综合的统一，综合的统一把一种先验的内容带进它的表象之中。前者讲的是范畴的逻辑统一功能，后者讲的是范畴的综合功能。两者结合起来讲就是范畴或知性的综合统一功能。康德从判断表中来引出范畴表就是以此为根据的。康德是从知性在判断中的功能与综合中的功能的同一性以及数量上的一致来从判断表引出范畴表①。康德从判断表引出范畴表的最大问题在于康德没有回答范畴表为什么是先验的，也就是说，它为什么是一种综合的统一，因为康德得出范畴表是就判断表的逻辑机能而言的②。但在康德看来这个范畴表肯定是先验的，这是他的先验哲学的先验性质的基本表现。所以在海德格尔看来，"我们必须在一个基础的道路上追问康德是如何想让纯粹知性的能力被理解并作为一个线索。这（范畴表——笔者）更不是直接地跟随在判断表之后。我们曾经指出康德把这个表设计为一个'先验的'表，在如此意义上他理解判断的逻辑功能，在它们的变形中，先验地理解"③。按照康德的思路，我们要回答范畴表是先验地，那么就

---

① 参见［德］康德《纯粹理性批判》，邓晓芒译，人民出版社2004年版，B105，第71页。

② 同上。

③ Martin Heidegger, *Phenomenological Interpretation of Kant's Critique of Pure Reason*, Translated by Parvis Emad and Kenneth Maly, Bloomington: Indiana University Press, 1997, p. 178.

必须证明判断表是先验的。要回答判断表的先验性我们就必须把判断的统一功能理解为先天地与对象相关。事实正是康德确实认为判断就是与对象先天相关的一种方式，但通过前面的说明我们发现判断的先验性质是判断本身不能确定的事情。判断的先验性质本质上是由反思着的概念决定的，而反思着的概念为什么能必然带来一种判断的先验性质这个事情本身还没有回答。这也就是说一种统一性的方式本质上还没有获得一种先验的规定，而这个先验的规定的可能性完全在于范畴的先验性质。所以海德格尔认为康德并没有直接从判断表引出范畴表，而且判断表只不过是先验判断本身的一种变形，它本质上是先验的。在判断表和范畴表之间存在某个别的东西，这个东西对它们来说是关键的。同时只有根据这个东西，判断表和范畴表才能被理解，我们才能理解为什么在康德看来范畴表是来源于判断表这个说法。这个东西对整个康德的批判来说都是很重要的，因为它从根本上保证了康德哲学的先验性质。这个东西在海德格尔看来就是综合（synthesis）。

第一节　范畴与想象力的综合

一　范畴的演绎与综合

康德的综合问题与他的范畴的问题密切相关。对康德来说，我们能知道什么是由我们如何知道事先规定的，知性的“是什么”的问题其实是由知性的“如何”规定的。范畴之所以是知性的纯粹概念，就是因为在康德看来我们有一些特殊的概念能在经验领域得以合法的运用，同时这些概念不是从经验中抽象得来的。对知性来说，抽象其实就意味着剥离（抽掉）那些不属于知性的东西。但是，知性自身的综合统一性行为并不能保证自己的先验性质，那么能保证知性的先验性质的东西只能是制定了知性的概念。这个概念是范畴，是那些在康德看来特殊的概念——范畴。它们能让知性的活动始终保持在一种经验的运用之中，也就是说使知性的活动自觉起来，使知性的活动获得属于自己的界域。这同时意味着有一个东西在引导知性、规定知性。否则，知性的纯粹概念不可能反过来规定知性的运用。那么知性的概念毫无疑问也受这个东西的规定。很显然这样的概念不能在知性的逻辑活动得出来，而只能通过知性在综合活动得出来，知性在综合中的功能把自己表现为一个与对象的表象相关的活动。这也就是说，对知性来说有一个最基本的综合（路径），通过它知性可以表现自己的如何，同时说明自己的先验性质。引申地说，通过这个通道或路径，知性就确定了自己的经验意义，从而说明我们自己特有的一种确定性（而不是像休谟认为的那样）。这个确定性原则之所以可能，正如前文所述，在海德格尔看来就是属于我们自己的内在决定性原则——时间。因为在海德格尔看来如果我们没有时间意识，在康德哲学中，一种最基本、最基础的综合是不可能的。没有时间，一个外在于我们的某物就不可能立身为对象。

由此可见，通过一种基本的综合，知性中的众多概念中的纯粹概念才能够明确起来，反过来这个概念的综合运用由此能表明我们自己特有的确定性。所以，范畴与综合的关系具有如下双重意义。一方面，就范畴的形而上学演绎来说，范畴来源于知性的活动（逻辑活动与综合活动），逻辑活动让知性具有逻辑意义，使知性获得一种拥有概念的逻辑可能性，而知性的综合活动使知性拥有的概念作为纯粹概念。在这个意义上康德说赋予判断以统一性和赋予综合以统一性的东西就是纯粹知性的概念。其实，康德这里是以知性有某种最基本的综合（路径）为基础的，虽然这里还没有说这个路径具体是怎么回事。通过这个基本的基础综合使概念作为知性的纯粹概念。这是范畴形而上学演绎的基本前提。但事实是，康德首先是在这个演绎中摆明了范畴的本质，以便先验演绎部分是对这个本质的如何可能的说明。另一方面，范畴的先验演绎就是对这个路径的具体展现，它并不是指一种“权利问题”和所谓的合法性问题。对这个路径的展现意味着对一些基本的综合行为的说明，说明这些综合对我们来说是如何可能的，说明一些基本的综合行为对我们来说是可能的，这同时也为范畴的形而上学演绎提供了前提（我们具有这个路径，具有对对象的通达）。

正如海德格尔所说，“相反，权利问题只是对先验的一个分析任务的表达，也就是，一个对主体的主体性现象的表达，即作为一个有限的主体”①。其实，康德的先验演绎就是一种对我们自身能力的展现——对我们来说，一些基本的基础的综合是可能的，通过这些综合，知性的“如

① Martin Heidegger, *Kant and the Problem of Metaphysics*, Translated by Richard Taft, Bloomington: Indiana University Press, 1990, p. 62.

何”被说明——对象与我们相关。由此可见，我们要回答范畴的起源问题和真理问题，一种最基本和最基础的综合是必需的，只有通过这些综合，康德对范畴的任何演绎才是可能的。更进一步说，对康德来说，对一个基本的综合的显现（展现）是必需的，这个显现能说明主观的东西具有客观意义。这对康德来说是最艰难的部分，因为这部分触及了康德所说的先验领域。只从主观说，会有心理学的危险，只从客观说，会导致一种逻辑设定的危险，以至于康德所说的并不是我们自己的源始现象，而是他自己所认为的或他强加给我们自己的，这样便不会发现世界之于我们的奥秘。同时，这也是康德为什么时而给出主观演绎，时而给出客观演绎的原因所在。正如康德所说，不论他给出关于这部分怎样的演绎和说明，别人都理解不了他的初衷。海德格尔在此正是他的理解者，也许海德格尔会将康德想说但没有说清楚的地方给说出来，同时将康德模糊的哲学变得清晰起来以在整个德国哲学的恢宏气势中来理解康德——因为在海德格尔看来康德是这个恢宏的缔造者之一（这一点从尼采对康德的解读中同样可以发现，虽然他是批判性的）。

在康德哲学中有很多种类型的综合，康德对他自己认为的最重要综合给予了充分说明。“不过我们思维的自发性要求的是先将这杂多以某种方式贯通、接受和结合起来，以便从中构成知识。这一行动我叫作综合。”[①]这是由知性的思维的自发性引出综合。然后，“但我所理解的综合在最广泛的含义上是指把各种表象相互加在一起并将它们的杂多性在一个认识中加以把握的行动”[②]。“在对我们的表象进行任何分析之前，这些表象必须先已被给予了，并且任何概念按其内容来说都不可能由分析产生……综合毕竟是真正把诸要素聚集为知识、并结合为一定的内容的东西。”[③] 海德格尔认为在这里康德说的综合就是指一种最基本最基础的综合，综合在这里指的是一种对知识的诸要素——思想与直观——的一种结合（聚集）行为。如果我们只有分析没有综合我们就不会形成知识，而且更重要的问题是，如果这个综合不是具有统一性的综合，那么我们也不能回答知识的主体属性。那么在海德格尔看来什么样的综合才是最基本的综合呢？

---

① ［德］康德：《纯粹理性批判》，邓晓芒译，人民出版社 2004 年版，A77，第 69 页。

② 同上。

③ 同上书，第 70 页。

海德格尔对康德的综合曾给予了区分，包括存在学综合（ontical syntheses）和存在论综合（ontological syntheses）。其中，存在论综合是最基础的综合类型，它对康德的整个先验哲学具有重要意义。在《康德与形而上学问题》中，海德格尔给出了三种存在学的综合（veritative synthesis，predicative synthesis，apophantical synthesis）[①]。存在学综合不是我们在根本意义上要处理的综合，因为它们只关涉判断。而存在论综合不只是一种关涉判断的综合，而且关涉我们自己的综合。通过存在学综合我们无法回答范畴之于我们的意义，也就是无法回答范畴对我们存在论知识的构建意义——范畴在我们知识的构建中所起的作用，因而无法展示范畴的先验意义。因此，范畴的综合必须是一种存在论综合，只有这样我们才能明白范畴在存在论知识构建中的作用，同时具体表现范畴之先验之所在，因而完成对主体的主体性的显现。

二　作为存在论综合的先验综合

现在我们要回答的问题是：（1）在康德哲学中，康德认为哪些综合是最基本的综合，同时这些综合为什么是存在论综合；（2）在范畴之下的综合在康德哲学中指的是什么样的综合。只要我们弄清楚了这两个问题，我们才有可能从根本上回答范畴的起源，同时回答综合在康德哲学中的真正意义。

（一）时间与“综合作为存在论综合”

通过康德对综合的定义，我们发现对康德来说关于综合的最大的问题就是我们的思想如何能与直观相关，从而通过直观来让我们的思想本身明确起来。通过这个综合，思想只与一些具体的特殊的对象相关，而不是与一切对象相关。这样思想就会获得自己的“对象域”，同时这个“对象域”也让思想明确了起来。这是一个可以让主体和对象可以互相到达的路径，没有这个路径，任何关于对象的言说都不可能，没有这个路径任何关于主体的主体性的说明都显得苍白无力。所以在康德哲学中思想总是与直观有关的思想，直观总是与思想有关的直观——我们有一种绝对的当下的直观把握。

---

① 参见 Martin Heidegger, *Kant and the Problem of Metaphysics*, Translated by Richard Taft, Bloomington: Indiana University Press, 1990, p. 20。

有什么东西保证我们的思想总是朝向对象，而且有什么东西保证我们能先天地把对象立身为对象。也就是说思想是如何获得这个属于自身的规定（特征）的。在我看来，康德对这个问题的回答只能有两种可能，一种是“自我意识”“先验统觉”，是“统觉”提供了这个先验的统一，并且他认为“统觉”的分析的统一是以其综合的统一为前提的。但我们发现这是一种以结果来说明前提的做法，因为先验统觉其实就意味着那个已经被我们在知性的经验运用中所标明了的知性，也就是说，在康德哲学中先验统觉是一个已经被确定了的先验事实，是一个已经被标明了的主体性。但我们现在追问的是在康德哲学中先验本身是如何可能的问题，所以在此先验还没有被完全构建起来和形成，那么用一个已经形成的先验的东西（知性、统觉）去说这个先验的如何可能是不可能的。即便是可能的，那也要求回答统觉作为主体性所在的存在论意义，否则统觉只是作为意识的一个本质的表达而作为一个知识之所以可能的逻辑条件，没有一种内在的力的保证因素，因而没有那个始终把对象置于对面的保证机制。

康德的另一种回答是综合，是一种基本的综合让我们的思想能始终保持在与对象的相关性中。通过这些综合思想始终获得与对象的真实关系，也获得自己的对象域。这些综合只能作为一种存在论综合，它始终让思想保持在与对象的基本关系中。

接下来的问题便是，这些综合为什么能是一种存在论综合呢？也就是说在综合的过程中综合自己的统一性如何可能，综合这个行动能保证它自己总是对某个对象的表象的综合吗？在康德看来这个问题的答案是范畴（由§10可以表明），也就是说综合的统一性来源于范畴。但在海德格尔看来是时间，因为范畴仅仅表达了在思想中的统一性。这个统一性并不能保证知识就是我们关于外在的对象的知识，经验就是我们和对象之间的经验。因此，康德在这里只是对范畴的反思着的特征的一种重新描述，它没有回答范畴总是朝向对象的那个基本的先验性质。所以在这里范畴并不能实现一种先验统一，也不能回答先验如何可能的问题。

“空间和时间在任何时候都要影响对象的概念。作为纯粹直观的空间和时间是纯粹的刺激而不是经验的刺激。作为与思想关涉的纯粹刺激，它们刺激‘概念’，也就是说它们是那个根本上使对象成为对象的东西。我们在这里处理一个纯粹的刺激，也就是，处理一个关涉自我、心灵的东西，和一个不是来自经验对象而是来自一个如此先天地作为自己和属于心灵的概念。这样纯粹刺激就意味着自我刺激。”① 这也就是说让思想与直观的关系始终成为可能的是时间。同时综合作为存在论综合的原因也在于时间，因为只有在时间中的综合才是一个自我关涉的综合，才是一个与对象始终相关的综合，综合的统一性其实来源于时间。这样的综合才可以叫作行动，才可以说是我们的行动。由此可见，对康德来说，综合首先是作为存在论综合，而存在论综合的基本规定就是它是在时间的规定中进行的，否则这些综合不会获得属于“自我”的那个统一性。或者说，只有作为一种存在论综合，先验自我这个东西才可以成为一个具有主体性的东西，它使我们和对象之间的表象关系始终成为可能。

海德格尔对综合的存在论界定目的是说明时间的重要性，因为海德格尔认为只有时间才是那个能提供在康德看来具有先验性质的综合的统一性的东西②。因此先验的时间规定对康德来说是必须完成的事情，否则他无法回答“先验如何可能”的问题，而这就同时要求我们要弄清楚时间本身的存在意义。或者说，我们追问康德的是：是什么保证了我和对象之间的关系总是可能的——这其实意味着我和对象之间一种存在（论）关系。答案当然是先验，但问题更在于先验自身为什么会获得这样的构成机制呢？对康德来说，是一种具有存在论的综合。那么更进一步的问题就是：这样的综合凭什么总是在一种确定的空间发生的行动呢？答案只能是时间，因为时间本质上提供了这个综合行动的发生域。而这个发生域的内在构成（规定）机制其实完全是因为时间与我们的存在本身早已经有的一种存在论关联。只不过这个关联直到海德格尔这里才被发现和明确了起来，其实它早已存在并成为一个思想的事实同时对我们（如康德）的思想具有了规定作用。

事实上，只有时间才能让我们思想与对象的关系展现为自我与存在者的关系，也就是使康德的主体能够获得存在意义，或者说能让康德的“我思某物”获得存在论意义。只有使此在自身时间化，此在才能实现其全部统一性，时间就是在这个意义上与我们的存在相关——此在使自己时

---

① Martin Heidegger, Phenomenological Interpretation of Kant's Critique of Pure Reason, Translated by Parvis Emad and Kenneth Maly, Bloomington: Indiana University Press, 1997, p. 183.

② 其实，如果康德不提出关于范畴的“先验可能性”的问题，那么只有分析的统一就够了，而不需要谈综合的统一。

间化并因此构成了时间。海德格尔考察综合的目的就是说明在综合行动中我们使自己时间化并因此构造了时间，而这些与时间有关的综合就是存在论综合，因为它们在与对象的纯粹关系中表明了我们自己的存在意义。在海德格尔看来，康德的时间不仅在于直观的形式，而且在于一种我们任何先天行为的时间性意义，正是在此时间性基础上，一种属于我们自己的确定的先验世界才是可能的。正如 SHEROVER 的分析，“演绎（范畴的先验演绎——笔者）说明了我们概念地认识时间这个主题——也就是对时间的意识对我们知识的可能性而言是内在的，时间不只是直观的，而是‘包括在我们所有原则中的时间性因素’；在这个演绎之下的真正主题是‘人类意识的时间性本质’”①。所以对先验演绎部分的考察，对综合的考察正是海德格尔在康德哲学中发现时间的地方之一。那么他是怎么具体地发现时间的呢？

（二）对康德哲学中综合的考察

在对《纯粹理性批判》的§10的考察中，海德格尔认为对康德来说，是思想的自发性要求了综合的行动。思想本身是对表象的概念规定，思想的概念规定之所以可能是因为有杂多和内容给予思想，也就是杂多以某种方式为思想的概念规定被准备好了。在对杂多形成概念的统一之前这些杂多已经被“以某种方式贯通、接受和结合起来”了。这个方式就是综合。这也正是康德对综合的说明，这个说明意味着综合具有接受性（接受）和自发性（贯通、结合），意味着综合发生在思想的概念规定之前。这个综合的实质就是康德所说的把“诸要素聚集为知识、并结合为一定内容的东西”，这个实质表明了综合首先是一种行动。关于这个综合是来自我们的什么能力，康德说得很清楚：“一般综合只不过是想象力的结果。”②但康德没有进一步说这个来自想象力的综合与其他综合的关系，只是说明了这个综合对知识的基础作用。同时，康德说明了这个综合的概念意义，“不过，把这种综合用概念来表达，这是应归之于知性的一种机能”。③ 这里给我们的造成的印象好像是知性具有很多种综合能力，不但具有概念的

---

① Charles M. Sherover, *Heidegger*, *Kant & Time*, Bloomington: Indiana University Press, 1971, p. 69.

② ［德］康德：《纯粹理性批判》，邓晓芒译，人民出版社 2004 年版，A78，第 70 页。

③ 同上。

综合能力，还具有想象力的综合能力。康德之所以这么认为，就是因为在他看来是范畴提供了综合的统一性，而不是时间。但这个问题在海德格尔看来，归根结底是想象力作为一切综合的根源。

其实在我看来，在这个问题上康德并没有错，范畴的确为综合提供了统一性，但问题是范畴如何能够提供这个统一性。我们说范畴提供了综合的统一性是因为范畴作为一个先验的事实，但对先验的构建的问题远比先验本身的思想意义更为深远。范畴为综合提供统一性只是先验哲学一种业已形成的表现，而这个表现的背后却有着范畴如何可能的问题。具体说，如果没有范畴的统一性视域，综合就不会表现为判断或命题的形式，或者干脆说综合就不会具有关于对象的言说意义。问题只是，范畴的这个统一性到底要来自哪里，从而保证了我们关于对象的那种真实性。如果范畴来自统觉，那么只由统觉提供出的自我能不能作为主体，因为自我的同一性问题没有办法解决。自我凭什么把自己维持为自我，所谓的先验自我只是一个逻辑假定，它没有一种将对象带上前来并始终保持在我对面的设定能力和内在的保证机制。这里其实关系到知识的发生问题和自我的同一性问题。但不论怎么说，康德说综合的统一性来自范畴是没有错，问题只是范畴到底起源于哪里。

海德格尔认为在康德哲学中有三种基本的综合，这三种综合我们可以把它们叫作存在论综合，因为它们关涉着我们自己。第一种综合就是对应于直观的综合，海德格尔把它叫作“总揽”（syndosis，synopsis）；第二种综合属于知性的反思概念，也就是属于观念（notion）的综合；第三种综合就是那个能让前两个综合结合起来以便能与对象相关的完整的综合，他把这个综合叫作“真理逻辑的综合”（the gnoseological synthesis）①。海德格尔发现将内容带向概念、将知识的诸要素结合起来的综合既不属于直观也不属于纯粹思想的综合。因此，这个综合应该在康德哲学中给以明确起来。康德没有对这个综合说得很多，而且说得也很模糊。海德格尔认为，康德说这个综合是一个行动，但没有说这个综合是一个思想的行动，这就说明这个行动具有一种不同于思想的逻辑功能的自发性。因为这个综合是发生于思想的概念规定之前的，因此这个综合正是那个在思想之前在一个

① 参见 Martin Heidegger, *Kant and the Problem of Metaphysics*, Translated by Richard Taft, Bloomington: Indiana University Press, 1990, pp. 42-43。

行动中首先给出杂多（以让这些杂多获得思想的概念规定）的东西，这说明了这个综合的行动的自发性。同时也说明了这个综合的接受性，因为在这个行动中综合提供给思想的东西仍然是一个“多”（a many）。这个多就是思想要面对的那个多，它们并没有获得一种统一性。所以，“这个综合是一个像自发的思想的某物和一个像一个直观的给予的某物，然而既不是这个也不是另一个”①。这也就是说这个综合既不是思想也不是直观，但是它同时给予并行动。那么这个综合是来自哪里呢？

第二节　想象力综合与范畴的起源

一　想象力作为综合的来源及其问题

关于这个综合的起源，康德明确地说它是想象力的结果，是一种“灵魂的盲目的、尽管不可缺少的机能的结果”。而且他也强调“没有它，我们就绝对不会有什么知识，但我们很少哪怕有一次意识到它”。这也就是说，这个来自想象力的综合对我们的知识具有很重要的作用，没有它，我们形成不了知识。毫无疑问，想象力在此对我们先验世界的构建具有很重要的意义。但是，在康德看来构成我们知识的两大主干是感性和知性，那么想象力又和这两大主干又是什么关系呢？对这两大主干来说，直观和思想构成了其确定的先验本质，但直观和思想的先验本质又和想象力的综合有什么关系呢？没有想象力，它们会获得先验的本质吗？如果可能，那么康德这里就不会强调想象力对先验构建具有重要意义。这里的问题就转化为，一种对先验的构建具有重要意义的想象力在康德哲学中是如何可能的，或者说想象力如何是先验的并且它与先验有着何种关系？一个简单的事实是，如果想象力与先验没有任何关系，康德也不会把想象力叫作先验的，也许想象力同欲望和爱好等一样被排除在先验哲学之外。所以对想象力的考察对康德来说是必需的。

虽然康德在《纯粹理性批判》的 § 10 说“我们在后面将会看到”他对想象力的以上论述。但我们发现他在后面并没有就想象力与先验、与范

① Martin Heidegger, *Phenomenological Interpretation of Kant's Critique of Pure Reason*, Translated by Parvis Emad and Kenneth Maly, Bloomington: Indiana University Press, 1997, p. 187.

畴（知性）、与时间（直观）等关系展开很深入的论述，因而也没有从根本上回答想象力在他的先验哲学中的意义。它只是在《纯粹理性批判》（第一版与第二版）的导言中就想象力与感性和知性的关系模糊地说道：想象力作为知性和感性的根源——“人类知识有两大主干，它们也许来自某种共同的，但不为我们所知的根基，这就是感性和知性，通过前者，对象被给予我们，而通过后者，对象则被我们思维。”① 我们发现康德这里只是说“也许”。康德为什么这样不肯定呢？我想问题就在于康德没有从根本上阐明想象力与这两大主干的关系。海德格尔在此就是把康德想说的东西给说出来，或者把模糊的地方给弄清楚。必须注意的是，既然通过感性对象可以给予我们，通过知性我们可以思维对象，这对一般的知识来说就足够了，那为什么还要想象力呢？

其实，康德探讨的是先验知识，我们要获得先验知识就必须出于属于我们自身的确定性，这个确定性的获得不是来自一种理论的设定，而是来自我们自身的某种源始现象。这就要求我们知识的两大主干是出于我们自身的源始现象的理由。康德只是现在没有把这个源始现象给明确起来，但他还是认为想象力是作为“我们灵魂的能力”。毫无疑问，对康德来说，如果他把某种东西说成灵魂的东西，那就意味着这个东西对我们来说是根本的。和感性与知性的灵魂状态及其作用（时间与范畴）的清晰说明不同，康德并没有给出想象力确定的灵魂状态和这个东西在知识的形成中所起的作用。他只是在需要想象力的时候把想象力搬了出来（如想象力的再生的综合）。但那些纯粹属于感性和知性的东西（时间与范畴）以及它们在形成知识中所起的作用都与想象力有关，因为时间和范畴只是说明了感性与知性的先验本质，但并没有说明它们是如何属于一个先验的。我们知道，对康德来说，先验就是一个先验，如果时间简单地来自感性，范畴只是简单地来自知性，那么我们怎么能证明它们是属于一个先验呢？而且当我们说先验就是意味着先验统一，这个问题虽然康德用统觉给予了回答，但我们发现先验统觉更偏重于知性，我们与对象的那种直接的面对（直观）并没有什么重要的意义。

正如前面我指出的那样，统觉只是在我们确定自己拥有一种先验能力后对先验构建的一种表达和说明，并没有回答这个“先验统一”是如何

① ［德］康德：《纯粹理性批判》，邓晓芒译，人民出版社 2004 年版，B29，第 21—22 页。

可能的，是如何来自我们灵魂的。所以，我们如果证明不了时间和范畴是来自同一个东西，我们就不会回答它们是属于一个先验——它们共同构建着同一个先验，那么这样感性和知性的结合就不会顺理成章了，同时所谓的统觉和先验统一就不可能了。由此可见，如果没有想象力，感性和知性就是没有获得规定的，也就是说没有什么来保证时间和范畴作为它们构成真正知识的先验本质，没有什么来标明我们感性和知性的确定性，没有什么来标明感性和知性对我们自己的，也没有什么来让它们如此获得自己的整体性。所以，对康德哲学中那个能让概念与内容、感性与知性能结合起来并形成统一的想象力的分析就显得很为重要。我想，正因为如此——不只是因为康德对想象力论述的模糊性，而且按照康德自己思想的内在可能性而言，海德格尔才非常重视康德哲学中的想象力问题。

二　对想象力作为综合之根源的考察

关于康德哲学中的想象力问题，海德格尔同时考察了在康德的“人类学”中对想象力的论述①。他对康德想象力的论述可以归结如下：想象力作为一个直观，作为一个没有外在刺激的纯粹直观（自己刺激自己），这同时说明了想象力的“功能”（自发性）意义，因为想象力是在那个能让对象纯粹在场的东西。在海德格尔看来，虽然纯粹直观意味着一种对象的不在场的直观，但这里“去直观”就属于“对象的现实的在场”（康德语）。这里我们可以看出，就对象的在场而言，这个问题对康德来说主要是主体的事情。其实，在康德哲学中在场的问题可以归结为先验何以可能的问题，这里海德格尔之所以把在场形成为先验的主题的目的就是让“康德的在场（presence）作为在场（presencing）的事件（event，Geschehen）而发生”②。这样康德所探讨的先验问题就与我们此在本质相关。因为在海德格尔看来就康德在《纯粹理性批判》中对想象力的论述而言，康德似乎受传统哲学的影响，把想象力很急促地表达为一种灵魂的盲目机

---

① Martin Heidegger，*Phenomenological Interpretation of Kant's Critique of Pure Reason*，Translated by Parvis Emad and Kenneth Maly，Bloomington：Indiana University Press，1997，p. 189.

② 参见 John Sallis. Echoes，*After Heidegger*，Bloomington：Indiana University Press，1990，pp. 100－101；或 Frank Schalow，*The Renewal of The Heidegger－Kant Dialogue*，Albany：State University of New York Press，1992，p. 219。

能。这样，初看起来想象力好像就是我们一种异想天开的能力，好像与我们的此在无关的东西。但如果我们追问下去，在《纯粹理性批判》中想象力的问题还是可以回答的，想象力与我们的此在其实本质相关，虽然康德自己抹去了这个问题。

在《纯粹理性批判》的 §10 中，康德明确说这个综合来自想象力，同时这个综合能被带向概念，而这个来自想象力的综合的被带向概念是知性的一种机能（功能）。通过把这个综合"带向概念"，知性才能获得所谓的知识。这里康德实际上是在回答我们的知性知识如何可能的问题。在康德看来，这个"综合的带向概念"对知识是必不可少的。因此，海德格尔认为"这只能是意味着那个首先是直观和想象综合的知识仅仅与这个'带向概念'一起得以制定"[①]。但关于这个"带向概念"意味着什么，康德没有多说——只说了这么多。但在海德格尔看来，"这只能意味着知性的逻辑反思同时规定（co-determines）了在作为想象力的结果的综合中所形成的东西"[②]。这也就是说，知性的逻辑功能同时规定了在想象力（的综合）中所形成的东西。但问题是，知性如果要获得这样的规定性，那它不能只是逻辑的，而至少是先验的。否则，知性怎么会获得这样的规定性呢。由此，我们也可以很清楚地看出，在知性和想象力之间存在着某种关联。海德格尔认为康德正是在这里触及了想象力的问题，但他没有在存在论意义上加以考察，以至于他最终把想象力归结为知性，这一点显然与他提出的想象力作为与直观和知性一样的一种灵魂的能力不相符。这一点也正是康德对想象力与知性和直观的关系的含糊所致，同时也是康德对想象力的解释前后不一致的原因所在。从这个"综合的带向概念"我们发现了知性的先验性质与想象力的关系的可能性端倪，现在的问题就是对这个综合的再追问。

一种综合怎么可能被带向概念，同时这一点对知识来说是基本的。这就意味着我们在对知识制定的同时要制定这个"综合的带向概念"。对这个"综合的带向概念"的制定意味着综合与概念两方面的事情，对综合与概念的内在的本质关联的考察对这个问题来说是根本的，因为这直接关

① Martin Heidegger, *Phenomenological Interpretation of Kant's Critique of Pure Reason*, Translated by Parvis Emad and Kenneth Maly, Bloomington: Indiana University Press, 1997, p. 190.

② Ibid..

系到这个把“综合的带向概念”的发生机制，同时关系到知识的可能性问题——先验的可能性问题。关于这个综合与概念的关系，康德认为：“于是，纯粹的综合，从普遍的方面来看，就提供出纯粹的知性概念。但我所理解的纯粹综合是以先天的综合统一性为基础的综合：所以我们的计数（尤其是在数目较大的情况下看得更明白）是根据概念的综合，因为它是按照单位的某种共同基础（例如十进制）来进行的。所以在这个概念之下杂多综合中的统一性就成为必然了。”[①] 很显然，康德在这里把这个综合作为纯粹的综合来考察，这就意味着这个综合与先验的构建密切相关。那么这个综合怎么才是纯粹综合呢？康德也说得很清楚：“如果杂多不是经验性地、而是先天地被给予的（如空间和时间中的杂多），这样的一种综合就是纯粹的。”[②] 这也就是说这个综合之所以叫作纯粹的就是因为这个综合所统一的杂多是纯粹的。我们知道，先天的纯粹的杂多只能由时间和空间来提供，这就说明这个纯粹的综合是一个与时间相关的综合，康德正是把这个时间的综合叫作想象力的结果。但为什么这个纯粹综合能提供出知性的概念呢？康德所说的“从普遍的方面来看”（in its most general aspect）到底是什么意思？

“我们知道‘普遍表象’（repraesentatio communis）是对概念的形式本质的定义。因此‘从最普遍的方面来表象（represented）’正意味着‘带向概念’。”[③] 这里问题的关键就是康德的“从普遍的方面来表象”意味着“带向概念”，这一点关系到知性概念的可能性问题，关系到知性的先验本质的问题。关于知性概念的给出，康德说得最明确的就是这一句话，同时也是最模糊的。因为康德在这里把概念作为形而上学的事情，但他没有提供出清晰的关于概念的形而上学起源的说明。把一种纯粹综合带向概念，或者说“纯粹综合是根据概念的综合，是根据先天的综合统一性为基础的综合”，这到底意味着什么？难道用计数的举例的方法就可以说明吗？同时注意一点，康德在这里其实是一种循环论证，因为这里是由综合给出概念，同时综合是根据概念来综合。概念由综合给出同时概念反

① ［德］康德：《纯粹理性批判》，邓晓芒译，人民出版社 2004 年版，B104，第 70 页。

② 同上书，第 69—70 页。

③ Martin Heidegger, *Phenomenological Interpretation of Kant's Critique of Pure Reason*, Translated by Parvis Emad and Kenneth Maly, Bloomington: Indiana University Press, 1997, p. 192.

过来为综合提供统一性的基础，这怎么可能呢？这说明了什么呢？不难看出，由综合给出的概念是指纯粹知性的概念，但综合根据概念来综合意思是为了强调综合是根据某种先天综合的统一性来综合。因为康德在这里并没有弄清楚这个先天综合统一性的来源和载体，而事实上由这样的综合给出的概念具有先天综合统一的特征，所以康德在此把概念当作一个明确的东西（载体）来标记这个先天综合统一性，从而把综合说成根据概念的综合。

其实，事后看，事实就是这样的，这个说法是正确的，只是这样说把很多根本问题都抹杀了，更悬空了知性的概念，而且显得太仓促。从上面的分析我们可以看出，康德的“从普遍的方面看”就意味着将纯粹综合带向一个概念，这也就是说在康德看来从一个概念的统一性出发这个综合才是可能的。“它（指将综合带向概念——笔者）意味着对那个规定纯粹杂多的统一一般地作为综合的最内在的可能性的东西的表象。它意味着对凭什么这个综合就是那个作为统一所是的东西的表象。就它的一般意义而言，统一（unification）是通过那个把杂多作为具体的（definite）杂多来统一（unify）的一个统一性（a unity）而构建的。从最普遍的方面来表象纯粹综合就意味着指明这个综合有一个对那个总是将统一性给予这个综合的东西的看。”① 在海德格尔看来，这个综合的带向概念、或者说康德把这个综合之所以要用概念来表达，关键就是为了标明这个综合本身。对这个综合来说，我们要弄清楚的问题是：是什么让这个综合作为统一所是的综合？是什么规定了这个综合的内在本质——凭什么这个综合是对杂多的统一？

因此，我们把康德的这句话（于是，纯粹的综合，从普遍的方面来看，就提供出纯粹的知性概念）可以理解如下。这个来自想象力（虽然康德对这种能力没有充分地认识）的综合，就其作为纯粹综合而言，综合行动总是以某种统一性为前提，因而这个综合总是表现为对具体杂多的统一活动而不是别的，所以说这个综合总是根据某种统一性的综合，而这一点正是这个综合的普遍的方面。由此，如果我们从这个纯粹综合的普遍方面来看，它就提供出了统一性本身（统一性与这个综合本质相关，通

① Martin Heidegger, *Phenomenological Interpretation of Kant's Critique of Pure Reason*, Translated by Parvis Emad and Kenneth Maly, Bloomington: Indiana University Press, 1997, p. 192.

过这个综合的行动我们可以发现统一性，这正是一种现象学），而康德所要求的纯粹知性概念正是一个具有统一性本质的概念，所以说我们可以通过综合这个现象给概念一个统一性的存在理由——这正是综合与概念之间的一种现象学关联①。因此，这样的综合可以给出纯粹的知性概念，综合的带向概念只是意味着这种综合总是以先天的综合统一性为基础，或者说综合根据概念来综合。但我们发现就综合提供出概念而言，正是因为这个综合对统一性本身的提供。我们之所以说这个统一性是先天的综合统一性就是因为综合是来自我们自己的能力——想象力，而正是我们自己的先天能力让一种先验成为可能。所以康德说综合提供出概念是就某种现象学而言，而综合根据概念来综合是就康德自己的先验逻辑学而言，因为先验逻辑追求的就是一个这样具有统一性功能的概念。或者说，前者属于现象的发生学，后者属于先验的逻辑学。

其实在康德哲学中，这两者是一回事情。我们发现在康德哲学中，没有很多关于现象本身的分析的描述，而是通过将逻辑学弄成一种先验逻辑学来说明现象的先验意义。或者说康德总是在追求现象的先验逻辑意义，但并没有对现象进行所谓的现象学分析，没有回答他所选择的那个现象的现象学原因（例如，为什么选择综合来给出范畴，而不选择别的东西）。这就是说，康德更多的是通过逻辑学来选择现象、通过逻辑来制定现象。可以看出，对康德来说一个现象的现象学意义更多的是在于其先验逻辑学意义，所以我们发现康德往往是通过逻辑来说现象（如综合根据概念来综合）。这一点可以看出康德是受传统哲学影响的，同时我们也说明了康德对我们自己的确信——对我们来说，现象是不言而喻的。对康德来说，现象不是别的，就是来源于我们自己的能力，而不是来自纠缠此在而让此在难以了却的东西。对康德来说，我们已经“在”起来了，我们不需要“在”起来的契机，我们需要的是在自己制定的原则下不断地去存在。这也许是海德格尔悲情的深思与康德恢宏的构建之间的区别。不论怎样，就康德哲学的内在可能性而言，这个来自想象力的综合与概念之间的关系还是要从根本上进行澄清的。

---

① 很显然，康德这里由综合给出概念不是一种推理，而是建立在一种现象学之上，否则，他怎么会实现一个由行动（综合、现象）向逻辑（概念、范畴）的转变呢，很显然这个转变只能属于人之存在的现象学。

就这个综合提供出统一性而言，综合给出了概念。这个综合之于概念的这个基本特征说明了这个综合其实就是统一性本身，这个综合本质上就是那个对统一活动具有引导意义的统一性本身。这个综合之所以能具有这样的本质，关键就是因为它来自想象力。由于想象力本身的特点（这一点我们以后会更加清楚地看到，即在康德哲学中想象力与直观和知性的关系），这个综合其实本质上与时间和直观本质相关。“换句话说，这个纯粹综合的统一性不是一般地简单的一个概念的空的统一性，而是一个来自综合自己、来自时间的杂多的统一性。”① 综合作为行动，这就要求它的行动总是一种关于对象之表象的把握行动，而这个来自纯粹的杂多的表象其实构成了综合的统一性之所在。综合的统一性之所以会表现为一种关于杂多的统一，关键原因就在于这个纯粹杂多本身。所以就综合作为统一性本身而言，那个被规定的杂多——也就是杂多作为纯粹杂多、作为先天被给予的杂多——就成为必需的，而规定这个杂多的就是纯粹直观（时间）。正因为这样，我们把综合的统一叫作一种先天的综合统一，这也就是说这个综合是受所要综合的内容（表象、杂多、对象）规定的，其实这正是这个综合的意义所在。也正是如此，康德把这个综合看作来自想象力的，这个综合其实就是一个纯粹想象的综合（the pure imaginative synthesis）。既然，从普遍的方面来看，由这个综合可以给出纯粹知性的概念，那么概念的统一性也同样是建立在这个综合基础上的。在海德格尔看来，在康德哲学中纯粹知性概念（范畴）的内容就是由这个综合构建的，这也正是由综合给出纯粹知性概念的真实含义。

由这个综合给出概念的路径，也就是发现纯粹知性概念（范畴）之形而上学来源的路径。我们发现有一个统一性必然地属于这个综合，而这正是范畴起源的地方。正如康德的推理，“所以在这个概念之下杂多综合中的统一性就成为必然的了”。这个统一性是由其统一的内容先天规定的，对这些杂多的内容来说一种统一性是必然的。同时，如前所述（关于“总揽”的说明），这个要统一的内容（纯粹杂多）的统一性在康德哲学中只有时间才能提供出来。不难看出，这种由时间之于纯粹杂多的统一性是概念的统一性的逻辑前提和来源。其实通读《纯粹理性批判》的

① Martin Heidegger, *Phenomenological Interpretation of Kant's Critique of Pure Reason*, Translated by Parvis Emad and Kenneth Maly, Bloomington: Indiana University Press, 1997, p. 192.

§10 中的第四段，我们发现康德正是把这个杂多综合中的统一性作为概念的统一性，是概念成为纯粹知性概念的现象学基础。因此，海德格尔认为："纯粹知性的概念根本不是通过判断的一个纯粹形式逻辑功能而给予的。而是，这个概念来自与直观相关因而意味着时间的想象的综合。纯粹知性概念的诞生地不是知性的能力，它是纯粹的、孤立的和逻辑的发挥作用。换句话说，作为纯粹知性概念的范畴不能够简单地从判断表读出。"① 那么在康德哲学中，范畴表与判断表的关系到底是什么呢？

三 范畴表与判断表

既然我们不能从判断表读出范畴表，那么康德为什么还要这样做呢？康德由判断表引出范畴表的理由何在？关于判断与范畴之间的关系，在《纯粹理性批判》的§10 的第五段，康德给出了如下的说明："赋予一个判断中的各种不同表象以统一性的那同一个机能，也赋予一个直观中各种不同表象的单纯综合以统一性，这种统一性用普遍的方式来表达，就叫作纯粹知性概念。所以同一个知性，正是通过同一些行动，在概念中曾借助于分析的统一完成了一个判断的逻辑形式，它也就借助一般直观中杂多的综合统一，而把一种先验的内容带进它的表象之中，因此这些表象称之为纯粹知性概念，它们先天地指向客体，这是普遍逻辑所做不到的。"② 在这里我们首先看出的是"直观中的综合统一"把内容带进知性的表象中，范畴的内容也正是来自这个综合。康德在这里说得很清楚，知性要成为概念的来源，必须是同时具有分析的统一和综合的统一。而就综合的统一而言，是指知性与直观的关联。知性所关联的直观必须是一个具有综合的统一性的直观，也就是指我们前面提到的直观的"源始地统一"（其实直观的"源始地统一"本质上是源始地统一着的，因为纯粹直观本身提供了自己统一的纯粹杂多）。这个直观中的综合统一就是康德所说的来自想象力的综合（前面所说的想象的综合）的统一性。这个想象的综合在这里就是那个能使知性对概念的内容能提供点某物这个事情成为可能的东西。知性的表象之所以有内容，就是由于这个综合。知性表象具有内容这个事

① Martin Heidegger, *Phenomenological Interpretation of Kant's Critique of Pure Reason*, Translated by Parvis Emad and Kenneth Maly, Bloomington: Indiana University Press, 1997, p. 193.

② ［德］康德：《纯粹理性批判》，邓晓芒译，人民出版社 2004 年版，A79，第 71 页。

情意味着知性能为概念的内容做出自己的贡献，而这个贡献完全在于这个想象的综合，也就是说在于知性和直观的关系。具体地说，知性借助于直观而获得自己的表象的先验内容，而正是知性的这个先验内容的可能性本身而让知性获得了一种先验的存在方式——范畴。可见，知性首先是一个概念的内容的提供者，这是知性的基本机能。

从这一段话我们同时可以看出，康德是区分了判断的统一性与综合的统一性，但同时我们发现康德在这里又是在说同一个统一性。也就是说这个给概念提供内容的知性和那个具有逻辑活动的知性是“同一个知性”，但是又好像不同。那为什么呢？其实，在康德这里知性是同一个知性，康德这里说的意思是：“知性正是通过这些逻辑的反思活动将内容带进知性的概念。”[①] 逻辑的反思行动就是指知性的逻辑功能，也就是判断。在这里我们发现，对知性来说最重要的行动是将内容带向概念，而不是知性的逻辑反思活动。判断的问题与范畴的问题有着本质的关联，因为这都是同一个知性的行动。这里康德其实指明了判断与范畴的关联，也就是说通过判断我们可以发现范畴诞生地的一些线索。在海德格尔看来，康德这里说的是同一个知性，因而是同一个统一性，只是“这个作为它们形式的、在每一个事例下都属于统一的个别的逻辑功能的同一个统一性同时属于它的带入首先是由想象力综合规定的概念的内容”[②]。这也就是说，知性同时具有给予判断和在直观中的综合以统一性的功能。

但这个知性的统一性给予在海德格尔看来是不同的。就判断的统一性给予而言，是为了构建判断的形式，从而给出范畴的形式；就给这个综合的统一性的给予而言，是为了给范畴的内容做出贡献，从而让我们沿着这个综合的路径来寻找范畴的根本的内容构成原因。所以在海德格尔看来，知性本身不首先并唯一的是范畴起源的地方，判断表在这里只是一个对范畴表在数量上和完整性上的一个引导，它确实包含着我们发现范畴表的线索（这一点与前面康德对范畴的反思着的特征的说明是一致的），因为知性是同一个知性，统一性是同一个统一性。那么现在的问题就是如果我们能够证明属于综合的统一性与属于判断的形式的统一性是同一的，那么我

---

① Martin Heidegger, *Phenomenological Interpretation of Kant's Critique of Pure Reason*, Translated by Parvis Emad and Kenneth Maly, Bloomington: Indiana University Press, 1997, p. 196.

② Ibid., p. 197.

们就能够合法地从判断表引出范畴表。这也就是说我们要做的事情就是弄清楚知性在判断中与范畴中的功能是同一个知性的功能，那么我们就可以从判断表引出范畴表，从而证明知性是一个具有先验性质的能力——知性作为一种对对象的先天规定的能力。

我们发现关于这一点康德没有给出任何论证，只是说明在知性的逻辑机能（判断）和与一般直观对象相关的范畴之间存在者恰好的同一[①]。其实，从《纯粹理性批判》的 § 10 的第六段我们确实会发现康德“（1）他同样想使纯粹知性概念的实际起源变得显而易见，即纯粹综合；与（2）他想根据它们起源的地方（综合）来确定知性概念的完整性和划分”[②]。康德确实是想通过范畴的实际起源来制定范畴表，但问题是他并没有这样做。以上这些问题究其原因就在于康德是受传统哲学的影响而没有把范畴这个东西的基本特征明确起来——从它的起源来看它的基本特征。虽然康德提到了纯粹知性的概念首先指的是与一般直观对象先天相关，同时提到了范畴的内容的形而上学意义，但我们发现在康德哲学中范畴这个东西是很模糊的。由此，我们有必要由这个来自想象力的综合与范畴的起源的关系来将范畴的基本特征弄清楚。

四 范畴的双重特征

与判断表引出范畴表相关的问题我们可以从康德对范畴下定义的态度看得更清楚，因为在康德看来这与范畴的基本特征密切相关。在前面说过，康德的先验逻辑是一种关于现实存在者的存在论。这也就是说在康德看来，在判断、命题等逻辑性的东西与存在者的存在之间有着联系。康德给出知性的纯粹概念的目的就是证明这样的联系，也就是说要证明范畴作为一个先天的规定而与对象的对象性、客体的客体性本质相关——范畴先天地规定对象的对象性、先天地在现实存在者（the extant）的自己特征中来规定什么是现实存在的，使对象成为对象。总之，范畴是对存在者之存在的规定，它构建了一个存在者得以显现其存在的区域——范畴是先验的。如果说我们不能从康德由判断（表）来引出范畴（表）来说明范畴

---

① 参见［德］康德《纯粹理性批判》，邓晓芒译，人民出版社 2004 年版，B105，第 71 页。

② Martin Heidegger, *Phenomenological Interpretation of Kant's Critique of Pure Reason*, Translated by Parvis Emad and Kenneth Maly, Bloomington: Indiana University Press, 1997, p. 199.

的这个存在论特征，那么我们也许可以从康德对范畴定义的态度中来说明在康德看来范畴到底具有什么特征。

关于对范畴下定义的问题，康德最开始认为："在这部著作中，我有意避免了对这些范畴下定义，尽管我有可能得到这些定义。"① 在这里，这些范畴指的就是主干的知性概念与纯粹感性的样态相结合而形成的派生概念。在这里，康德认为对这些范畴下定义是没有必要的，因为他觉得他在范畴的起源部分关注的是构成一个系统的诸原则、关注的是存在论的问题。个别的纯粹感性与范畴结合所形成的个别范畴（individual categories）是他不感兴趣的，他认为这是派生的概念。但是，我们发现对康德来说，范畴要获得其内容，必须是要与纯粹感性（直观）相关。虽然康德在这部分提供出了范畴要与直观先天相关的基本原则，但这只是提供出了范畴起源的一般区域（dimension）。通过这个原则我们能知道关于范畴的什么呢？我们知道的只是范畴要与直观的关系中来获得内容，具体地说在与这个想象的综合中来获得其内容。这里一个基本的问题就是这个来自想象力的纯粹综合如何与这个纯粹直观（时间）中的杂多相关联，为什么这个来自想象力的纯粹综合总是能与这个纯粹直观的杂多相关。

康德如果不能回答这些问题，他就不能从根本上保证范畴的先验性质。也就是说他无法回答范畴的内容起源——范畴为什么总是关于对象（现象）的，这个路径是如何可能的。更进一步讲，这个综合的基础在于哪里，这个给出范畴的想象的综合为什么总是与直观的杂多相关（因为这是一种来自对象的内容保证）。更深层次地讲，对康德来说，他在那里发现了这个"能让一个多（a many）给予一个'我'（an I，ein Ich）"这个事情成为可能的最终基础。值得注意的是，康德虽然说是范畴让经验成为可能，但我们这里首先要追问的是让经验成为可能的范畴自身是如何可能的（如何成为先验的）——什么保证了范畴的先验性质。对康德来说，如果在想象的综合与范畴、直观与范畴之间的关系成为原则并且成为可能的，那么范畴就是先验的。但问题关键在于康德并没有很清楚地提供这个关系的如何可能，所以康德对范畴的说明总是显得没有说服力。所以在海德格尔认为："只要康德不能将成问题的时间这个纯粹直观与想象力

① ［德］康德：《纯粹理性批判》，邓晓芒译，人民出版社2004年版，B108，第74页。

联系在一起，那么他根本就不能提供出一个范畴的定义。”① 所以这里康德不是嫌麻烦而不提供出一个关于范畴的定义，而是他根本就不能提供出一个关于范畴的定义。究其原因，就是康德没有弄清楚想象力（综合）与直观之间的关系，因为康德把范畴与直观的关系当作原则并通过这个综合来让这个关系成为可能，但在想象力与直观之间康德没有给出说明。这个综合其实关系到范畴的具体形成过程，而这只有在范畴与纯粹感性的样态的具体关联中才是可能的，因为综合总是一个具体地关于某个对象的先天综合（因为在康德这里对象是作为有差别和区分性的对象，而不是一般对象，这也是由先验逻辑的性质决定的）。

具体来说，如果康德提供不出个别的范畴，那么我们就无法说明范畴的先验（存在论）性质。如果康德能给出个别的范畴，那么他就有可能对范畴给出一个真正的定义，至少不是在判断（知性）与范畴、综合与范畴之间打转转，而不至于让那个让范畴从根本上成为可能的东西模糊起来，因而也让他对纯粹理性的整个批判都显得没有一种来自我们自身的主体性力量——这样会使理性缺少那种应该属于出于自身的力量。

康德也看到了上面所说的问题，在原理分析中补充道：

> 在上面对范畴表的描述中，我们免除了对每一个范畴（指个别的范畴——笔者）所进行的定义，因为我们的意图只是针对它们的综合的运用，这就使这些定义成为不必要的了，人们不必用多余的事务去承担他本可以免除的责任。这并不是什么借口，而是一种并非不值得一提的明智规则，即不要贸然下定义，不要在概念的规定中尝试或预先确定完备性和精密性，当然人们有这概念的任何一个或另一个特征就可以够用了的话，就不需要去完备地列举出构成这整个概念的全部特征来。但现在却表明：这种小心还有更深的根据，因为即使我们想要做，我们也不可能对这些范畴下定义，相反，如果我取消了使范畴作为一种可能的经验性运用的概念而凸显出来的一切感性条件，而把范畴视为关于一般的物的（因而具有先验的运用的）概念，那么在这些范畴那里除了把判断中的逻辑机能看作事物本身的可能性条

① Martin Heidegger, *Phenomenological Interpretation of Kant's Critique of Pure Reason*, Translated by Parvis Emad and Kenneth Maly, Bloomington: Indiana University Press, 1997, p. 202.

> 件之外就再也不能做任何事情了，却丝毫不能指明，这些范畴可以在那里具有自己的应用和这种应用的客体，因而它们如何可以在纯粹知性中无须感性而具有任何一种意义和客观有效性。①

同时康德在对上面所提到的“定义”做了如下的注释：

> 我这里指的是实在的定义，它不仅是用别的更好理解的词语来解释一件事物的名称，而且是自身包含一个清楚的特征，凭这个特征，(所定义的）对象任何时候都能够可靠地被认识，并使被解释的概念在应用上成为可用的。所以这种实在的解释就将是那种不仅使一个概念，而且同时也使这个概念的客观实在性变得清晰的解释。按照概念使对象在直观中呈现出来的那些数学解释就是后面这种类型的。②

从以上我们可以看出，在康德看来，即使我们想要做出一个关于范畴的定义，我们也不会给出这个定义。因为范畴的定义指的就是它的实在的定义，这个定义能使“范畴的客体的可能性得到理解”，也就是使范畴的客观实在性变得清晰。这就说明对范畴的定义只有在范畴与感性的直观的形式的具体结合中才能形成，但这样的定义不能叫作定义，因为这样的定义界定的范畴是个别的范畴，它不可能以普遍的方式给出。具体地说，如果范畴不与具体的感性条件、纯粹直观（个别现象的形式）相结合，“我们就根本不能对任何一个范畴作出实在的定义”③。其实，在康德看来，对范畴的真正定义就是一种以实在的方式给出的关于一个概念的解释（系统）。范畴只有作为个别的范畴，也就是范畴在每一个具体的事例下与感性的结合的情况下，我们才可以说这个范畴是什么，因为个别的范畴在此表明了范畴的客观实在性（个别范畴作为实例让范畴的客观实在性得到理解）。个别范畴在这里其实不是什么派生的范畴，而是个别范畴正好是来自范畴真正起源的地方。不难看出，范畴的定义问题、范畴的本质

---

① ［德］康德：《纯粹理性批判》，邓晓芒译，人民出版社 2004 年版，A241f，第 219—220 页。

② 同上书，第 220 页。

③ 同上书，B300，第 219 页。

问题其实就是一个概念如何形成的问题［在海德格尔看来这里指的是存在论的概念形成（ontological concept-formation）］，范畴的定义只有在一个具体发生的现象（实例）那里得到最好的说明，只有在与感性直观（时间）的结合中会被理解。因此，“知性的纯粹概念——范畴——在它们的必需的结构瞬间被把握，此时它们被把握为一些来自与时间的纯粹想象关联的概念”①。那么，正如康德所认为的这样，我们说范畴来源于知性，来源于判断的原因就是**范畴在知性那里除了一种形式（一种让事物本身成为可能的先天形式与条件）的把握外我们就不能做任何事情了**。因为就范畴与知性的关系而言，范畴如何可以在知性中存在（范畴如何成为知性的纯粹概念）不牵扯客观有效性的问题。

既然这样，康德为什么还要通过概念来制定知性，为什么还要让知性拥有其概念的存在形式（范畴）呢？为什么要将范畴与知性关联起来呢？关于这一点，康德说得很清楚，他是在考虑“构成一个系统的诸原则”时给出知性的纯粹概念的②，在那里他的意图只是针对“范畴的综合的运用”。而当康德考虑范畴的完备性和精密性时，他关注了范畴的定义问题。至此，问题显得更为复杂，如果康德是在考虑系统的原则时给出知性的纯粹概念，并通过这些范畴给出了一个系统的可能性（与知性与感性的条件有关），那么在知性与感性、思想与直观中就有某种统一性存在，而且正是这个统一性使这个系统成为可能。但他没有回答判断的统一性如何与综合的统一性两者如何统一起来的问题，可事实就是它们都是概念的统一性，这就是构成系统的原则。也就是说，在知性和直观之间就是存在某种统一。出于原则的考虑，康德这样的回答是可以的。这样，范畴表来源于判断表也同样出于原则的考虑。但这样做的缺陷就是康德只是给出了这个系统可以构成的构件（概念与直观），提供了一个一般的对象域，而没有提供出具体的先验逻辑的对象。没有给出概念的内容如何成为一个关于具体的对象的表象的理由，而这一点正是先验逻辑的概念区别于普遍逻辑的概念的根本所在。所以，当康德考

---

① Martin Heidegger, *Phenomenological Interpretation of Kant's Critique of Pure Reason*, Translated by Parvis Emad and Kenneth Maly, Bloomington: Indiana University Press, 1997, p. 203.

② 参见［德］康德《纯粹理性批判》，邓晓芒译，人民出版社 2004 年版，B108，第 73 页。

虑概念的内容问题时，他发现对范畴的定义是不可能的了。究其原因，就是康德没有从根本上回答范畴的起源问题——是什么让范畴的表象是关于一个具体的对象的表象。

在这里我们很清楚地看到，对康德来说，知性的纯粹概念其实有两种含义，一种是出于系统构成的原则的需要，他将知性的纯粹概念标明为“事情本身”的可能性条件——把概念在判断中的逻辑机能看成一种可能性条件。这样做，知性就获得了构成系统的能力，同时由于概念的统一性功能能在判断中得到体现的原因，那么由判断表引出范畴表也是合理的（以上这些以及以下的这些说明同时可以看作对这两者之间关系的回答，因为这两者之间的关系牵扯到更深的思想问题）。但这并没有回答范畴的起源问题，因为这里只是考虑了思想（知性）自己的事情，知性作为一种做出判断的能力（康德对此没有怀疑，因为普遍逻辑正是这样做的，思想只是关注思想自己内在的表象关联，并没有将表象的客观实在性形成为问题），这个事情本身就说明了知性具有统一性的功能。康德的先验逻辑与普遍逻辑不同的地方就在于他要回答知性的统一性由何而来，并且要说明赋予知性（判断）以统一性的那个东西能建立一种知性与直观的联系，也就是说我们的（逻辑）命题、判断总是关于某个具体对象和某物的言说。如果我们的命题和判断没有所指，那么我们的言说就是没有意义的，我们也不会形成对某物的认识。就知性和判断具有认识和言说具有意义而言，康德认定有一种东西能让我们的知性获得应有的存在意义（我们的言说在康德看来不是胡说，而是关于某物的有意义的说），从而他将这种东西标明为知性的纯粹概念。这里正是出于一种原则的需要，因为康德在此就是要给出我们人类自身何以言说（认识）的理由，要给出先天综合判断的理由。

其实，在康德看来，我们的判断、认识、言说、思想就是我们的现象，这个现象已经发生了，他要给出的是这个现象的现象学原因（对康德来说，这个原因不是通过现象学的分析得来的，而是在他看来这些现象背后具有其形式这个事情“连最基本的人类理性都对此表示同意”）。这个原因就是概念，是纯粹知性的概念，概念首次把知性（思想）标明为与对象（存在者）相关的有自己确定性的有意义的人类的思想——这是对人类自身的历史的尊重，也是对我们自己的一种确信。这正是出于原则的考虑，对这个知性的纯粹概念的确信在某种程度上说是等于照亮了我们人类自己——我们有能力说话，它具有里程碑的意义：这是康德对我们人类自己的标记。至于这个概念的起源和具体的发生过程那将是另一个问题，因为康德现在需要的是对我们自己的标记，这属于原则问题。同时，至于康德为什么将知性、思想、判断、逻辑形成问题、形成现象，那是所谓的“洞穴”问题，或者是出自思想家自己的思想的敏锐度和洞察力。那么，经过康德的概念对知性的制定，我们标明了自己，这是一个“看”问题。这里强调的是范畴之于我们自己的意义，强调的是概念的形式（形式指引）意义。就知性的纯粹概念的另一个问题就是这个概念的起源问题。我们虽然知道有一种东西能为我们的知性提供一种综合的统一性，但我们还是要看这个东西（范畴）在我们自身中是如何可能的。只有回答了这个问题，我们才能真切地知道我们确实有一种关于对象的认识能力。正是由于以上原因，海德格尔认为“一方面它们（范畴——笔者）是从知性活动的逻辑形式方面来看。但是同时他们被把握为首要的概念，这些概念的内容是来自纯粹想象的、与时间关联的综合”①。这也就是说，纯粹知性的概念同时具有形式（形式指引）意义和与时间关联的存在论意义的双重特征。

在这种双重特征的理解下，范畴表和判断表的关系就更加清晰起来：由判断表引出范畴表这个事情其实是出于一种（人类）原则的需要。其实，在康德看来，一种具有先验性质的概念其实对我们人类来说早已经发生并事实上存在了，他在这里只是通过某种解释将这个事情给标记出来以让这个事情对我们来说是自明的——让我们理解并看清楚我们自己所特有的确定性。或者用海德格尔的风格来说，在康德看来“人及其存在方式（认识、言说）是已经决定性地起源了”，我们人类本身就是一个“事件”。那么，就前者而言，海德格尔把知性的纯粹概念叫作“观念”（notion），强调的是这个概念的在逻辑和反思方面的以及与我们人类自身的存在方式相关的形式意义；就后者而言，海德格尔把知性的纯粹概念叫作“范畴”。必须注意的是，通过以上的分析我们发现，海德格尔在此所说的形式是接近于他所说的“形式显示”意义上的形式。因为在海德格尔看来，“现象本身就只能在形式上得到显示”，同时“形式显示惟在与现

① Martin Heidegger, *Phenomenological Interpretation of Kant's Critique of Pure Reason*, Translated by Parvis Emad and Kenneth Maly, Bloomington: Indiana University Press, 1997, p. 205.

象学阐明的联系中才具有意义”。[①]

在海德格尔看来，康德的确是想对普遍逻辑做出发展，但问题是康德并没有成功地阐明先验逻辑和普遍逻辑之间的根本关系，并没有把先验逻辑弄成对普遍逻辑的一种奠基，而只是强调两者的区别意义。究其原因，就在于康德没有很好地将形式与现象两者结合起来，也就是说康德并没有很清楚地意识到知性的纯粹概念的双重特征并将两者很好地结合起来。那么要阐明纯粹知性概念的形式标记（指引）意义和存在论意义，我们就必须进入对范畴的存在论特征的现象学解读。

第三节　范畴的先验演绎与范畴的存在论特征

在康德给出了“范畴的形而上学演绎”之后，康德虽然给出了范畴的基本特征，给出了范畴在思想中的统一性功能，从而给思想本身给以范畴的标记。但对康德来说，思想作为思想就是因为它思想了某物。经过前面的论述，我们知道，使直观和思想具有统一性的东西是来自想象力的综合，但这个综合为什么总是与直观和知性相关并没有给予回答。所有这些问题归结起来就是：康德必须提供使所有这些关系都成为可能的东西。在这所有的关系中最基本的关系就是范畴如何和直观中的表象（对象）能先天相关的问题。所以康德这里要提供出范畴的先验功能的说明，他必须要表明范畴是如何成为经验的先天条件、范畴是如何关联于经验的。或者说，康德在此首先要回答范畴如何是先验的。这个问题其实就是康德对范畴的先验演绎要回答的问题。

一　先验演绎的相关问题

关于范畴的先验演绎，康德说得很清楚：“我把对概念能够先天地和对象发生关系的方式所作的解释称之为这些概念的**先验演绎**。”[②] 康德同时在这里是在法律意义上来使用“演绎”这个词，把它表明为“权利问

① ［德］海德格尔：《形式显示的现象学》，孙周兴编译，同济大学出版社 2004 年版，第 72—74 页。

② ［德］康德：《纯粹理性批判》，邓晓芒译，人民出版社 2004 年版，A85，第 80 页。

题”。范畴的先验演绎要回答的基本问题就是主观的范畴怎么会有客观的有效性。康德要解决的基本问题就是要证明范畴如何是先验的，范畴是如何通过我们的先天活动而与对象相关，从而说明范畴的客观有效性并在此基础上来说明范畴的客观实在性问题。范畴如何是先验的，这个问题的答案很简单，就是因为我们主体具有先天的活动能力，我们能够以自己纯粹的先天方式与对象相关。这正是一种对我们自己的主体性的标记。如果我们只考察我们这种先天能力的可能性，那我们就是一种先验的考察。试想一下，如果没有主体的先天能力，康德关于范畴的先验演绎还可能吗？其实范畴能先天地和对象发生关系的基本前提就是我们主体具有先天的活动能力。康德因此把先验演绎叫作对一种“方式”的解释。也就是说在康德看来，我们主体有能力先天地提供出一个使范畴与直观得以关联的路径（方式）。我们主体的先天的活动能力在此意味着对我们主体自身的确定。对康德来说，这个主体的确定性首先就来自他对范畴进行先验演绎这一事实。先验演绎的前提就是我们作为主体的存在，这是康德所提出的“权利问题”的前提。但问题是在海德格尔看来康德提出的“权利问题”使得康德把范畴与直观、知性和感性相互独立起来加以考察。这样做的结果便是，康德仅仅把知性的纯粹概念把握为“观念”，把握为与时间无关的思想的产物。这就是说，康德忘记了思想服务于直观，而且直观需要这样的服务。因为在康德哲学中，对象作为对象的最初的提供者是直观，范畴要先天地与对象获得关联的基本前提就是范畴要与直观有某种关联。否则，所谓的“权利问题”和先验演绎就不可能成功。

关于这一点，康德虽然在先验演绎中没有将范畴和直观的关系形成为主题，但在其先验演绎中并没有否定这个关系。事实上，康德是以这个关系的可能性为前提的，因为正如他所说的，演绎最终解释的还是范畴与对象发生关系的方式，同时说这个方式是先天的。虽然在对这个方式的考察中康德是在“观念”意义上来把握知性的纯粹概念的。但对这个方式的先天可能性的解释和证明不正是说明范畴具有一种时间的根源吗？但通过对先验演绎进一步的解读我们发现，康德不只是解释这个让范畴与直观可以发生关系的方式，而且要通过这个方式的可能性论证来说明范畴对于对象的规定性（经验按其形式而首先成为可能），同时在此基础上来说明范畴的客观实在性。

康德的先验演绎就是要证明概念的客观实在性，康德对概念的客观实在性追问就是在追问范畴与物（res，thing）的联系[①]。因为在海德格尔看来，概念的客观实在性就是概念的内在的内容（Sachgehalt），是概念能有所表达的基本原因所在，但概念的客观实在性只能通过对象或外在于我们的某物来证明，而不能简单地通过知性来证明。康德的先验演绎其实隐含着外在于我们的某物的存在，同时正如前面所说也隐含着一个主体的存在。对康德来说所谓的知识问题就是我们这个现实存在的主体与外在于我们的现实存在的某物如何获得关联的问题。但问题就是，先天的某物或主体的某物（范畴）如何能与外在于我们的某物获得关联，而且这个主体的概念能规定对象——这个直观中的表象怎么会同时意味着一种概念的规定性，而且可以反过来讲是这个概念让对象成为可能。这个问题对康德来说就是所谓的“哥白尼革命”的问题，是概念让对象成为可能。这正是权利问题的实质。通过以上的分析我们发现，康德由一种方式的解释会带来关于范畴的很多问题的解答。按所谓的“哥白尼革命”的精神，对康德来说，首先是概念具有客观实在性而会获得一种对对象的权利，从而使对象成为可能并因此使一种关联的方式成为可能。但康德恰好相反，他首先是通过对关联的方式的考察来带出（回答）所谓的范畴的客观实在性和关于对象的立法功能。这个问题引出的另一个问题便是，范畴的逻辑功能（形式）是如何和范畴的综合功能（现象）相结合的呢？为什么范畴与直观关联的方式（综合）最终会带出范畴的逻辑功能的形式意义？康德并没有对以上问题进行明确的回答，我们要回答康德思想（在形式和现象之间）过渡的理由，我们只有把康德想说但没有说出来的东西给一同拉出来。

关于以上问题，海德格尔认为康德先验演绎的困境就是在于康德没有明确“先天”的基本含义。康德所谓的权利问题的一个基本前提就是主体的存在，我们之所以拥有权利是因为我们的主体能够先天纯粹活动。那么对康德来说，主体其实就是由这样的先天纯粹活动所标明的。在海德格尔看来所谓康德的“权利问题”就是以“先天”问题为前提的。“先天是那个属于主体的东西，存在于心灵中，并先于任何朝向对象的行动而在心灵那里是可通达的。先天是那个在纯粹主体的领域（sphere）内本质上可

---

① 参见 Martin Heidegger，*Phenomenological Interpretation of Kant's Critique of Pure Reason*，Translated by Parvis Emad and Kenneth Maly，Bloomington：Indiana University Press，1997，p. 210。

通达的东西。这个关于先天的基本理解现在涵盖了知性的纯粹概念。它们属于主体的活动；也就是说，它们是主体之中现实存在的东西（extant）并只在主体中。这样一个对知性的纯粹概念的先天特征的理解必然会导致一个探究的权利形式（the juridical form）。”①

这也就是说，先天是在主体之中的现实存在（物）（the extant），因而我们的主体也是一个（具有）现实存在（物）的主体（the extant subject）。主体是一个拥有某种现实存在物的现实主体，所以我们拥有权利，正因为如此，康德把所谓的演绎问题说成“权利问题”。由此可见，康德的所谓的“哥白尼革命”也与先天有关，与主体的纯粹活动有关。也就是说，在康德那里，概念（范畴）的形式（逻辑功能）意义总是与主体的活动（现象）有关。但在范畴如何能先天地规定对象、使对象成为可能方面，康德除了说这是属于我们（范畴）的一种权利外，并没有给出令人满意的回答。通过主体具有先天的纯粹活动能力的说明，我们获得了权利。但这个权利的运用为什么总是合法的、正确的。也就是说，我们的范畴既然不是来自经验、不是来自对象，但范畴为什么总是能作为谓词、为什么总能正确地把某个东西弄成某物的，也就是说我们为什么总能正确地言说对象。其实，所谓的权利问题在此正是以范畴作为谓词为基础的。对整个先验演绎来说，这个问题（范畴作为谓词）是最基本的问题，因为这个问题可以说明范畴的客观实在性，同时也是所谓的“权利问题”的基础。但在海德格尔看来，这个问题由于康德倾向于对权利问题的原因而忽略了一个基本的问题——先验。

范畴能作为谓词，是所有关于范畴的问题的关键。那么范畴作为一个什么样的谓词呢？通过前面的分析我们发现，对康德来说，先验演绎意味着主体和对象的存在，所谓的知识就是指主体和对象的关联。而对象是关于外在于我们的某物的表象（能提供这个表象的是直观），所以先验演绎所阐明的范畴与对象的关联其实是意味着我们主体与外在于我们的某物的关联。那么范畴作为谓词就是指范畴作为存在论谓词。海德格尔认为范畴不但要是形式的，而且要是有内容的，要与客体相关，要作为存在论谓

① Martin Heidegger, *Phenomenological Interpretation of Kant's Critique of Pure Reason*, Translated by Parvis Emad and Kenneth Maly, Bloomington: Indiana University Press, 1997, p. 213. 需要说明的是，海德格尔关于先天的理解应该得到重视。

词。作为存在论谓词就是指能让存在者（外在于我们的某物）在范畴中获得一种存在方式，同时要在陈述“存在者的存在”时将范畴的完整性显现出来。范畴的完整性就在于它使一切事物的被述说（一种存在方式）成为可能，范畴只有作为存在论谓词，我们才可以得到存在论知识（使……真实存在的知识，在康德这里就是使……作为真实对象而存在的知识）。范畴作为存在论谓词意味着我们关于对象的言说体现了我们与物的相遇性质。对范畴作为存在论谓词的说明对康德的先验演绎来说就是发现范畴的基本的存在论本质，范畴的存在论本质决定了范畴是否能作为存在论谓词。

在海德格尔看来，康德之所以没有发现范畴的存在论本质，就是因为康德过分地强调“权利”。康德对权利的强调只是注重了范畴作为一个现实的存在物（the extant）而存在于我们的主体之中，而忽略了先验与主体的关系。或者说忽略了我们主体本质上是“先验的”这个事情，从而也忽略了范畴的存在论本质。先天作为我们主体的纯粹活动它本质上是属于主体的。与先天一样，知性的纯粹概念同样是属于主体的，是我们主体之中的现实存在物。康德正是通过说明范畴的先天特征来说明权利的合法性的。但这样做的一个基本问题就是，是什么构建了范畴的这个合法性。根据“权利问题”的精神，我们只发现了范畴对主体的意义（value）但我们没有发现其对对象的意义。而根据康德的初衷，范畴不只是先天的（主体的），而且是先验的（关于对象的）。

范畴作为主体的标记的原因就是在于它包含着关于对象的对象性的先天规定。很显然，康德在这里通过“权利问题”只是强调了范畴的客观有效性，而不是范畴的客观实在性。在海德格尔看来，康德（包括新康德主义）对范畴的客观有效性与客观实在性的等同会导致范畴与直观的分离①。这个分离的结果就是我们根本无法证明范畴是能作为存在论谓词，也就是说我们根本无法证明范畴是先验的，而只能说明其先天性。因为范畴在运用上的现实有效，所以我们把范畴看成我们的“权利”的原因，那么对范畴的先验演绎就根本不能是对范畴的存在论本质的阐明，而只是就其客观有效性所做的一种人为的解释。如果康德整个关于整个理性

---

① Martin Heidegger, *Phenomenological Interpretation of Kant's Critique of Pure Reason*, Translated by Parvis Emad and Kenneth Maly, Bloomington: Indiana University Press, 1997, p. 224.

的思想如果不认为是来自我们自身的现象，那么我们极有可能把康德的所有思想认为是一种没有力量保证的思想家的自身设定——只是出于一种哲学体系的构建的需要。康德之所以在此等同范畴的客观实在性与范畴的客观有效性，原因就在于康德没有看到先验与此在的关联。范畴能表达某物的原因不在于它的一种充满权利特征的有效性，而在于它本身的先验本质与先验功能。

康德之所以把范畴同时叫作先验范畴，原因就在于他想说明范畴相对于经验和对象的存在意义。但康德更多的是在“权利”意义上来谈范畴，并没有回答范畴的先验意义。在康德哲学中，先验总是意味着一种与经验的关系。所以康德关于先验的问题总是意味着对主体和客体（对象）两个存在者之间的事情。康德正是根据主体和对象的关联而谈我们知识的可能性。所谓的“权利”问题只是为了回答这个关系的可能性，从而说明我们知识的可能性。对康德来说，为了实现这个关系的可能性，康德不得不做出了一种无奈的选择。“综合的表象可以与其诸对象恰好同时发生、必然相互关联以及仿佛是相互碰在一起，只可能有两种情况。要么只有对象使表象成为可能，要么只有表象使对象成为可能。”[①] 康德显然选择了后者。康德之所以会选择后者，是因为康德为了避免一种经验主义的批判，为了显示其先验的追问方式，康德排除了所有的与心理学有关的因素（如在《纯粹理性批判》的第二版中排除了人的三种能力之一的想象力）。这样做的结果就是范畴只能被把握为“观念”，所谓的先验问题更多的是由先验的逻辑意义而说明。那么所谓的主体的相对与对象的纯粹活动（先验）本质上也是作为一种逻辑前提而具有意义的，也就是说这个主体的纯粹活动是出于一种逻辑的需要，它并不是一种相对于外在物的主体的真实活动本身。所以所谓的先验逻辑中的概念问题就根本不是什么形而上学问题，而只能是一种逻辑学的问题，这显然不符合康德的初衷。这里的主体也是一个逻辑的主体，并不是一个现实存在的主体（我们），那么主体的主体性也无从体现。在海德格尔看来，康德之所以会选择后者，会导致这样一种逻辑学的后果，关键原因就在于：康德始终是一种理性的（rational）讨论，康德是受传统哲学的规定——他除了用一种能保证正确性的逻辑学的方法来反对一种心理学的批判之外并没有什么好的方法。很

① ［德］康德：《纯粹理性批判》，邓晓芒译，人民出版社 2004 年版，A92，第 84 页。

明显，将先验问题引向逻辑并不是康德的初衷。

其实就康德自己所表达的思想而言，康德完全是现象学的存在论，虽然康德自己并没有认识到这一点。这个问题其实从康德自己对别人对他的先验演绎的不理解的抱怨中可以得到一定程度的说明。究其原因就是康德没有对现象学方法形成自觉的运用，他除了逻辑就是经验。其实从他自己对任何一种演绎——主观演绎和客观演绎——中的不满中我们可以发现他是想在逻辑（形式）和经验（现象）之间寻求某种不同于两者的纯粹道路。但至少对一般地传统哲学家而言，纯粹的就意味着逻辑的，因为逻辑学能保证一种并非来自经验的正确性，可康德现在寻求的是真实性、是真理，是一个不同于正确性的事实真理。以上这些正是康德的困境所在——由于传统哲学的影响，康德自己想说的始终说不清楚，以至于连他自己都不满意。康德所说的表象使对象成为可能，指的并不是表象就存有而言而产生出自己的对象，而是指某物唯有通过表象才可以作为一个被认识的对象而言。那么对康德来说，所谓的先验问题就是为了让某物能被作为对象被认识——我们应如何规定对象。也就是说，对象在先验中如何获得规定以使自己能成为一个认识的对象。更具体地说，就是对象的对象性在先验中是如何可能的。在海德格尔看来，康德所说的“表象使对象成为可能”其实表达了先验的某种存在论本质。“在先验中，一个形式被给予经验以至于它能作为一个对象立在主体的对面。”① 这个对象的对象性确实是来源于知性（思想），纯粹思想作为主体的一种先天纯粹活动确实能让对象站在主体的对面。思想确实是作为一个对象的思想规定来而与对象发生关系。在海德格尔看来，这个思想的规定意味着思想总是朝向对象，总是站在对象的对面。或者说，思想总是在关注着对象并使思想本身成为可能。对象要成为对象必须要获得思想的规定，那么在范畴中的思想的基本要素就规定了对象的对象性。范畴构成了我们关于对象的经验（认识）的基本条件，同时范畴更是对象的对象性的先天规定，任何东西要成为经验的对象的基本前提就是它要适应于在概念中被先天思维的纯粹一般对象。不只是因为我们拥有概念所以我们能认识，而且是某物的经验要与我们的范畴一致。经验之所以可能的原因就是先验的可能性，就这一点，海德格尔

① Martin Weatherston, *Heidegger's Interpretation of Kant*, New York: PALGRAVE MACMILLAN, 2002, p. 106.

认为康德其实是想说“存在学真理是以存在论真理为前提”[①]。对康德来说，经验的可能性确实是在于一个先验的可能性。对康德的纯粹知识来说，一个先验是必需的。

在这里我们要给出这个先验的存在论支持。但就这个先验是如何可能的，康德并没有很深入地论述。但通过康德的分析，我们至少可以知道先验与主体有关，他正是通过主体的先天的纯粹活动来说明先验的，先验的可能性至少不是一种逻辑的可能性。要说明先验的可能性就是要说明范畴的内容起源。更进一步讲，对康德来说，这里要弄清楚的是经验真理（存在学真理）的基本前提——先验真理或存在论真理。先验真理要成为可能的关键就是要阐明我们自身是如何可能的问题。因为我们发现，康德所说的先验总是与我们自己有关，这里如果我们说明不了先验本身的真理性所在，我们就不可能得出先验是经验的可能的前提。而先验本身的真理性的展开只有在先验与我们此在之间关系中展开，否则我们不会认为先验具有一种来源于我们此在本身的真理性。所以在此，先验和我们主体的先天活动之间也是一个前面所说过的形式（原则的事情）和现象的关系。这里一个值得注意的问题是，如果康德阐明不了先验本身的真理性所在，那么康德自己的先验哲学的基础就会坍塌，康德自己虽然没有将这个问题形成为主题，但在他的思想中的一个基本前提是先验本身是具有真理性的（这一点从他对待先验演绎的谨慎态度可以看出，康德的先验演绎在说明范畴的真理性的同时就是为了说明先验的真理性）。同时要说明的是，康德通过先验与单纯的主体的关系来说明先验的真理性是不可能的，因为主体的主体性本身是通过先验成为可能来说明的（虽然先验是在主体中被构建的），所以要说明先验的真理性只能在先验与我们自己的存在关联中来展开。正式出于康德自己哲学的内在可能性，海德格尔给出了先验本身的真理性。

先验之所以能先天地与经验相关的基本原因就在于先验作为我们此在的基本现象。对康德来说，如果把主体和客体之间的关系现象学加以考察，我们发现它们本质上是先验的。它们之间关联的最终原因其实就在于我们此在自己的基本的先验结构。先验之所以可以作为经验和对象的基本

① Martin Heidegger, *Phenomenological Interpretation of Kant's Critique of Pure Reason*, Translated by Parvis Emad and Kenneth Maly, Bloomington: Indiana University Press, 1997, p. 218.

形式条件的基本原因就在于先验自己对我们来说是可能的。在海德格尔看来，康德之所以陷入逻辑学和心理学的徘徊与困惑的原因就在于康德自己没有弄清楚先验到底是怎么回事，康德之所以没有弄清楚范畴的起源的问题的根本原因也在于此。

> （康德——笔者）失败于没能看到先验是作为关于此在的存在论构建的一个源始的和本质的规定。只要此在实际上存在（exists），它就正好不是一个孤立的主体，而是一个基本地出离自身（outside itself，außer sich）的存在者。正是因为此在是基本地出离自身，它能够回到自身并以一种确定的方式保持于自身中。先验就是此在的自身存在得以可能的前提。康德没有把他的核心问题引向先验的基本现象……对此在的源始的先验的强调对康德的实践哲学同样具有意义。正是由于此在能够在先验的基础上与它自身在一起，此在才能与另一个在世界中的作为你（du，a thou）的自我在一起。这个我—你（I-thou）的联系不是自身的先验联系。而是这个我—你的联系是根植于此在之先验之中。认为这个我—你的联系如此首先构建了对世界的可能的发现的观点是错误的……①

先验对康德来说是我们认识的主体具有存在意义的前提，这正是先验的真理性所在，同时也是先验的存在论本质。换句话说，我们（此在）本质上是先验的。先验是来自主体（的纯粹活动）同时又使主体的存在成为可能的某种东西。这正是一种现象学的典范，正是一种形式与现象的关系。那么在先验与范畴之间，康德虽然把范畴叫作先验范畴，但它们之间应该存在着某种现象学的关联。很显然，先验在康德哲学中不能等同于范畴，范畴（概念）首先是因为其形式意义而被康德形成为主题的（也许是受传统哲学的影响，如海德格尔就将存在形成为主题），但就范畴如何作为存在论谓词的追问而言，先验对康德来说就是必然的了。所以我们自己的先验的可能性（在主体与客体之间）就会成为问题。先验其实是概念成为先验逻辑的概念（先验概念）的基本前提，没有它康德回答不

① Martin Heidegger, *Phenomenological Interpretation of Kant's Critique of Pure Reason*, Translated by Parvis Emad and Kenneth Maly, Bloomington: Indiana University Press, 1997, p. 215.

了概念作为存在论谓词的问题（因为在康德看来我们不是在说胡话，这是一个基本前提），即回答不了判断和命题的真理性问题。这也就是说经验的真理（判断、命题）是以存在论的真理（先验）为前提的。

那么范畴的先验本质和先验功能就是在这个与“此在”（Da-sein）的关系上而谈的，也就是指范畴的存在论本质。范畴能作为对象和一切经验的可能性的一般根据的原因就在于范畴的先验本质。范畴的先验本质不只是在于使经验成为可能，而且使一个主体的存在成为可能。通过范畴，我们（主体）取得了一个相对于存在而言的优势——我们能存在（在此表明了我们不只是一个逻辑的主体）。知性的经验运用的原因就在于范畴的先验本质，因为事实上范畴包含了对象之对象性的纯粹思想。通过这个纯粹思想，我们事先根据概念来为对象给出对象成为对象的先天规定。通过这个纯粹思想，我们带出了我们自己得以存在的东西，这正是一种存在论的真理。所以，我们在对范畴进行先验演绎的目的就是要发现范畴的存在论本质（先验本质）——范畴对于我们主体自己的意义（让主体成为一个有其存在论意义的主体）。通过先验演绎我们要发现的是范畴的存在论意义，而只有在这个存在论意义的基础上范畴作为谓词才具有真理性。要发现范畴的存在论本质，我们就要回答在我们主体中是什么让范畴成为可能，而且这个东西必须作为我们的“源始现象”，否则我们也提供不了一种关于范畴的真理性（范畴作为存在论谓词）的说明，从而也不会为一般形而上学奠基。“简单地说，先验演绎的任务就是要发现范畴的存在论本质，也就是说，要显示是什么构造了这些概念的实际内容。”①

其实，关于范畴的存在论本质的问题，康德是提到过的。“……范畴在思维中并不受我们感性直观的条件所限制，而有一个不被限定的领域，只有对我们所思维的东西的认识，即对客体的规定，才需要直观，在缺乏直观的情况下，对客体的思维总还是能够另外在主体的运用上有其真实和有用的后果的，但这种运用由于它并不是指向对客体的规定，因而指向知识，而是也指向对主体及其意志的规定，所以在这里还不能加以申述。”②在这里康德说明了范畴之于主体的意义。虽然康德给出这段话的目的是区

① Martin Heidegger, *Phenomenological Interpretation of Kant's Critique of Pure Reason*, Translated by Parvis Emad and Kenneth Maly, Bloomington: Indiana University Press, 1997, p. 218.

② ［德］康德：《纯粹理性批判》，邓晓芒译，人民出版社2004年版，B188注，第110页。

分先天知识（存在论知识）与经验性的知识（存在学知识）的不同，但从中我们可以看出，康德是想说明先验知识的存在论意义，也就是说先验知识不只是作为经验知识的可能性而言。对我们主体来说，在先验知识中我们会拥有一种关于自己的存在领会（这种领会本质上是康德所说的对主体及其意志的规定），而这一点正是先验的可能性所在。在此，一个很清晰的思想事实是在康德哲学中范畴的先验本质其实就是一种存在论本质——先验知识是具有自己的存在论本质的。所以，我们说先验知识、说范畴不只是就它们与经验的关系而言，我们更要注意它们的存在论（先验）本质。

但是，我们在这里发现，康德所说的先验的存在论本质是在与直观分离的情况下说的，之所以会出现这种情况，原因与前面一样，康德没有形成对一种现象学方法的自觉。其实，对康德来说，在逻辑与经验之间，有一种本源的基础方法——现象学方法存在。我们只有通过对认识的此在的一种现象学分析，我们才有可能回答先验与经验之间的问题。但是在海德格尔看来，康德虽然缺少对这个方法的自觉，但实际上触及了此在的基本结构。就康德哲学来说，海德格尔比康德自己更理解康德。至此，在明确了先验演绎要完成的任务后，我们进入具体的先验演绎。

二　时间、想象力与范畴的先验演绎

（一）主体的先验结构

在《纯粹理性批判》的第一版（海德格尔主要研究的就是第一版）的纯粹知性概念演绎的第二节，康德将“纯粹知性概念的先验演绎”（第二版的名称）命名为“经验的可能性之先天根据”。通过这个命名我们可以发现，康德是通过发现经验的先天根据从而来说明范畴的客观有效性。这个先天根据是在于主体的，但能构成经验可能性的先天基础的主观来源在康德看来不只是知性。“但由于在这样一种思维中被调动起来的不只是唯一的思维能力，亦即知性，而知性本身作为一种应当与客体发生关系的认识能力，同样也需要为这种关系的可能性作出一个阐明：所以我们必须首先对构成经验可能性的先天基础的主观来源不是按照其经验性的性状、而是按照其先验的性状加以考虑。”① 这也就是说，在康德看来，在这个

① ［德］康德：《纯粹理性批判》，邓晓芒译，人民出版社 2004 年版，A97，第 113 页。

先天的纯粹思想中不只是包括知性，而且包括直观和想象力。在《纯粹理性批判》的第一版中，康德认为我们有三种包含有一切经验的可能性条件的本源的能力①。所以我们要考察经验的先天根据首先就是指这三种能力，而且是先验地考察。我们要考察的是这三种能力间的相互关系及其在此基础上如何具有整体性，从而为经验提供一个先天根据。就此而言，康德不论在主观演绎还是客观演绎中都没有给出先验的考察。为了实现其对经验的可能性的先天根据的寻求，康德需要做的事情首先是弄清楚这三种能力的基本关系以及它们如何成为一个整体而提供出这个先天根据，这是先验演绎的基础。与前面我们所说的先验演绎的基本任务一致，这里我们要发现的是在这些能力中什么使范畴的存在论本质成为可能。什么使范畴作为一个先天的东西而站在对象的对面从而使范畴与直观和对象的关系成为可能。所以这里的问题首先是“什么使主体成为可能的”问题，是故这里关于经验的可能性的先天根据的问题首先是主体的基本的先验构建的问题。先验演绎的问题是一个主体自己如何可能的问题，所以海德格尔认为这里谈论的先验是指存在论的先验（就先验与此在和主体的关系而言的），而一切存在学的先验都以存在论的先验为前提②。我们知道，康德认为一切知识都开始于经验，好像知识除了经验知识就没有什么别的知识。那么为什么会有先天知识呢，而且它怎么还会是经验知识的前提？这是因为在康德看来，经验知识之所以可能就在于先天知识为前提。在这里让先天知识成为可能的是我们的先天地纯粹活动，所以与先天知识相关的是我们自己，那么通过对先天知识的可能性的追问我们会发现我们自己的存在结构并因此为基本存在论奠基。因此，先天知识在这里就是一种存在论知识，对它的可能性论证带出的是我们的此在问题。而经验知识指的就是在先天成为可能的情况下先天之于对象而形成的知识。它是就先天或者

---

① ［德］康德：《纯粹理性批判》，邓晓芒译，人民出版社 2004 年版，A97，第 85 页。

② 参见 Martin Heidegger, *Phenomenological Interpretation of Kant's Critique of Pure Reason*, Translated by Parvis Emad and Kenneth Maly, Bloomington: Indiana University Press, 1997, p. 226。在此需要说明的一点是，海德格尔给予康德哲学的所谓的存在学和存在论的区分不是他自己强加给康德的，因为我们发现海德格尔正是在此区分的基础上而提出了很多关于康德思想的理解。其实，在康德哲学中是存在着存在学与存在论的区分的。例如，康德对先天（纯粹知识）与经验知识的区分。康德在《纯粹理性批判》的第二版中的第一节中明确了“纯粹知识”与“经验知识”的区分，在第一版中是对“先天知识”与“经验知识”的区分也是很明确的。

说先验之于对象的意义，而不是之于我们此在的意义而言，这是存在学的知识。很显然，这两种知识的区分在康德哲学中的区分而言是一种存在论的区分，而不是认识论的区分。就相对于对象的认识论而言，我们只会有经验知识。对康德来说，康德缺少的就是对先天知识、先天、先验自身如何在我们主体如何可能的论证，康德更多的是在与客体和对象的关系中来展开对这些存在论东西的存在学说明。对康德来说，这些东西（存在论的先验）好像对我们主体来说是不言而喻的，但同时我们发现康德好像又很重视这些东西相对于主体而言的意义。康德只注意了对象的现象，而没有注意此在在与其他的存在者关系的可能性中（让世界成为可能）所透露出的此在的现象。让其他现象、让世界成为可能的现象就是我们自己此在的“源始现象”[①]。关于以上的存在论与存在学的区分在康德哲学中可以举出的例子很多，如范畴的问题等。但必须弄清楚的事实是，康德这种经验与纯粹和先天的区分是一种存在论意义上而言的区分，这种区分本身说明了主体的先验结构是在一种存在论意义上自身可能的，而不是来自经验的一种形式需求。更进一步说，康德哲学中的先验如何可能的问题是建立在一种在存在论视域之上的一个主体自身如何可能的问题——主体在其存在如何可能的意义上来关涉着自己。

由此，范畴的演绎同时意味着对我们主体自身先验结构的阐明——回答什么使范畴获得了内容。如前面所述，在康德看来，范畴是要有内容的，以使它能与直观的综合联系起来，也就是说范畴要与直观相关。但在康德看来，范畴在这里只是与一个可能的直观相关，而不是海德格尔所说的与一个特别的直观——纯粹直观（时间）——相关。但通过以上分析，我们发现在康德哲学任何存在学的真理都以存在论真理为前提。在海德格尔看来，在康德哲学中能提供存在论真理的东西只有时间（纯粹想象力）[这是由时间的本质决定的，后面会说到这个事情]，而没有别的什么东西。所以在此对范畴来说，我们必须要做的事情是阐明范畴是如何在时间中有其起源的，从而能相关于对象（存在者）的，而不是把范畴孤立起来加以考察。毫无疑问，对范畴的存在论本质的阐明同时是对范畴如何成

① 康德对这个问题的忽略使他在先验和经验之间的过渡与关联显得很困难——要么太逻辑化，要么太经验化，甚至会是一种类比。这一点我们在对三重综合的具体分析中可以看出康德的困境。究其原因就在于康德没有认识到存在论与存在学之间的区分是一种存在论的区分。

为存在论谓词的说明。就范畴的内容而言，我们前面已经说过，要证明范畴在时间中有其来源，或者说要阐明范畴的存在论本质，必须由综合提供出范畴的路径，必须在范畴与想象力的综合之间展开。思想能和直观结合、概念能和直观结合的关键原因就在于这个来自想象力的综合。那么对范畴的先验演绎来说，我们首先是要弄清楚这个想象力的综合，要弄清楚想象力在直观和思想（知性）之间的中介作用以及它的存在论意义。更进一步讲就是，在康德哲学中，想象力是如何让康德的哲学比传统哲学多出“存在（先验）”这一维的，一种区域的存在论在康德哲学中是如何可能的。那么想象力到底有没有此在的存在意义呢？这只有进入想象力的综合的具体分析才是可能回答的。但要阐明想象力的存在意义，海德格尔就必须要阐明想象力与时间的关系。

（二）想象力与存在之意义

我们知道，海德格尔对康德的解读是暴力性的，他是以自己的思想为出发点——主要是以《存在与时间》——来解读康德的先验哲学。在《存在与时间》中，海德格尔认为时间性（Zeitlichkeit，英译一般为 temporality）是领会着存在的此在的存在，只有从时间性出发时间才构成存在之领会的视域，时间才能是通达存在的那种东西——让存在的意义显明。时间是我们能让自己存在的意义显现的那种东西，那么要追问存在的意义，必须首先要与时间相关。海德格尔认为哲学史上使时间成为问题的，康德是第一人，“曾经向时间性这一度探索了一程的第一人与唯一一人，是康德”①。同时，我们也看到在《存在与时间》的第八节，海德格尔把康德的时间学说作为计划的第二部中自己提出时间问题的先导。康德哲学中时间学说的成问题乃是决定性的，是让两位思想家的对话在思想的深处得以进行的思想契机。虽然海德格尔一直批判康德在他自己思想面前的退缩，但他毕竟提供了一种思想得以前进的方向，而这个基本的方向标就是时间。那么我们首先要弄清楚在海德格尔看来康德时间学说的由来。

在《康德与形而上学问题》和《对康德〈纯粹理性批判〉的现象学解读》中，海德格尔将先验想象力解释为接受性的感性和自发性的知性的来源的人的第三种能力。它同时具有接受性和自发性，是人的所有能力

---

① ［德］海德格尔：《存在与时间》，陈嘉映、王庆节译，生活·读书·新知三联书店 1999 年版，第 27 页。

中最根本的能力，具有起源性质。我们知道海德格尔对康德的解读是存在论的，而且在他看来康德哲学的建设性就在于把《纯粹理性批判》的主要内容引入了存在论之中。那么要说明康德哲学的存在论意义，首先必须要弄清楚作为人的根本能力的想象力到底有没有存在意义。对海德格尔来说，存在之意义的生成来源于一种解释学的现象学，也就是"把某某东西作为某某东西加以解释"① 的这个现象的可能性在于一种"先"结构和在先的"作为"结构（在流俗领会的现象中，向来已经有一种东西先行显现了)，同时"先"结构和"作为"结构提供出一种统一的现象。如果能给这种统一的现象以存在论的解释，那么某物就作为某物自身而显现(得到领会)。存在之意义显现之所以可能，在于显现的视域（horizon）的给出。在海德格尔看来，这个视域不是由命题、判断等谓词经验所提供，而是由此在之生存（时间性）所给出，只有使此在自身时间化，此在才能实现其全部统一性。这也是把统一性分析引入存在论的关键，因为这里才是源始地发生的现象学。那么我们要追问想象力有没有存在意义，首先要看它能不能作为一个让存在之意义显现的视域。

追问想象力能不能作为一个让某物显现的视域，在康德这里就是追问想象力与这个具有"域"性的场所的构建和敞开有关。也就是说，在这个场所，存在能被筹划同时存在能从这个"域"本身出发来获得存在的理解和意义的显现。对康德先验哲学来说，想象力要获得这样的"域"性规定性，首先要证明它与时间具有同一性，并由此来说明先验想象力对时间这种视域的构建和敞开，因而使传统形而上学的在场（presence）作为在场（presencing）的事件（event，Geshehen）而发生。就《存在和时间》来说，只有时间才能让存在的意义显现。海德格尔认为正是因为想象力具有和时间的同一性，想象力才具有存在意义。想象力"域"性场所的构建和敞开与时间的同一性是分不开的。这在海德格尔看来是康德哲学中发生的重要事件，因为在古代存在论那里时间和想象力的同一性问题从未被思，康德是将这一问题引入哲学的第一人，尽管它只表现为一种"区域存在论"。

对《纯粹理性批判》第一版主观演绎部分的"三重综合"理论的定

---

① ［德］海德格尔：《存在与时间》，陈嘉映、王庆节译，生活·读书·新知三联书店 1999 年版，第 176 页。

位是海德格尔阐明想象力与时间之同一性的关键。在康德看来，在这“三重综合”（直观中领会的综合、想象中的再生的综合、概念中的认定的综合）中，仅“想象中的再生的综合”可归于想象力，是三个不同的综合；而在海德格尔看来，“三重综合”不是三个不同的综合，而是一个综合的三个不同的方面，它们统一性的基础在于先验想象力——通过对“三重综合”的分析从根本上证明了先验想象力作为人的最根本的能力。“相反，对综合的三个模式的内在时间性的制定将对如下事实形成最终的同时也是最有决定性的证据，那就是将先验想象力解释为其他两种能力的根源不但是可能的，而且是必需的。”① 同时，我们将看到，对“三重综合”的内在时间性制定已经暗含着海德格尔将康德的“作为现在序列的时间”解释为《存在与时间》中那种绽出态的具有时间性的源始时间的关键所在②。《康德与形而上学问题》的第 33 节和《对康德〈纯粹理性批判〉的现象学解读》的第 24 节，海德格尔对“三重综合”给出了解释，这对他的整个存在论解读计划是最具决定性的。如果时间在康德哲学中具有基础意义，那么我们可以说康德至少是一种“区域存在论”，因为在海德格尔看来，我们只有从时间出发才能获得一个属于自身的关涉。

（三）三重综合及其问题

在《纯粹理性批判》的第一版，康德对三重综合的论述都是自下而上的，由经验开始并追问经验按其形式的可能性。每一经验不论其内容杂多与否，按其形式都有其先验的主观根据。这同时也标明了经验与先验之间关系的完整性和必然性，所以在康德这里不存在经验与先验之间的逻辑过渡。我们追问的应该是每一经验的先验根据，而不是追问经验的先验化——经验与先验之间的那种完全契合的先验根据何在。我们发现，康德在对这三个综合的论述中，他首先从讨论每一综合的经验功能开始，然后分别说明它们在纯粹意义上和存在论意义上的相应功能。也就是说，康德演绎的路径是由经验的存在学综合走向纯粹的存在论综合。在康德这里，经验和先验之间的关系不是一个属于主体的推理问题，而是以任何存在学

① Martin Heidegger, *Kant and the Problem of Metaphysics*, Translated by Richard Taft, Bloomington: Indiana University Press, 1990, pp. 124-125.

② 参见 John Sallis, Echoes: After Heidegger, Bloomington: Indiana University Press, 1990, p. 108。

知识都以存在论知识为条件作为演绎的大前提。在海德格尔看来，康德并没有对演绎的进路进行说明，而是直接由经验走向先验，直接跳进了对此在的现象学——存在论分析①。这个问题对康德哲学是很关键的。康德为什么会直接从经验进入先验呢？康德这样做的根据是什么？这个问题在海德格尔看来是一个存在学与存在论之间的关系的问题。但就康德本身而言，我们发现康德认定经验的核心是居于先验（主体）之中，所以，主体本身能够而且必须解释为一种经验的可能性条件。因此，在此康德要说明的只是经验的先验可能性。但这里并没有将先验自己是如何可能形成为主题，因为这个问题对康德来说是不言而喻的——先验正是作为经验先天可能的条件意义上而成为可能的。如果康德没有将先验自己如何可能形成为主题，那么康德没有将先验和此在、自我的关系形成为主题。对康德来说，先验的首要意义是在于和经验的关系。这也是康德从经验综合走向纯粹综合的原因。

但在海德格尔看来，我们只有阐明了先验在存在论意义上是如何可能的问题后我们才可以阐明先验如何作为经验的先天的可能的形式条件。我们首先关注的应该是先验和此在的关系，也就是首先要关注纯粹综合。那么紧接着的问题便是纯粹综合为什么是存在论综合呢？为什么在康德哲学的先验哲学会有存在论意义呢？这个问题的答案就是，海德格尔在这些纯粹综合中发现了由想象力提供出的时间。在海德格尔看来，“源始世界的核心居于此在本身之中，所以，此在本身能够而且必须被界定为在世”②。那么对海德格尔来说，他就是要发现在康德哲学中的那个在我们心灵中的世界的核心，从而来界定康德所说的“我”（Ich）和我们（Wie）。要实现这个目标，海德格尔要首先找出在康德哲学中的那个能为我们自己提供出统一性的东西，同时还要说明这个东西构建了时间，从而说明我们（此在）使自己的存在时间化并因此构成了时间的解释目标（具有时间性的时间，这同时也是范畴的存在论本质所要求的），也就是存在论解释的目标。只有这样，海德格尔才能完成对康德存在论解读的整体计划。

---

① 参见 Martin Heidegger, *Phenomenological Interpretation of Kant's Critique of Pure Reason*, Translated by Parvis Emad and Kenneth Maly, Bloomington: Indiana University Press, 1997, p. 228。

② ［美］约瑟夫·科克尔曼斯：《海德格尔的〈存在与时间〉》，陈小文等译，商务印书馆2003年版，第260页。

前面说过（在《纯粹理性批判》的§10的解读中），想象力的综合在我们的经验和知识的形成中起到关键的作用。海德格尔要将三个综合把握为都是来自想象力的综合的关键就在于说明这三个综合都是来自与时间相关的先验想象力的活动。海德格尔认为这三个综合都是作为想象力的纯粹综合的模式和方式。这是对综合本身的统一性的回答。就前面所说的由综合给出范畴的路径而言，如果综合自己都没有提供出统一性本身，那么它们怎么会提供出范畴呢？就综合自己的统一性而言，康德首先要说明的就是这三个综合是如何统一的。可实际上，康德关于这方面的论述是模糊的。在一般的阅读中，我们很容易把这三个综合以一种按照认识的次序给以排序式的理解。

但我们发现，康德所说的这三个综合的最终形态都是纯粹综合，也就是说，它们都是来自我们的某些先天能力，是属于先验的事情。而且我们发现在康德哲学中，先验是作为一个整体来把握的（先验是一而不是多）。不论是对象（Gesgenstand，object）、现象、感性等，还是范畴、先验统觉等，它们本质上都是先验的。只不过存在学的先验（在与经验相关的先验）总是以存在论的先验（先天可能的先验）为前提的。这是对先验的一种存在论区分，同时也为我们对康德哲学中的先验思想的理解提供了依据。所以对康德来说，不论是直观，还是知性，他首先要说明它们本质上是先验的。也就是说，它们都是一种属于主体自身的先天能力。要说明主体具有自己先天能力，康德必须要说明这些能力之间是如何统一的。否则，主体首先在逻辑上在康德哲学中就不存在，因为主体有可能是一个分裂的主体。因此，在此，康德首先要说明主体的先天能力之间的统一性问题。

毫无疑问，在康德看来，主体（我们）具有行动（综合）的能力，那么这些行动是如何作为一个主体的行动呢？所以，对这三个综合的本身的统一性把握对康德来说是决定性的。只有在此基础上，我们才可以说综合所提供出的统一性本身的存在论意义，也就是我们将要看到的综合的统一性在于时间的统一性，而这个时间的统一性因为其时间性而可以作为一种统一性本身（统一性视域）。以上所述是关系到海德格尔能不能实现对康德哲学的存在论解读的最关键之处，同时也是范畴的存在论本质和其时间起源能不能得以阐明的关键之处。我们在康德自己的模糊论述中发现这三个综合的统一性（这是康德哲学本身所要求的，因为康德哲学中存在着“主体”这个东西)，但“这个统一性如何在他那里可以作为一种‘统一性本身’、从而作为一种事先的统一性视域”这个问题不是一个对康德哲学来说有没有主体的问题，而是要说明这个主体是一个怎么样去存在的主体、怎么可能去关涉自己的主体（这同时是范畴有没有存在论本质、先验与此在有没有关系以及康德哲学中有没有先验的存在论区分的问题）。简单地说，对三重综合的分析不但要阐明这个综合具有统一性（从而说明康德哲学中有主体，有时间这个东西——综合的统一性在于时间的统一性)，而且要阐明综合提供出统一性本身（因为这个统一性本身作为一种事先的统一性视域，这样我们才可以说康德哲学中的时间是具有时间性的时间——也就是指那个与存在有关的时间)。至于康德为什么只认为我们只有这三个综合（行动）而没有别的行动，这个问题在海德格尔看来是由于康德没有进行对此在的基本的生存论分析。对康德来说，康德是受传统哲学的影响和对传统要做出自己回应的原因，所以采用了直观、范畴等作为自己思想语言，更重要的是康德所面临的问题是“知识何以可能”的一个属于我们大家的普遍现象，而非海德格尔的那个此在与世界原初关联的现象。所以，在康德这里，对居于主体之中的那个秘密（时间）的考察更多的是表达一种对我们大家来说的一种共性，从这个秘密中我们可以回答“我们认识何以可能”的问题，但不足以揭示这个秘密对我们自身的存在意义，所以康德没有必要进行此在的基本的生存论分析。对康德来说，这个秘密并不足以给我们自身给以存在的领会，因为海德格尔的时间之于此在的存在意义彰显的是一种个体化原则（而不是我们大家）——从时间中，此在把自己领会为自身。由此可见，对海德格尔来说，“时间是真正的个体性原则”①。对康德来说，时间并没有个体性原则的色彩，因为康德并没有强调认识活动对个体的自我区分意义上的存在意义。但同时我们发现，康德由一个普遍的大家共同面临的问题（认识或知识何以可能）出发，最终走向的是一个具有个体色彩的东西（时间）[正如前面所说，康德的先验演绎中具有以某种存在论区分]，因为时间总是我的时间②，时间是内感觉的形式。但是在这里必须注意的是，

① ［美］约瑟夫·科克尔曼斯：《海德格尔的〈存在与时间〉》，陈小文等译，商务印书馆2003年版，第285页。

② 同上。

凡是康德说某个东西是形式的，我们发现这个东西对我们大家都是具有意义的（如范畴、时间等的匿名运用），康德好像是要把存在于个体中但只属于个体的（心理的）东西给剔除掉，从而从“个体”中发展出一种属于“我们”的一般事物。但悖论的是，这个形式的东西正好构成了个体的秘密。所以在这里这是一个很复杂的问题（甚至是一个比“主体间性”更为复杂的问题）。不论怎样，这三个综合自己的统一性问题按照康德哲学的内在可能和海德格尔的存在论解读而言都是很重要的，由此我们进入对“三重综合”的具体分析。

1. 直观中领会的综合

就直观中领会的综合而言，我们在这里谈论的是在直观中的“领会的综合”。在经验直观可能的地方就是我们内心对作为“现在”出现的次序时间的区分。为了能够与对象相遇，我们的内心事先并不断地被告知这个“现在”、那个“现在”，每个表象的自身性和绝对统一性就在于时间的区分。我们只有区分时间才能区分对象。时间是让对象成为可能的那种东西。按照海德格尔的理解，直观作为杂多表象的提供者，它本身就是一种作为“现在”序列的时间发生的一种综合。直观着（intuiting）就是给予着（giving），它恰当地把握住每一个看的当下形象。纯粹直观（时间）作为接受性本身——让某物作为某物自身而显现、让某物生发出来——就是能赋予某物以存在意义（将某物作为某物自身而接受下来）的当下的“看”——提供一种本源的事实统一性。

领会的综合在康德那里无非是把直观中的杂多作为一个表象的杂多产生出来，使杂多表现为“关于……”的杂多。也就是说将某物在直观中提供的杂多（印象）作为某物的杂多（形象）而表象出来，否则知识是无对象的。正如康德所说，我们的任何表象最终都要与时间相关。在这里就是和与作为现在序列的时间相关。对象也正是在与作为现在序列的时间的关系中获得了其表象的可能性。这也就是说，因为作为现在序列的时间，对象才作为主体的对象，某物才获得了一种对象的可能性。领会的综合的实质就是对对象做一种当下的把握，以使我们的表象就是关于某个具体的对象的表象，在这个表象中要表达的是一种属于某个对象的绝对统一性，并由此来完成表象与表象之间、对象与对象之间、物与物之间的区分。正如康德所说：“因为每个表象作为包含在一瞬间中的东西，永远不能是别的东西，只能是绝对的统一性。”[①] 康德在此把“当下”形成为主题的目的是说明我们关于对象的知识是一种有区分的对象的知识［对象对我们的认识来说本身是不同的、有区分的，对象作为这个对象、那个对象，但对当下的时间来说就都是“这个”（Dieses）］。当下或者瞬间在此使一种区分成为一种来自事情本身的本质区分的前提，这个当下是具有当下性的当下。这其实说明了康德所处理的对象是一个具体的有区别性的对象，而不是一般的对象，这是先验逻辑不同于普遍逻辑的基本前提。在这个领会的综合活动中，我们把某物作为某物自己给把握了下来，这正是直观之于对象的存在意义。不难看出，直观能具有之于对象的存在意义（能把某物作为某物自身接受下来、把握下来）的关键就在于这个领会的综合。没有这个综合，直观是没有能力去接受一个有区分性的对象的。事实上，直观是根植于这个综合的，这正是直观的自发性所在——直观是自发性的接受。康德之所以说直观中包含杂多的关键原因就在于直观的“能接受”。以上是就领会的综合之于对象的意义而言的，所以这里谈论的仍然是经验性的事情，还没有就领会综合与主体以及和我们心灵之间的关系来谈论。

对象要完成区分，这个使对象的区分得以实现的领会的综合必须事先具有关于对象的统一性，因为我们只有在一个完整的对象的全部给予中来谈对象的区分。要有这样的事先统一性的关键在于这个综合与时间的关系，直观中的综合活动的可能性在于时间。而且要完成这个对象的表象，我们必须首先区分时间，首先不断地告知自己这个现在、那个现在……那么现在的问题是作为现在序列的时间在主体中是如何可能的、时间的区分是如何可能的？由此我们进入先验部分。

需要说明的是，在海德格尔看来康德缺少的就是对先验部分，或者说先验自身如何可能的考察，康德也因此忽略了其哲学的深邃之处。这个问题的实质就是时间（当下）这个视域如何在主体中被打开的。很明显，没有这个视域，任何表象和综合统一活动都不可能发生。这个领会的综合（指经验的领会的综合）就对象而言的统一性也是来自其与时间的关联，那么时间对我们来说是如何可能的呢？答案当然只能是时间来自一个只属于自己的纯粹活动——纯粹直观。在直观中的纯粹的领会的综合就是海德

① ［德］康德：《纯粹理性批判》，邓晓芒译，人民出版社 2004 年版，A99，第 115 页。

格尔所说的“总揽”。在这个“总揽”的活动中并没有知性的逻辑功能的作用，所以它只能是来自一种纯粹直观的活动。康德正是把这个纯粹直观的活动叫作时间，也就是说在我们的纯粹直观活动中一种作为现在序列的源始时间被给予。时间之所以作为直观的形式就是因为在我们的纯粹直观的活动中所给出的时间其实已包含了纯粹的杂多，从而使我们对杂多的直观活动成为可能。这个纯粹杂多使一种经验的领会的综合成为可能——这里其实包含着康德的先验如何成为一种经验的可能性的问题。纯粹直观作为一种纯粹的属于我们的活动给我们提供出的其实只能是时间。同时如果没有时间这个东西，我们无法去进行纯粹的直观活动，这也就是说，时间其实原本就属于我们自己，这正是海德格尔的时间之于此在的“向来我属”的特征。反过来，时间又作为直观的形式成为一切经验的直观活动的前提。纯粹直观在此作为现象（属于我们自己的纯粹活动）已经具有了一种形式（视域）意义。纯粹直观在此提供出时间这个事情很显然是“事情本身”，那么在这种纯粹的直观的活动中为什么会有一种纯粹的领会的综合的效果呢？

在海德格尔看来，“在这个时间的纯粹直观中必须已经有一个纯粹领会”①。“时间的纯粹直观不是对那些相互之间简单地没有关系的整个众多的现在的一种简单的孤立把握。而是，每一个现在作为现在，为了如其所是地被直观，都需要被带到与其他现在在一起。”② 其实这个“带到一起”就具有统一的特征，使所有的现在都可以被把握为现在。这个“带到一起”的统一性特征正说明了纯粹直观活动中已经存在的纯粹领会。因为我们发现，如果没有这个纯粹领会，也就是说如果在纯粹直观活动中没有一种纯粹领会，作为现在的时间就不会形成一种区分，这个现在、那个现在等就不会形成一种在统一的基础上所形成的区分。那么，时间就不会作为一种纯粹的杂多（因为没有区分就意味着每一个现在所特有的那种“当下性”——用康德的话说是瞬间——就不会显示其特有的意义），因而时间的纯粹杂多就不会作为一般杂多的直观形式，或者说时间就不会作为直观的形式。所以，一种可以让时间作为纯粹杂多的时间的“作为现在时间的统

① Martin Heidegger, *Phenomenological Interpretation of Kant's Critique of Pure Reason*, Translated by Parvis Emad and Kenneth Maly, Bloomington: Indiana University Press, 1997, p. 235.

② Ibid..

一性本身”是必需的，它为纯粹杂多提供了一个可以生发的视域。对康德来说，我们只有拥有一个具有区分性的、不同的各个现在的时间的情况下，我们才会提供出一个作为现在的时间本身。作为现在的时间的序列之所以可能就在于各个不同的现在时间，也就是说作为现在的时间表现为一种这个现在、那个现在的一种时间的纯粹杂多，这是时间可以作为直观的形式的秘密所在。但时间的区分只有在一种统一性的基础上才可以进行的。需要说明的是这个事先的作为现在的时间的统一性本身不是海德格尔强加给康德的。从前面对经验的领会的综合中，我们知道我们对每一个具体对象自身的具有区分性的把握都建立在一个对象的统一性的基础之上（也就是建立在把对象要看作为一个具有统一性的整体之上），但问题是康德在一种纯粹的领会的综合中并没有给出与之相应的统一性。如果纯粹杂多不是建立在一个统一性基础上的杂多，那么对象的杂多就不能被理解为是具有区分意义的杂多，因为在对象这里根本没有一个可以形成区分的统一性视域。因此，正是在纯粹直观中存在着纯粹的领会，一个作为具有“当下性”（让纯粹杂多作为一般杂多的形式成为可能的那个东西）的具有统一性的“现在的时间”才有可能。时间第一次作为现在的时间出现了，现在的时间对我们的经验来说具有很重要的意义，这个意义的根源就在于时间在其统一性的基础上的一种自我区分的可能性，在于时间本身作为我们的纯粹活动（纯粹直观）的本质而让我们对对象的经验成为可能，在于时间所特有的生发机制。由此，我们可以看出，在这个纯粹综合中所“领会”的那个东西（我们到底领会了什么）：作为现在的时间的统一性——这个统一性本质上作为一种事先的统一性视域（这个视域在我和对象之间发生关系之前已经存在了，也就是说这个视域总是敞开的）。

那么我们要追问的是，为什么会有这样的领会呢？不用海德格尔说，这只有建立在一种我和对象的存在论的境遇关联中才是可能的——我们在这些所有活动发生之前事先与对象在存在论意义上相遇了，并因此让我和对象之间的一种真实的（具有真理性认识）关系成为可能。或者反过来讲，康德在这种“先天综合判断”的追问中，最终领会的是一个能事先提供现在时间的统一性的主体，而具有这样能力的主体只有领会了其“与世（对象）存在”的存在意义才是可能的。在此，我们可以看出作为现在的时间所具有的时间性（时间与存在的关联）。由于康德正是在“统一性”的意义上来说综合与范畴之间的契合的，所以，从这里我们也同时可以看出综合提供出范畴（统一性）的具体的进路：由综合活动的现象出发我们可以追问一种能让这个综合成为可能的对象的统一性，而这个对象的统一性只有先天地被给出。那么现在的问题就是这个对象的统一性的给出是如何可能的呢？答案当然是我们自己可能的，是通过一种纯粹的领会而可能的，因为这个纯粹的领会提供了一个让对象成为可能的纯粹杂多生发出来的统一性视域。因此综合提供出范畴不只是就“概念中的综合”而言，而且由于范畴的先验性质它本质上必须具有存在论意义上的统一性（而不只是那种针对对象杂多而言的统一性）。正由于这个作为现在的时间的统一性的存在论意义，我们的纯粹的领会的综合才把对象把握为对象自己，而不会把一棵树看作一支粉笔。显然，时间在此首先构成了那个让对象成为可能的对象性。由此可见，作为纯粹领会的综合不是开始于时间的视域，而是相反，它首先形成的是作为“现在的时间”和其序列。“时间的纯粹直观被这个叫作领会的‘综合’奠基性地共同规定(co-determined)。”[①] 纯粹领会与这个现在、那个现在的时间作为“现在”时间本身有关，正如康德所说没有领会我们就不可能先天地拥有时间的表象，没有纯粹领会，那个作为“一”的时间本身（这在时间的阐明中已经说过）就是不可能的。

那么现在的问题是：直观的这种综合能力是哪里来的呢？引用康德的说法，认为是想象力的作用。“……在我们里面就有一种对杂多进行综合的能动的能力，我们把它称之为想象力（Einbildung），而想象力的直接施加在知觉上的行动我称之为领会。”[②] 我们看到，在康德这里，直观的综合为了形成形象确实是需要对印象的某种综合功能，而这个功能是靠想象力来实现的。同时，由于“想象力的直接施加在知觉上的行动我称之为领会”，所以想象力应该是这个综合的根源。我认为在这里最关键的是对知觉这个词的理解。很显然对康德来说，“知觉”不是感官的感觉。康德认为“想象力是知觉本身的一个必要的成分”[③]。这说明想象力对知觉本身来说是必要的，否则知觉不会发生。那么如果想象力施加在知觉上将

① Martin Heidegger, *Phenomenological Interpretation of Kant's Critique of Pure Reason*, Translated by Parvis Emad and Kenneth Maly, Bloomington: Indiana University Press, 1997, p. 235.

② ［德］康德：《纯粹理性批判》，邓晓芒译，人民出版社 2004 年版，A120，第 127 页。

③ 同上。

是怎么一回事情呢?

很显然，这只能是让我们的知觉本身发挥其潜在的更重要的作用(甚至是一种确定性的作用，其实这里隐含着一种经验的确定性——我们所特有的感知的方式的确定性——的到来)。那么现在的问题就是：我们为什么一定要有这个施加的行动呢? 这一点，康德说得很清楚，那是因为领会。那么是什么样的领会让我们只能这样做，而不那样做? 或者说是什么样的领会会让我们将想象力一定施加在知觉之上而不是施加在幻觉等之上呢? 答案只能是我们对我与现实的对象一道存在这个存在事实有所领会(因为对康德来说知觉总是对现实存在的对象的知觉)。由此可见，这个综合的可能性在于一种存在论意义上的领会的可能性，并通过综合这个活动现象会向我们启明这个事先的统一性视域的可能性。在此，我们可以看出，对康德来说，不是因为综合而领会，而是因为领会而综合。所以康德在这里由下而上的演绎路径本质上是由上而下的（因为这个领会说明了一种统一性的事先给予总是最基本的事情)。那么现在的问题就是，我们凭什么有这样的领会。这只能来自一种让存在的意义得以显明的时间视域。对康德来说，能给出这个时间视域的就是想象力。其实是因为想象力的时间性特征让它把自己原始地制定为自己要施加于一种与现实的存在者(对象）相关的知觉，而不是幻觉。这一点同时也体现了想象力本身所具有的存在意义。因此，这个综合本质上是来源于想象力的。

所以“由于在领会形式下的综合起源于想象力，因此纯粹领会的综合必须被认为是作为纯粹想象力的形式之一”①。想象力就是那个使直观成为可能的东西，它必须具有作为“现在”序列的内在时间结构。对象(某物）因此第一次在直观那里赢得了最初的显现——自身（被）作为自身的先验逻辑的自身同一性。那么纯粹想象力就是那个使这个时间发生的那个“机能”。纯粹想象力使作为“现在”（现—在，当下）的那个时间成为可能，因而使直观成为可能。由于时间本身所具有的先验可能性的原因（时间可以作为纯粹杂多)，这个纯粹的想象力在此可以认为是先验的，那么反过来说这个先验的想象力同时是具有像纯粹的想象力一样的存在论意义的。由此我们可以清楚地看到，这里说明了让直观成为可能的东

---

① Martin Heidegger, *Kant and the Problem of Metaphysics*, Translated by Richard Taft, Bloomington: Indiana University Press, 1990, p. 126.

西是作为现在的时间（纯粹直观），让作为现在的时间成为可能的是在纯粹直观活动中存在的纯粹领会，而让纯粹领会可能的是我们的能力——纯粹想象力。不难看出，让直观成为可能的最终的东西是想象力，我们的感性的直观能力的最终的起源是纯粹想象力。先验想象力在此实际上构成了具有时间性的现在时间本身，同时因此也是这个综合的根源①。现在的问题便是想象力与纯粹直观的关系。因为我们一方面说纯粹直观提供了时间，在纯粹直观中有纯粹的领会，纯粹领会让时间（作为现在的时间）成为可能；另一方面说这个纯粹的领会是来自想象力，是想象力给出时间。我们只要说明在纯粹直观中显现了想象力的本质，那么我们以上的说法就是合乎逻辑的。“在纯粹直观中被直观到的是一种想象物（ens imaginayium）。因此在其本质的基础上，纯粹直观就是纯粹想象。”② 纯粹直观中的综合是“总揽”，具有生发性。在纯粹直观中本来没有对象可以被直观，这就需要构造一个对象，这个想象物就是由想象力构造的对象。那么这个对象是如何被直观到的，也就是说我们的纯粹的直观活动是如何可能的呢？“当然它们不是在一种主题的领会意义上的被直观到，而是以一种源始的、构造的、给予的方式被直观到的。”③ 在这里，纯粹直观作为一种“总揽”，在其中我们可以直观到这个想象物的给予方式。对我们有限的直观来说，有一种属于自己的确定性，我们会直观到我们自己的构造（想象）行为及其给出的形象（image）。对这个想象行为的直观意味着我

① 康德有时候把想象力叫作先验想象力和纯粹想象力。康德把想象力分为经验性的想象力、先验的想象力和纯粹的想象力。经验的想象力是指一种对象在场的想象，而纯粹的想象力是一种对象不在场的想象。纯粹的想象是一种源始地属于我的一种纯粹的活动。先验表达的无非是那种完全来自我们自己的一种纯粹活动的“活动域”（朝向那里活动以及为什么这样活动）。所以先验想象力是对纯粹想象力的一种先验本质的规定。康德把这种纯粹的能力之所以叫作先验的原因就在于我们心灵中的一些纯粹的东西（或者说我们能拥有纯粹的活动）与我们能作为认识的主体有关，与我们和对象之间的可能性有关。这也就是说与主体的主体性、对象的对象性有关，更进一步说就是与我们的主体的存在有关。其实，在先验哲学中在经验和先验之间的过渡就在于康德对纯粹的先验制定。康德笼统地所说的“想象力”指的就是我们心灵的一种能力，与感性和知性一样。作为心灵的一种能力，想象力本身必须是纯粹的，否则我们不会认为它是属于我们的一种特有能力。

② Martin Heidegger, *Kant and the Problem of Metaphysics*, Translated by Richard Taft, Bloomington: Indiana University Press, 1990, p. 101.

③ Ibid..

直观到了我自己的想象行为，意味着我们拥有一种直观意义上的确定性。通过它，我们可以把自己把握为自己，我们自身的本质就在于直观的这种自我确定性。正因为如此，纯粹直观才是那个原本属于我们自己的行为，也就是我们自己的源始的现象（显现）。这种显现之所以是源始的是因为我们能确定我们在直观。我们直观到了自己的在直观，这也就是说直观对我们有限的人类来说是自明的。直观由此在康德那里赢得了一个就我们作为主体而言的存在优势。至少对康德来说，事情是这样。

对海德格尔来说，自我的某种现象（意识、直观）为什么以及如何存在都是由自身的存在决定的。由此可见，没有想象力我们就不会获得一种纯粹直观，纯粹直观本质上是体现了想象力之于知觉的意义。我直观到我在直观，这本身就是一种纯粹的领会。这个纯粹的领会意味着直观对我们主体的自明性。这个纯粹的领会显示了我们主体的自我确定性，主体的主体性首先在直观这里被康德发现了。纯粹领会由此并不只是一种简单的对某个想象物的领会，而且领会了这个行为（纯粹直观）之于我们主体自身的意义。正因为这样，一个得以显现我们存在的存在意义的视域的打开及其维持（敞开）才成为可能。

纯粹领会在此就是对主体自身的一种有限的直观的发现和意识——自我的本质就在于自我意识①。由此，我们的感性直观获得了一个与我们主体（此在）而言的先验意义，对海德格尔来说就是一种存在论意义。由此不难发现，感性的本质就在于我们能感知，直观的本质就在于我们能直观。究其原因，就是通过由经验直观走向纯粹直观这个进路，我们发现了那个属于我们自己的确定性（我直观到我在直观），发现了让我们感性成为可能的东西。一句话，通过这个进路，感性被把握为我们自己的感性，感性同样有自己的确定性（这个可以看作对休谟的问题的回答），它与知性和理性一样同样属于我们自己。也正因为感性的这种来自我们自身的确定性的保证，我们的关于对象的感知的基础上（直观）所形成的知识才

① 这是德国哲学的传统，这里的关键就是在于把领会的综合把握为一种变相的自我意识。纯粹领会的综合不是别的，就是一种在直观形式下的一种自我意识、是属于直观的自我意识。这表明了直观拥有自己的自我意识的方式从而使它能够获得与自我的一种本质关联——能表现我的本质的东西不只是思维的逻辑功能，同时也包括直观和感性。这一点很显然也表明了直观的有限性——因为它只能在一种想象的时间中发生。

可以说是真实的知识，因此一种有内容的先天综合判断才是可能的。

更进一步说，通过感性的这种确定性我们会在与外在的某物的关系中给有限的自己一个位置——像上帝因为直观而给自己一个位置。因此，康德的感性是一个存在论的感性，而不是一个认识的感性。但我们发现，感性之所以作为一个这样的感性，其根源在于想象力，因为直观不足以把感性弄成是我们自己的具有内在确定原则的感性。对我们人类来说，只有一种纯粹直观成为可能时，那些在空间中存在的现实的存在物才和我们发生真正的（认识）关系，因此我们通过自己的感知方式不会把一棵树错认为一个人。总之，通过以上分析，我们发现是先验想象力提供了作为现在的时间及其序列，是想象力让感性第一次获得了存在论的意义（对海德格尔来说），或者说一种主体的确定性意义（对康德来说）——感性与思想的逻辑功能一样第一次获得了自己的确定性（对自我而言）和真理性（就认识及其对象而言）。但只有感性，只有在直观中的领会的综合还不够，在康德看来我们还要把感知的东西给说出来的可能性（以命题和判断的方式表达的可能性），以让对象获得一种先验逻辑的存在方式。由此，我们进入想象中的再生的综合。

2. 想象中的再生的综合

与领会的综合一样，想象中的再生的综合仍然是由下而上的演绎逻辑，康德从经验性的想象力直接走向了纯粹想象力。想象力的再生的综合中的“再生”的意思就是把过去的东西重新带上前来（Wieder-vor-führen），也就是把领会的综合中的杂多带上前来。我们如果不把那些已经流逝的“现在”系列的表象再生出来，我们就没有时间意识的系列。也就是说，那个已过去的“现在”对我们来说如果构不成具有过去性的“过去”（这里其实透露了“历史性”的源起之处），那么直观中的综合对我们的先验和我们的认识来说就没有意义，因为它没有构成一种“过去”的态势和规定。康德认为：“虽然这是一条单纯经验性的规律，据此，那些经常相继或伴随着的表象最终相互结为团体，并由此而进入某种联结……”① 这就是说，想象力的作用首先就在于将那些直观中过去的“现在”表象把握为一个表象的团体——使各个表象之间具有一定的联结。一个对象作为对象并不是因为它作为一个孤立的对象，而是因为它与其他对象之间有关联（如树和大

① ［德］康德：《纯粹理性批判》，邓晓芒译，人民出版社 2004 年版，A100，第 115 页。

地)，并由此我们才可以形成关于这个对象的认识。离开了其他对象，一个特定的对象是无法认识的。这也就是说，想象力的再生意味着“内心向另一个表象的过渡”，意味着将一个特定的直观的表象及其与之相关（周围）的表象（东西）都带出来，意味着让我们形成对一个特定的对象（表象）能形成把握（认识）的表象“域”（事物域），意味着一种对某物得以认识的世界的形成——从这一点我们可以看出想象力与世界、先验与世界以及先验与此在的关系。由此可见，没有想象力，除了直观的当下把握外，我们不会形成某个特定的对象与其他对象的关系的把握，也就是说我们根本不会形成“A 是 B”命题和判断，因为没有想象力 A 和 B 就不可能具有关联的可能性，因为它们是不同的“现在”的东西，它们根本不属于同一个世界。在康德这里，直观中的过去的“现在”并不是一种事实上的过去——已经过去了，而是对想象力而言，什么可以构成对一个特定对象的“过去”——也就是说，在众多的过去的“现在”中，那些过去的“现在”是与我们认识的这个特定对象的“过去”相关以使这些过去能共同联结起来构成一个“过去”——使“过去”成为可能，使过去成为我们理解这个特定的“过去”的一个“事物域”。

在海德格尔看来“经验的对象就是自然（nature），因此一般的与对象的关联就同样意味着与自然的关联”①。那么在这里想象力是如何来说明它所完成的与对象的关联就是与自然的关联呢？想象力会从一个表象过渡到另一个表象，那么这个过渡是如何穷尽的呢？或者说，这样的“过渡”过程能构成一个对象的“表象域”吗？我们首先追问的是这个想象力所关注的对象如何才是一个“自然”呢，或者说想象力如何能让它与对象的关联成为一个与具有本性的自然的对象的关联？这个问题牵涉经验知识的真理性问题，因为康德认为真理就是表象与对象的一致。那么我们如何能证明这个“一致”呢？如果从“人为自然立法”的片面的角度看，康德所说的真理的标准是不存在的。既然人是立法者，那么任何在我们之中能给予表象的东西都是正确的。这里的真理标准显然缺少了那个来自事物“本性”、来自对象的规定作用。但一个简单的事实是，康德确实是认为事物（对象）的本性对我们的认识具有规定作用，我们认识的真理性

---

① Martin Heidegger, *Phenomenological Interpretation of Kant's Critique of Pure Reason*, Translated by Parvis Emad and Kenneth Maly, Bloomington: Indiana University Press, 1997, p. 237.

不是我们自己单方面说了算的——我们要领会对象对我们的意义，因而现在的问题是我们如何能够领会来自对象本身（自然）的声音。我们能够为自然立法的原因不在于我们的权利，而在于我们人类能与对象（存在者）之间互通“消息”、相互敞开这一事实，在于我们把对象（存在者）理解为与我们“共在”的存在者。那么现在问题的关键就是，从我们自己的能力（想象力）出发来说明我们为什么能获得与自然的具有本性（而不是假设意义上的或者随便抓来的对象）的联系。

就这个问题而言，海德格尔认为“在这里这个问题对康德来说就是使这个对象在它的区域的完整性中被称为自然（本性）”①。这里就是说，我们要回答想象力和对象的本性的联系的话，我们只有说明想象力所提供出的对象域的完整性，这样我们认识的对象才是一个本性的对象，也就是说我们的认识才具有经验的真理性。但经验的真理在于先验的真理，“与这个叫作本性的对象的联系只有当心灵已经具有将那些心灵直接直观到的东西给以保持和重新带上前来的倾向才是可能的”②。这个将直观到的东西“带上前来”并加以保持的东西是想象力。想象力所“带上前来”和保持的并不是一个在场的“现在”，而是已经过去了的现在。想象力只有把所有过去的现在同时提供出来，直观（过去的现在）才能形成具有完整性和区域意义的“过去”。这个过去才对我们的认识具有规定意义。这个具有规定意义的过去我们可以把它叫作“曾是”（the having-been-ness）或者“已经”（a readyness）。

假如，想象力所提供的是一个支离破碎的没有完整性的已经过去的现在，那么这个过去的现在就不可能作为一种“已经”，因为通过它我们不可能发生与对象的本性的关系。这就说明，我们要发生和对象的本性的真正关系，我们通过认识、通过一种逻辑学（先验逻辑）来体现我和对象的相遇性质，我们必须具有直接到达（reach）（那个完整的）“过去”的能力，这个能力就对主体而言始终只能是纯粹的。这个与对象的相遇首先说明的正是时间作为一个纯粹直观——因为只有直观才能提供出一个完整性的“一”。

“这个纯粹的返回到达使已经的视域保持敞开。只有这样，时间同样

① Martin Heidegger, *Phenomenological Interpretation of Kant's Critique of Pure Reason*, Translated by Parvis Emad and Kenneth Maly, Bloomington: Indiana University Press, 1997, p. 237.

② Ibid., pp. 237-238.

才能被揭示为一个纯粹直观（a pure intuiting），不但作为现在而且作为不在的现在；也就是说，这个保持的纯粹的综合构建了心灵能区分像时间这样的东西的能力。”[①] 这里说明的正是时间的纯粹直观性质——时间是那个具有直观（看透）意义的东西。对我们来说，时间是本己的，我们人类同样因为时间而具有自己的直观方式。如果没有这个返回，时间本质上不能被理解为纯粹直观。因为这个“已经”的视域不可能得到保持，所以这个视域从根本上说不是敞开的，因而那些过去的“现在”对我们来说是不具有直观性的——因为这样就没有一个在作为现在的时间的统一性基础上的具有区分意义的真正的瞬间和当下[②]。

同时，我们因为能区分时间而区分自己，没有时间我们连自己“在那儿”（Da-）都无法知晓，那还谈什么自我意识。甚至可以说，没有时间康德自己都无法思想，无法形成对人类理性的反思。所以，时间是我们主体的主体性所在，是我们拥有自由和行动能力的前提，是我们知晓自己的秘密所在。“我们能在任何在时间中的给予点上完全自由地放置我们自己。这也是为什么对康德来说纯粹直观就是想象力的一个纯粹游戏的原因。”[③] 但这个时间是不能离开那个来自想象力的再生的综合——将过去的现在再生出来。虽然表面上看是再生了直观中已经过去的现在的表象，但深入地看这个再生首先向我们说明的是时间对我们的可能性，而这种可能的方式就是时间作为纯粹直观[④]。同时我们看到，如果没有想象力的再

---

① Martin Heidegger, *Phenomenological Interpretation of Kant's Critique of Pure Reason*, Translated by Parvis Emad and Kenneth Maly, Bloomington: Indiana University Press, 1997, p. 239.

② 因此这不是直观，而也许是动物式的感觉。我们的感性不同于动物的感觉的关键原因就在于一种具有当下性的当下的对物本身的直接把握。

③ Martin Heidegger, *Phenomenological Interpretation of Kant's Critique of Pure Reason*, Translated by Parvis Emad and Kenneth Maly, Bloomington: Indiana University Press, 1997, p. 239.

④ 这个对时间对于我们来说是本己的、属于人的论述在哲学史上再也没有人比康德来得更精深。虽然海德格尔对时间的论述是显得更为彻底，但我想更多的原因在于他本人的生存论的存在论的出发点——由此出发点人被理解为一个具有整体性的具有自身性的此在，而康德并没有将此形成自己的主题，可事实上康德通过一种认识论的追问最终走向的是一种基本的存在论。由此，康德的存在道路对我们来说好像显得更为真切些，因为它是以传统哲学为出发点同时又超越和开启了传统哲学。这样的后果是给传统以自己的新生。这一点与海德格尔有异曲同工之处。海德格尔表面上是批判和反思传统，而事实上是让我们不要遗忘传统，所以他同样复活了传统。虽然这两位哲学家对传统的理解不太一样，传统更不等于传统哲学，但是不论怎样传统或者是传统哲学都向两位伟大的思想家发出的思想的声音并形成了回音。这两位思想家在都是有能力反思和回应传统的人。

生的综合，直观中的纯粹领会的综合也是不可能的。“没有再生，领会自身是不可能的。”[①] 简单地说，领会的综合同样需要一种对现在的保持，没有对各个“现在”的保持，领会的综合不可能把各个“现在”把握为一个整体的“现在”。由此，直观中表象杂多也不会作为一个与其他杂多不同的“一个杂多”。这是杂多与杂多之间形成区分的前提，也是我们与对象的本性相关的一个前提，因为在领会的综合中我们首先要做的是让对象在“当下”的时间中让其显现出来。就当下的时间来说，时间本身并没有意义。时间的意义就在于能让各个不同对象在各个不同的当下中来显现自身，由此来保证我们和对象的本性的联系。所以在当下这个时间的维度，时间因为对象的不同而作为杂多——时间在此作为一个纯粹的杂多本身。为了领会各个杂多，使杂多能表象为不同的杂多，使杂多作为杂多，领会的综合需要一个对各个现在的保持，也就是说需要想象力的再生。因此，康德认为“领会的综合是与再生的综合不可分割地联结着的”[②]。彻底地说，没有再生的综合我们就不能告诉我们自己（或者如康德告诉我们的这样）时间作为纯粹直观。因为想象力的再生，所以我们可以在对象不在场的情况下来展开各个现象之间的联系并因此形成判断和命题，我们才可能在一个自我封闭（self-enclosed）的纯粹领域中来展开各个现象之间的联系。也正因为如此，我们才可以说在直观中的领会会成为一个纯粹的领会，直观才可能作为我们的一种纯粹状态。或者说我们才可能认为我们具有纯粹直观。假如我们总是要在对象在场的情况下来进行直观，那么我们不会认为我们具有纯粹直观的能力。想象力的再生的综合更一步加强了我们直观的纯粹性质。

在领会的综合中我们领会到了各个表象的各个“杂多”，我们领会到了各个杂多作为某个对象的杂多具有的区别性意义，领会到了杂多作为“一个杂多”的意义——不同的、外在的众多的某物是有区别的。当我们对这些不同的表象的杂多（现象）给以联系时，让对象（杂多）作为对

---

① Martin Heidegger, *Phenomenological Interpretation of Kant's Critique of Pure Reason*, Translated by Parvis Emad and Kenneth Maly, Bloomington: Indiana University Press, 1997, p. 239.

② ［德］康德：《纯粹理性批判》，邓晓芒译，人民出版社 2004 年版，A102，第 116 页。这里注意的问题是我们不要人为地给这两个综合进行先后的排序，事实上这两个综合以及后面的认定的综合都是同时发生的。康德只是为了表述的需要才不得不做出先后的论述的区分。

象时（一个在众多的不同的对象中具有自己的独特的对象性时），也就是说当我们要和对象的本性发生关系时，我们需要再生的综合。更进一步说，当我们想让现象之间的关系对我们来说是可达到的时候，当我们想对现象与现象（A 与 B）之间说点什么，而且说的就是关于对象的本性意义上的关系时（也就是说当我们想让我们所说的东西是真的时），我们需要想象力的再生的综合（也许有人会这样问：虽然我有想象力，但我为什么会犯错误呢？康德其实回答了这个问题，这是属于判断力的问题）。所以只有对象作为一个完整的表象被提供出来，也就是说对象作为完整的表象而出场时，对象才获得一种（先验逻辑的）存在方式。很显然，我们是在说想象力的先验能力，是在说对象的不在场的想象，是在说内心的先验活动，以这个再生的综合属于一种先验的想象力。通过以上的论述我们很容易看出想象力其实为我们内心活动的先验性质提供了保证，因为我们从康德所提供的三种内心能力中找不出哪种能力具有一种对象不在场的把握能力。在康德哲学中，先验作为先验的基本意义就是指对象不在场的内心的与对象有关的活动能力——康德就是把那个对象不在场而且能真实的把握对象的内心的活动能力叫作我们的先验能力。

事实上，康德所说的我们的内心活动是分为经验性的内心活动和先验性的内心活动。前者是指对象的在场而引起的内心活动，后者指的是对象不在场的内心活动。康德之所以认为有前者必有后者的原因在于后者作为前者的条件。因为经验性的内心活动不能说明我们拥有什么样的能力的问题，不能回答所谓的纯粹问题——不能回答认识就是我们（关于对象）的认识的问题。同时，我们看到我们的感性的先验性质也是由想象力来提供保证的，没有想象力我们无法确定感性具有纯粹的先验性质（其实后面我们将看到知性也一样）。所以，在这里就康德哲学而言，想象力的先验性质是不容置疑的。由此可见，先验想象力的再生综合构成了那个让“曾是”可以作为现在出场的“曾是”的时间视域。先验想象力由此便已经获得了过去和现在的时间构成机制。那么问题便是，将来如何能在先验想象力那里获得起源。由此我们进入概念中认定的综合。

3. 概念中认定的综合

撇开海德格尔对康德这部分的解读，我们先来看一下康德自己对这部分的论述及其问题。对概念中认定的综合的理解是对康德的先验演绎是至关重要的，因为这直接关系到我们对范畴和概念的理解。概念中认定的综合是处理在概念中的综合问题。关于这个综合，康德说得很清楚："假如不意识到我们在思的东西恰好正是我们在前一瞬间所思的东西，那么一切在表象系列中的再生就会是白费力气了。"① 很显然，这里处理的是对意识本身（所思的东西）的意识，这就要求我们有一个能对意识本身形成意识的东西。而且，我们发现这个对意识本身的意识是让我们和对象形成一种真实关系的前提。这就要求现在所处理的对象正是前面在直观中所处理的对象的表象。这说明现在所处理的对象与前面所处理的对象是同一个东西，这是意识的同一性。同时我们的意识还必须具有统一性，也就是综合的统一性。那么这个综合的统一性是如何可能的呢？在康德看来，我们综合的统一性之所以可能就是因为我们拥有一个纯粹的、本源的和不变的意识。康德把这个意识叫作先验统觉。这个先验统觉的意识能对意识本身形成意识，能意识到综合的统一性。正是统觉，我们的心灵在行动（综合）过程中才能实现其统一性。但这只有在一种同一性的基础之上才是可能的，也就是说直观中的综合和想象中的综合所处理的对象要是一个对象。只有这样那些与这个对象的表象有亲缘关系的表象才可能联结到一个表象中来，但这个联结到一个表象中来的可能性就在于所有的表象是作为一个统一性的整体。

这就要求意识本身在对杂多的表象和把握中保持意识自身相对于对象和杂多的形式统一性。正是在意识的同一性的基础上，意识的统一性才是可能的，而意识的同一性是由意识本身决定的，因为我们有统觉。现在的问题是，是不是我们在意识外面再强加了一个意识（先验统觉）以便能让我们能意识，还是说统觉是我们形成关于对象的认识而要求的意识本身所具有的那种内在可能性，就像纯粹直观使我们的感性成为可能一样。其实，先验统觉在此表达的无非是对我们来说意识是确定的这一事实，并由此我们才可能形成关于对象的认识。所以，康德想说的是意识作为我们的能和对象发生真实关系的意识所应该具有的本质特征。只不过，康德只是在"概念中的认定的综合"部分把这个问题提了出来，因为在这里发生的"统一性"事件在康德看来显得更为根本。我们知道，康德在这里强调的是意识的形式统一性。对康德来说这一方面是出于"认识何以可能"的需要，另一方面也是对意识的本质的说明。通过这个本质的说明，意识

① ［德］康德：《纯粹理性批判》，邓晓芒译，人民出版社2004年版，A103，第117页。

只有作为一种什么样的意识才让我们关于对象的认识成为可能。具有这个特征的意识只能是一种本源性的意识。同时，只有形式的统一性还不够，意识必须还要有认定的能力。因为只有在此基础上，表象间的联结才是一个对象的表象的联结。其实，对康德来说，正是“意识”这个东西在“认识何以可能”问题的回答中所应该具有的统一性和同一性要求使得统觉的出现成为一个必然。我们之所以这样认为，是因为康德确实明确地说过先验统觉是一个意识，是一个本源的和纯粹的、不变的意识[①]。康德之所以给统觉这样的定义的原因有二：一是只有这样的意识才可能同时具有统一性和同一性的特征和功能（意识能事先给出统一性）；二是告诉我们意识对我们人类来说是可能的。可惜的是，康德并没有对这个本源的意识进行一种现象学分析，从而也没有从根本上回答这个本源性的意识之于我们人类自身的那种可能性。所以，康德哲学中的由纯粹的本源意识标明的主体总是避免不了一种逻辑主体的嫌疑。如果我们认为我们确实有一个这样的本源意识，那么原则上讲这个意识是一个给定规则的能力，因此它可以叫作知性。在康德哲学中，一种知性的确定性是由统觉来说明的，但问题是他没有具体给出确定性之所在。

康德并没有说先验统觉存在于我们内心中的什么地方，并没有赋予先验统觉具体的存在意义。康德提出“先验统觉”的路径是由经验向先验的进路。在到达先验的意识分析后，按照知识和经验如何可能的思路提出了对先验条件的要求：先验要成为先验，先验要作为经验的条件，先验的意识必须具有统一性和同一性，从而提出了先验统觉这个概念。很显然，康德是就意识要作为先验条件所应该具有的特征来说，而不是另外创造了一个意识。很显然这是出于一种思想进路的逻辑需要，为了将这个逻辑需要的东西给标记出来，康德给出了这个东西的概念。紧接着，康德反过来通过先验统觉又给出了对意识的功能的说明和经验如何可能的说明。由此可见，先验统觉并不是一个什么别的意识，而是对我们的意识要成为一个可以作为先验条件的意识所具有的本质和特征的说明，是对意识本身应该具有的本质的说明。同时，先验统觉其实在这里说明了一种先验逻辑的同一性的可能性之所在。先验统觉只不过是一个对意识的本质特征的标记——对我们的意识来说一种本源性、纯粹性和不变性是需要的。不是先

① ［德］康德：《纯粹理性批判》，邓晓芒译，人民出版社 2004 年版，A107，第 120 页。

验统觉作为一个东西（意识）将别的意识都纳入一种纯粹性和本源性的意识中来，而是我们意识作为意识本身就具有这种功能和特征。用康德的话来说先验统觉就是“意识统一性的先验基础”，通过它我们拥有了属于我们自己的意识、拥有了自己的内心活动。所以，从先验逻辑的学理角度讲，就意识的同一性和综合的统一性的可能性而言，先验统觉是需要的，先验统觉构成了综合的统一性的基础。由此可见，康德这里对意识的分析本质上是现象学的。与海德格尔现象学中对现象的直接的现象学分析不同，康德是由一种逻辑理路而让“现象”本身成为问题，或者说通过一种逻辑的追问的理路让“现象”出现并由此来分析此现象。

前面说过，为了让我们和本性的对象打交道，我们必须将直观中表象的东西、把过去的现在给重新表象出来并给予保持。这就意味着我们能在重新直观的意义上（方式）来回到我们以前（过去）所直观到的东西。但是我们凭什么来保证我们现在重新所直观到的东西（想象力的再生）就是我们以前所直观到的东西。或者说我们重新回到过去的可能性何在。很显然，我们之所以能回到以前，我们之所以能够把过去的东西再生出来的关键原因就在于我们能“认定”我们现在直观到的东西与我们以前所直观到的东西是一样的。“我们能这样做只是因为我们能认定我们现在直观到的东西与我们以前所直观到的东西是一样的。”① 这也就是说，我们之所以拥有一个过去的时间视域的原因就在于我们能认定我们现在所认识的对象与以前所认识的对象是同一个东西，也就是康德所说的我们“意识到我们在思的东西恰好正是我们在前一瞬间所思的东西”。由此可见，没有认定的综合，也就是说没有“认定”的活动，我们是不可能有所谓的“再生”的，而没有再生的综合就没有领会的综合，所以认定的综合对我们前两者都有构成意义。

很显然，这个认定的活动就是一种“视为同一的行为”（the act of identification）（同一化的综合行为，the synthesis of identification）。如果没有这个“视为同一”的认定行为，我们永远都不会形成对某个对象的认识。为了我们能形成认识，为了我们能把众多表象都联结到一个认识（cognition）中来，我们的心灵必须意识到（be aware of）它自己行为的同

---

① Martin Heidegger, *Phenomenological Interpretation of Kant's Critique of Pure Reason*, Translated by Parvis Emad and Kenneth Maly, Bloomington: Indiana University Press, 1997, p. 244.

一性。同样为了能让具有亲缘关系的各个表象能联结到关于一个对象的表象中来，我们必须意识到我们自己的意识的统一性。“因为就是这样的一个意识，把杂多逐步地，先是把直观到的东西，然后也把再生出来的东西，都结合在一个表象中。”① 康德正是把这个对意识的统一性的纯粹意识叫作先验统觉。在康德看来概念中所思的统一性正是来源于这个具有先验统觉意义的意识的统一性，因此概念来源于统觉。那么这个“对意识的统一性的纯粹意识”到底是什么意思呢？很显然，这里的“意识的统一性”是就意识的经验运用而言，而其先验意义并没有被说明。而“对意识的统一性的纯粹意识”正是对意识的先验意义的说明，也就是就意识的先验本质说明。“对意识的统一性的纯粹意识”表达了一种关于对象的统一性的先天可能性，同时更说明了一种先验意识的可能性。

就概念中认定的综合而言，在康德那里似乎没有时间问题。其实通过以上论述我们发现，在海德格尔看来，这第三个综合实际上构成了前两个综合得以发生的视域。没有第三个综合，前两个综合是无从发生，最后一个综合其实出现在前两个综合之前，因为它事先构成了那个让前两者发生的视域。“在同一化的行为中（In identifying，指视为同一的行动）——这同时意味着领会与再生——我们已经是在等待一个存在者们的统一性了。”② 其实，如果没有一种对存在者统一性的事先给予，我们也不会给存在者以统一性。这个事先的统一性的给予至少对我们来说是必须要意识到的，这也正是一种本源的先验意识的本质特征。这也就是说，我们从来不是从一个绝对的现在来开始我们对对象的直观的把握。在直观的把握之先，已经有一个存在者的相互联系的统一性背景给予了。我们之所以能认定我们过去认识的对象是我们现在要认识的对象（a=a），同时我们之所以能在各个表象之间能形成一种关系（a是b）的统一，原因就在于我们事先把我们要认识的东西（存在者们）把握为一个具有统一性的整体。这也就是说，概念中认定的综合不只是向我们表明了我们在直观中和想象力中对存在者把握的可能性，还在于向我们表明了我们认识发生的“事先”，也就是事先打开并制定了“一个”统一性的整体作为我们认识的视

① ［德］康德：《纯粹理性批判》，邓晓芒译，人民出版社2004年版，A103，第117页。

② Martin Heidegger, *Phenomenological Interpretation of Kant's Critique of Pure Reason*, Translated by Parvis Emad and Kenneth Maly, Bloomington: Indiana University Press, 1997, p. 246.

域。在海德格尔看来，这最后一个综合其实是这三个综合的统一性的基础，“为了领会和再生的一般综合能够发现一个在它里面它们能够依于它们所显示和面对的东西——也就是说把这些东西作为存在者接受下来——的一个封闭的、被围的存在者视域，它（第三个综合）事先探索并始终密切注意着那个同样事先在我们之前被拥有的东西”①。正如康德所说，第三个综合是一种勘察和探索。这个探索在海德格看来就是对那个一般地能够让某物到来的视域的探索，是一种“前构形”，是一种前认识的综合（synthesis of pre-cognition）。在这个视域中，某物能够以某物发生出来，或者对康德来说某物被认为是某物（a 是 b）。这个探索本身就其纯粹性而言其实就是一种“先行承担”（Vorhaften），也就是未来的“源构成”。正如康德认为经验意义上的“前形象”（Vorbildung）来源于经验的想象力，那么同样按照康德主观演绎的基本思路这个纯粹的未来的“源构成”就是一个纯粹的先验想象力的行动。先验想象力使“未来”在我与对象的关系中到来。先验想象力在自己的活动中同样获得了未来的时间构成机制。由此可见，概念中的综合在海德格尔看来也同样是来自先验想象力。

想象力（的综合活动）具有内在的时间构成机制，综合的统一性在于时间的统一性。但要证明这个时间是具有时间性的时间，我们还要看综合所提供出来的统一性本身能不能作为一种“事先给予的统一性”，能不能作为一个“事先的统一性的给予”。事实上，综合作为存在论综合本质上也是由想象力的时间性特征决定的。

三 范畴的起源与其存在论本质

至此，我们可以说我们能说话了（a=a，a 是 b），但我们发现这个我们形成判断的能力本质上是来自一种事先的统一性视域的给予。如果没有这个事先的统一性视域的给予，我们无法形成一种表象间的联结。正是通过这个“认定”，或者说“同一化”的行动，一种作为关于对象的思想成为可能——思想作为一个事件发生了，因而一种制定思想（知性）的东西成为可能。由此，那个让认识发生的“事先”成为主题，但这个“事先”要作为一个具有视域性的“事先”（事先给予的统一性）的一个基本

① Martin Heidegger, *Kant and the Problem of Metaphysics*, Translated by Richard Taft, Bloomington: Indiana University Press, 1990, p. 132.

前提是概念必须构建了这个事先的统一性。所以说，通过这个“认定”(通过对认识何以可能的这个问题的追问，认定的综合是必需的)，我们发现一个事先给予的统一性是必需的。只有这样我们才可以形成一种认定、形成一种“视为同一”，因此一个能构建事先的统一性的概念是必需的，认定的先验基础是必需的。这其实说明了“认定”这个活动向我们提供出了的那种属于我们自己的确定性。或者说，通过这个“同一化”行动我们可以知晓什么对我们来说是确定的（或者说什么使这个认定具有了如此的确定性)。但是，这个事先给予的统一性很显然不能来自别的地方，只能来自我们自己的先天行为。所以这个“事先给予的统一性”只能作为一种“事先统一性的给予”。因此，我们的“认定 ”综合从根本上说就是对统一性视域的“事先给定性”的认定行为，是对这个“统一性视域”的构建的认定。在海德格尔看来，就认定与我们的思想的确定性的关系而言，这种“认定”行为就其存在论意义而言是一种先行承担和先行决断的行为，它本身向我们显明了一种存在论知识（思想）到来的决心。这个“认定”是一种自由的自身给予的决定性活动，是思想本身的一个事件。

是我们综合活动这个现象提供出了统一性本身（像萨特的意识提供自由一样)，而且这个统一性本身按照一种先天综合活动的可能性而言，必须作为一种事先给予的统一性视域。因此，就统一性本身而言，是综合提供出了范畴。这也就是说，我们在关于对象的关联中展现出来的能力本身就是一种统一能力。从我们的能力本身出发我们就可以形成判断、形成认识，我们在和对象之间中所展现出来的能力本身就是一种逻辑的统一性能力。也就是康德所说的，“知性一般来说可以被表现为一种做判断的能力”。所以说，逻辑就是出于我们的本性。因此，从原则上讲（康德语)，我们应该认为我们具有一种纯粹的具有统一性特征的概念，而且正是这个概念把我们的能力制定为我们自己的一种可以和对象发生真实关系的能力。不难看出，康德的范畴的统一性是从对综合活动的分析中获得的，就是那个综合提供出来的统一性。范畴就只是“一般被表象”（represented generally）的纯粹综合，是我们对综合的一种反思而得来的，是对综合行为在思想上的表象。由于**这些概念对我们来说只能用来做判断**（**康德**)，所以我们据此可以认为我们的知性具有纯粹概念。

反过来说，就是综合（判断）的统一性同时是来自范畴的统一性，这正是一个出于原则的事情，是一个制定，是一个决断①。这也就是说，我们通过一种综合活动的分析，最终会带出来一个对我们自身来说是可能的一种逻辑——先验逻辑，这是逻辑和我们的机能之间的契合。那么为什么会有这样的契合？

现在，我们来看一下康德哲学中概念和判断之间的关系问题。从上面的论述而言，我们可以看出这里其实解决了困扰康德哲学研究的概念与判断的同一性问题。我们知道，在康德看来，范畴要与直观相关。“因此范畴超出纯粹知性概念之外，还需要对它们在一般感性上的应用所作的诸规定（即图型），没有这些规定，它们就不是一个对象借以被认识并与其他对象区别开来的概念，而只是为可能的直观思维一个对象的……这么多的方式。”② 但在海德格尔看来，在康德这里，范畴只是与可能的直观相关，因而直观没有对范畴和对知识的奠基意义。“因此范畴就这样扩展到比感性直观更远的地方，因为它们只思维一般客体，还没有看看那种使这些客体能被给出的特殊方式（即感性方式）。”③

在康德看来，范畴只是一般地思维一个在可能的直观中的被给予的客体，而不是在感性直观尤其是纯粹直观（时间）中被给予的客体。这样就使直观不可能作为范畴的基础和起源而具有对范畴的规定意义，那么概念和判断之间的区分就合理化。实际上，“概念的起源的地方不能仅仅并首先位于这样的知性，而是位于一个被直观所奠基和引导的知性”④，直观对我们的概念具有奠基意义。时间作为纯粹感性的纯形式在本质上与范畴相关，它对我们的知识具有起源意义。但是，范畴如果只与可能的直观相关，而不是与特殊的直观形式相关，那么范畴就不是存在论意义的范畴，不可以述说存在，更不会和我们自己的存在相关。因为时间作为我们接受性得以可能的条件，它本身就是我和事物之间关系可能的基础，是我们可以和对象以真实的方式打交道的基本条件，只有通过时间我们才能将某物作为某物表象出来。如果范畴只是思维一个可能的直观，而不是和时

---

① 我们发现了能说明我们拥有自己的（关于对象的那个）思想的契机，因此这个思想本身就是作为我们的事件而对我们的综合行为具有规定意义。

② ［德］康德：《纯粹理性批判》，邓晓芒译，人民出版社 2004 年版，A245，第 222 页。

③ 同上书，第 231 页。

④ Martin Heidegger, *Phenomenological Interpretation of Kant's Critique of Pure Reason*, Translated by Parvis Emad and Kenneth Maly, Bloomington: Indiana University Press, 1997, p. 172.

间相关，那就意味着作为概念的范畴与感性直观不是必然相关，即范畴并不受感性直观的规定，因此也与存在者的存在无必然的相关性，范畴不是“必然地属于人的自然”，而是一种纯粹的在形式上自足的纯粹知性的反思活动。这也就是说一种纯粹概念对我们来说是不可能的。

虽然通过对我们的综合活动的分析可以看出我们具有做出判断的统一性能力（a是b），但这个统一性能力是不是来自一种概念的能力就不得而知了。通过对综合活动的分析，我们只知道我具有判断的能力。所以，康德要认为我们知性具有其纯粹概念，他就必须建立这个纯粹概念与时间的关联。我们说构成范畴的纯粹知性活动—反思—与判断同一就是因为反思与判断一样具有联结的功能，而这个在判断中起联结功能的“系词”本质上与存在相关。根据康德的说法，判断系词是以把被给予的表象带入统觉之客观统一为目的，以便“把给予表象的客观统一性与主观统一性区别开来”[①]。也就是说，我们使用系词是为了达到表象物的客观存在。判断表达的是事物的存在形式，判断的联结功能本质上与事物的存在有关、与客体有关。一句话，对我们人类来说，判断本身就是综合性的。在这个意义上，海德格尔认为断定首先是一种情感（affection）的断定，因为“只有当感性直观亦即感官之情感（Affektion）给予断定以可设定的东西同时，这种断定才能把某物设定为对立之物，并因而使之立身为对象（Gegenstand）”[②]。我们知道，判断只有借助范畴才能表象事物，才能与事物的存在相关，才能构造出“客体”。

“倘若没有这种直观，各种存在概念就缺乏与客体的关系，而唯有通过这种关系，各种存在概念才能够获得康德所谓的它们的‘意义’。”[③] 所以，海德格尔认为思维活动（反思着的范畴）本身就与客体相关，即范畴通过感性直观（尤其是时间）而与客体相关。由此，如果康德能建立一种范畴与时间的关联，那么判断就与概念同一，所以由判断表引出范畴表是可能的，因为判断作为一种知性的能力本质上是属于我们一种活动现象的，我们可以通过这些活动现象来发现其基本形式。但这个引出从根本上讲不是对范畴的本质的回答，而只是一种发现它们的线索，因为范畴与

① ［德］康德：《纯粹理性批判》，邓晓芒译，人民出版社2004年版，B142，第95页。

② ［德］海德格尔：《路标》，孙周兴译，商务印书馆2001年版，第537页。

③ 同上。

时间的关联对范畴来说才显得更为根本。

紧接着上面的问题：为什么我们机能和逻辑之间有这样的契合呢？这也许来自哲学家的洞察力，也许在我们的思想的开端那里存在与思想就共属一体了，也许这就是我们的一种存在命运（规定）。同时，康德如果不这样做康德也许会失语，因为逻辑已经构成了那个时代的主题，只是还没有人能够对逻辑自身提出的问题做出自己的回应，没有人能够将逻辑与存在的同一性在一种纯粹的“我”的领域给予解决。康德在此正是这个回应者。

在海德格尔看来，这正是所谓的柏拉图的“洞穴”的问题。“我只能通过由光亮进入黑暗来进行解释和理解。我不能由黑暗进入光亮……此在的洞穴……只有在光亮下才是可把握的。”① 这也是康德从逻辑来说我们自身的（知性）的能力的原因，也是康德从概念的统一性出发来说明知性的原因。但问题就在于从概念的统一性出发来说明的知性不一定就是我们的知性，或者说我们从何处来保证这个从统一性来说明的知性就是我们自己本身的一种能力呢？这个知性凭什么来确定它自己的那种主体属性和自我属性呢？这个问题的更进一步的问题就是知性的有没有纯粹概念？如果有自己的纯粹概念，那么这些概念（范畴）就必须具有存在论的本质。否则，我们根本无法通过范畴的综合统一性来说明我们自己的知性。所以，对康德来说，范畴必须具有不同于普遍逻辑的概念的存在论本质。我们说范畴具有综合的统一性的原因就在于在一种综合的统一性的把握活动中体现了我和物的相遇性质，同时更重要的正是这种我和物的相遇性质（存在关联）使一种知性的纯粹概念成为可能。这也就是说，对康德来说范畴是如何可能的，范畴到底来自哪里，它的本质到底是什么。

范畴是通过对一种综合活动（现象）所提供出来的统一性而得来的。但我们发现这只是对一种现象学的方法运用，它的路径是综合—统一性—范畴。因此，这里所谈的综合现象不是一种存在论综合，而是出于一种现象学的需要而被造出来的。难道康德真的是为了一种逻辑的需要而去发现我们的现象的吗？很显然这样发现的现象并不能被保证为真正的属于我们自己的“现象”。也许康德是不想这样做的，而是通过我们的“源始现象”

① Martin Heidegger, *Phenomenological Interpretation of Kant's Critique of Pure Reason*, Translated by Parvis Emad and Kenneth Maly, Bloomington: Indiana University Press, 1997, p. 271.

而让逻辑成为可能，也就是说让一种先验逻辑成为可能。那么现在对康德来说最基本的问题是：是什么把综合这个东西制定为我们的“现象”。或者说，是什么让康德哲学被理解为一种存在论的现象学？或者说，在康德哲学中是什么让综合作为存在论综合的呢？很显然，对这个问题的回答同时也是对逻辑的本性的回答，当然也是对范畴的本质和起源的回答。

我们知道，想象力综合（三重综合）发生的一个基本前提是一个视域性的“事先的统一性的给予”。那么现在对我们来说这个给予是如何可能的？综合总是将对象的内容带向概念，这就要求规定综合行为的那个“事先的统一性”总是要朝向对象的，否则我们也许会把那些在现实中不存在的东西的表象带向概念。现在的问题是，这个“事先的统一性”的朝向对象是如何可能的？或者说，我们关于对象的思想的确定性由何而来——我们凭什么能这样认定？在海德格尔看来，这个“事先的统一性”的“总是朝向对象”是源于我们的存在本身——我们总是与对象一道存在。这个认定本质上只能起源于一种对我们的存在之此（Da）的领会，那么这个认定的综合其实表达我们主观的意识所具有的客观意义（存在意义），它其实就是属于我们的在世现象。

这个“事先的统一性的给予”的可能性在于我们对自己存在的领会。领会如何可能，那是因为想象力（这个问题前面说过）。想象力为什么能带来这个对知觉的施加行动（领会）呢？很显然，原因就在于想象力的时间性特征——时间是能显示存在之意义的那个东西①。由此，我们可以

① 这里注意的问题是，对康德来说，什么样的时间才是具有时间性的时间，也就是说时间时间化的契机在哪里，或者说这个时间怎么才会是一个时间性的到时。其实康德哲学中时间时间化的问题是一个最难回答的问题，因为只有这样的时间才是一个与存在有关的时间。虽然这里我们通过这个“事先的统一性的给予”在一定程度上回答了时间的时间性。但事实上这个回答与海德格尔的“逸出态”时间是有差别的，这里更多是通过一种具有时间性的时间来说这个“事先的统一性的给予”，只是通过康德哲学的内在可能性而言来对康德提出了一个对具有时间性的时间的要求。也就是说，按照先验哲学的内在可能性而言，一个具有时间性的时间是必需的。所以，海德格尔在此的主要任务就是在康德的论述中来发现那个具有时间性的时间——那个作为“自我激动”的时间其实就是这样的时间。先验哲学中时间的时间性问题解决的可能性在我看来是以回答“真正知识的发生”（由于自下而上的演绎本质上要求一种自上而下的主体的统一性的通达）问题为指引的，否则在康德哲学中就根本不存在时间性这个问题。海德格尔的这种现象学方法的介入的直接后果就是让他对先验哲学的时间追问成为可能，即让时间的时间性成为问题。通过时间性，他才能把康德哲学由知识论和方法论引入存在论。

看出，是时间让一个“事先的统一性的给予”成为可能，是时间让综合作为存在论的综合，是时间让现象作为“我们的源始现象”，是时间让一种先验逻辑成为可能。这也就说明康德哲学从思想性上和其内在可能性上讲是从存在论的现象走向逻辑的——逻辑本质上是出自我们的本性。因此，先验逻辑本质上是一个人的形而上学问题，康德哲学是对形而上学的一种存在论奠基。

那么，我们反过来看一下范畴的本质和起源问题。从对第三个综合的论述中，我们发现从学理的现象学的方法上来说，是综合提供出了范畴。但是综合属于我们的现象这个事情本身就向我们显明了那个“认定”活动的先验基础——概念。当然，这个概念是一个知性的纯粹概念，因为康德就是把这第三个综合归于知性的。但是，一个“事先的统一性”是如何可能的呢？虽然认定活动向我们显明了这个事先的统一性，但是在这里“事先统一性”如何并没有回答。这个如何的回答决定了这个认定的全部可能性。对康德来说，这个问题就是要回答范畴如何构建了这个事先的统一性，也就是范畴如何先天地构建了对象本身、构建了那个先验的亲缘性。答案只能是范畴把自己的逻辑意义上的统一性制定为一个对对象本身构建的规定。范畴是如何做到这一点的呢？在海德格尔看来，范畴只有起源于时间（想象力）时，范畴的“朝向对象”才是可能的，只有这样范畴才属于一个纯粹知性的概念。范畴只有起源于时间，范畴与对象之间的才是先天可能的。这样就规定了范畴的统一性总是一个关于存在者的统一性。所以，**范畴本质上是一个反思着的概念，是一个能对自己的统一性功能的运用形成反思的概念，并因此始终能关注着（反思着）自己的运用**。

因此，对范畴来说，一个事先的对象统一性（对象本身）构建是先天完成的。简单地说，正是范畴的时间起源决定了范畴的存在方式。“如果作为一种概念中认定的综合的知性的综合与时间有关，同时如果仅仅来自这个作为知性的活动的综合，这就是说，如果这三个综合在时间的基础上互相关联，那么范畴的起源是时间本身。”① 事实是，我们确实发现这三个综合的相互关联的基础就是时间，而且第三个综合是与那个最为根本的未来的时间有关。不难看出，对范畴起源问题的回答其实就是对“先

① Martin Heidegger, *Phenomenological Interpretation of Kant's Critique of Pure Reason*, Translated by Parvis Emad and Kenneth Maly, Bloomington: Indiana University Press, 1997, p. 247.

验如何可能”问题的回答——范畴起源于时间只是按照康德哲学的内在可能性而言，用康德的话说就是：“一般可能经验的先天条件同时也是经验对象的可能性条件。”①

根据康德先天—先验的进路，这个事先给予的统一性本质上只能被理解为一个统一性的事先给予。这是一个纯粹的自身给予，而不能靠别的什么来给予。前面说过，这个给予只能来自我们对自己的存在领会，只能来自想象力对自己行为的规定（想象力把自己制定为一个施加在与对象有关的知觉上的一个东西）——正是想象力的时间性特征使一种领会成为可能。想象力只能是一个与存在有关的具有时间性本质的时间，否则领会这个事情对康德来说不可能发生。如果领会不是一个存在论意义上的领会，那康德哲学中那些众多概念之间的和谐关系就是不可思议了的，整个康德哲学都是一种巧合和碰巧，没有来自“事情本身”的力的保证。时间给予的事先的统一性本身向我们显明了我们作为一个主体的那种存在论基础。或者说，时间在此向我们显明了我们主体的主体性之所在，但并没有回答范畴是作为对象的对象性。时间给予的事先的统一性和范畴的统一性不是一个意义上的统一性。但是，如果范畴的统一性不是根植于这个统一性，那么范畴的统一性就不可能了，因为我们自身只能给予这个统一性。所以说，范畴的综合统一性（统一性的朝向对象）只能来自时间给予的这个统一性。也就是说，范畴的综合统一性本质上只能是一个存在论意义上的主体的统一性的自身给予。通过范畴我们不但发现了我和对象的相遇性质，而且同时向我们显明了这个相遇的如何可能。显然，这个相遇的可能性就在于一个在康德看来的存在论意义上的主体的可能性，而能说明主体之主体性的在康德看来就是统觉。这也是康德在第三个综合那里提出统觉这个问题的关键所在，在对知性的综合活动的考察中一个能标明主体主体性的东西（即统觉）是需要的。这同时也是对知性和统觉关系的回答：知性意味着统觉。范畴向我们启明了我们存在及存在方式，我和物的相遇的如何可能只有那我把握为一个存在论意义上的主体才是可能的，这正是范畴的存在论本质，同时也是范畴得以起源的一个存在论境遇——范畴在此向我们启明了这个存在论境遇对我们自己而言的一切可能性。总体来说，就是“认识如何可能”“先天综合判断何以可能”这个总问题启

① ［德］康德：《纯粹理性批判》，邓晓芒译，人民出版社 2004 年版，A111，第 122 页。

明了我们的存在。

存在论只有根据某种现象学才是可能的。康德首先是通过综合走向“统一性”，然后通过统一性这个事情得出范畴，紧接着再通过范畴来引出一个可以标明主体之主体性的统觉。这个路径本质上是现象学的，这个路径的最后是那个“事先的统一性的视域的给予”，而能给出这个东西的是领会（这个问题在直观中领会的综合中说过），而领会的可能性就在于想象力的时间性特征，同时想象力之所以这样的限制自己的行为（把自己施加在与存在者有关的知觉上）的原因就在于时间与存在的那种关联。不难发现，康德哲学只有作为某种存在论才是可能的。范畴作为范畴的本质就在于其存在论本质，就在于其时间起源：范畴本质上作为存在论谓词。

同时，由范畴的存在论本质来看，一个主体（统觉）对康德来说必须是可能的，一个存在论境域以及与之相关的能使这个境域成为可能的视域（时间）必须是可能的——一个具有时间性的时间对康德来说必须是可能的，一个存在论意义上的主体（自我）必须是可能的。总起来说就是：时间和我思之间的决定性关联必须是可能的。由此，我们进入这些问题，看看在康德哲学中这些东西是如何可能的。

第四章　时间、自我与存在

至此，我们看到通过海德格尔的解读，康德的先验想象力具有了时间的内在构成机制。就先验想象力作为一种纯粹的时间构成能力，也就是让时间生发出来而言，它就是源始时间。先验想象力与时间同一，先验想象力首先获得了那个会让存在之意义显现的可能的时间视域。海德格尔将想象力解释为我们的根本能力的目的不是简单地说明我们是一个可以进行认识活动的认识主体，而是要说明是先验想象力创造了一个视域，在这个视域中两个存在者的照面成为可能，并因此使主体成为主体、客体成为客体。在这个视域中一种自我的出现成为可能，世界的出现成为可能。因此，在这个视域中一个具有行动能力的主体不只是一个具有理智能力的主体，而且是一个具有自身领会能力的自我。世界在此出现，主体和客体的照面只有作为两个存在者的照面才是可能的，而两个存在者的照面只有以某种世界的形成为前提。在海德格尔看来，源始世界的核心居于此在本身之中——在先验想象力之中。“先验想象不能被称为主体，因为它是超越的核心，即世界的特殊筹划的核心，确切地说，主客体对立便是由此而起。但是，先验想象确凿无疑是人之自我的核心。因为最能从根本上表明认知者的自我具有有限性特征的主要是其超越性，而不是其主体性。”①

但在康德哲学中时间真的可以成为一个可以显示此在的存在意义的视域吗？在康德哲学中，时间到底在何种意义上与人的存在是彼此密切相关的。很显然，这只有说明时间是那个能让主体（我）与对象之间的关联作为一种境域关联的视域时，这个问题才可以回答。

要论述康德哲学中时间与存在的问题是一件很艰难的事情，因为在康德哲学中时间在何种意义上与人的存在相关，以及由此相关的对主体和自

---

① ［美］约瑟夫·科克尔曼斯：《海德格尔的〈存在与时间〉》，陈小文等译，商务印书馆2003年版，第264页。

我的理解都不明确。所以要论述康德哲学中时间与存在的问题，我们必须经过一条漫长的思想道路以剥离出康德哲学中这些基本概念的基本含义，而且我们只能就康德自己哲学的内在可能性来说这个问题，而不能从海德格尔的思想来说这个问题（虽然这个问题与海德格尔自己的思想有关）。下面我们就逐步地剥离出在康德哲学中的一些与存在相关的概念的基本含义。

第一节　统觉与主体性

一　统觉与主体的何以可能

先验想象力使对象获得了一种表象的存在方式，这种存在方式的获得是通过它让时间的到来而实现的。在海德格尔看来，如果没有时间的到来，即便我们获得了表象，那也不是一种存在方式，因为它没有显明存在者的存在——我们要与对象具有一种存在论意义的关联。没有时间，任何表象都不能把握为“我的表象”。或者可以这样说，没有时间即便我们表象了对象，我们也无法说明表象就是我们关于对象的表象（因为我们没有纯粹直观赋予我们的那种自我确定性——自我定位）。

由此可见，时间是自我意识的前提（时间和先验统觉正是在此意义上相关），它本质上与自我相关。正如康德所说，时间是我们内感官的形式，也就是我们之所以能接受外在某物的刺激和对这个刺激的后果形成一种自明性的直观（我在直观中表象某物对我来说是自明的、直观的）。同时，更重要的是时间作为“自我激动”，它本身就可以作为一个让我和对象之间的境域关系成为可能的视域。通过这个视域，一种存在论的领会成为可能，一个对自己的行为的自我约束成为可能。因此，时间对我们来说是一种纯粹直观、一种纯粹的自我激动——它在我们主体中。在时间中我可以先天地构造我和对象之间的境域关系（是对象立身为对象）从而在此基础上来把握某物。按学理说，通过此把握行为会使一个具有存在论意义的主体（自我）到来。这也就是说，时间让我和对象之间的关系展现为一种境域性的存在论关联，而这与想象力作为我们自己的基本能力构建了时间并同时把时间保持在敞开之中有关，这与时间本身作为一个可以显示我们存在之存在意义的视域有关。但我们知道，在康德哲学中，康德自己并没有这样认为，而是将我可以把握某物，并在此把握中能对我们自己的存在进行规定的原因都给予了先验统觉。

就先验统觉而言，我们首先看一下康德提出这个概念的理由以及他提出这个概念的目的。康德首先是在论述概念中认定的综合时提出统觉这个概念，并认为统觉是这个综合的纯粹形式。也就是说，只有从统觉出发，这个综合才是可能的。对这个综合来说，一个能标明主体的统觉是必需的，或者说一个主体的出现是必需的。那么康德为什么在这里提出统觉这个概念呢？我们从前面的分析可以看出，在范畴（概念）和知性之间其实存在一种所谓的“洞穴”的问题。康德只能从统一性出发来说某种属于我们自己的能力，同时康德也要通过对这个能力的说明来说明一个能立身为自我的主体出现。否则，我们可以说康德哲学中是没有主体的，因为这样只由逻辑出发来说明的主体是一个逻辑的推理物，而没有一种现实的能力的展现。或者说，在康德哲学中主体是客体和对象成为可能的需要而造出来的，关于主体的存在并没有得到来自其自身的保证——主体的主体性何在并没有给予明确的回答。我们知道通过以上三重综合的论述我们可以说我们有能力和对象之间建立真实的关联。通过以上以自发性为基础的三重综合的论述（必须注意康德提出的自发性是三重综合的基础这个观点），康德其实证明了我们具有和对象打交道的能力，因为我和对象的关系对我们来说是先天可能的，也就是说我们拥有对象成为对象的主观根据。

但是，即便康德使我和对象之间的关系成为可能先天地得到理解，但主体到底是什么他还没有提供出来。他只是说明了一个“事先给予的统一性”对综合来说是必需的。那么问题就是这个事先给予的统一性说明了什么呢？同时这个事先的统一性是如何被给予的呢？而且，这个给予活动能不能提供出一个主体来？也就是说，这个给予活动能不能表现主体的本质。三重演绎虽然回答了对象成为可能的主观根据，但并没有给这些能作为主观根据的自发性本身的统一性及其意义给出充分的主体性说明，同时更没有说明主观根据的主体性意义，因为我们也许有很多种主观性的东西可以成为主观根据，为什么偏偏是建立在自发性基础上的东西才可以构成对象成为可能的主观根据呢？这也就是说，自发性和我们可以作为主体这个事情之间应该有一种本质性的关联，所以康德必须要阐明这些主观根据之于主体自身的意义，并由此也说明了为什么是这些主观的东西（三重综合）而不是别的主观的东西（如做梦）可以成为对象成为可能的先天根据。总之，康德必须说明这些主观的东西何以成为根据这个事情。综观整个先验逻辑学，我们发现，康德说某种主观的东西让对象成为可能的目的是说明我可以以自己的方式（以可以形成知识的把握的方式）和对象相遇。这就说明在康德看来，就我和对象（存在者）之间的相遇而言，这个主观的东西必须能在我与对象的相遇中体现出“我”来，以使我能作为主体而存在。这些主观的东西其实就是我作为主体（与对象的关系而言）的本质的表现方式①。其实，在康德看来，三重综合正是以一个具有自身性的“我”（这个“我”在和对象的关系中叫作主体）作为前提的。

康德认为统觉是第三个综合的纯粹形式，并且是综合的统一性的基础。但是海德格尔并不认为我们应该把统觉与第三个综合的形式相等同，虽然这个综合比起前两个综合来具有和统觉更特别的关联②。统觉作为第三个综合的形式只是说明了综合活动所必须具有的一个条件，是对统觉的基本特征的说明。这本身是由先天综合本身向我们启明的一个条件，是一个现象学的道路问题，在这里现象学还没有被把握为存在论的现象学。更重要的是，这里根本没有回答统觉作为事先统一性对我们来说是如何可能的问题，没有回答这个“如何可能”对我们作为主体这个事情的意义，更没有对作为本源意识的统觉本身的本质进行分析。

康德在讨论统觉之先首先讨论了关于对象的本质问题。在海德格尔看来：“……康德在与一个关于对象的本质的讨论的联系中来说明先验统觉的本质。”③ 关于对象的本质问题，康德在这里提出了先验对象（等于X）的概念。“从现在起，我们将可以对我们有关一个一般对象的概念作出更为准确的规定了……这些现象不是自在之物本身，而只是一些自身又有自己的对象的表象，而这一对象则不再能够被我们所直观，因而可以被称为非经验性的、即先验的对象，等于X。”“有关这种先验对象（它实际上

① 这些主观的东西表现了主体作为主体在和对象关系中的活动方式和本质，虽然它们不是主体本身，但它们必须来自主体自身，从而成为主体的本质的表现方式。

② 第三个综合使一种事先的统一性成为必需，向我们启明了我们必须在我们之中去发现能提供事先的统一性的东西——统觉。

③ Martin Heidegger, *Phenomenological Interpretation of Kant's Critique of Pure Reason*, Translated by Parvis Emad and Kenneth Maly, Bloomington: Indiana University Press, 1997, p. 249.

在我们的一切知识中是永远等同于 X 的）的纯粹概念，就是一般来说能够在我们的一切经验性的概念中带来与一个对象的关系，即带来客观实在性的东西。”[①] 我们所有关于存在者的经验都依赖于一个先验对象的纯粹概念。没有这个先验对象的纯粹概念我们不会在经验中形成与一个具体的对象的关系。只有具有了先验对象的纯粹概念，我们才可以在经验中依照某种规则来对对象进行比较、抽象等活动。这也就是说带给我们和外在的某物（对象）的关系的东西在康德看来与先验对象的纯粹概念有关，正如能带给我们和对象的存在论关联的是时间和想象力一样（这里要弄清楚的就是这个先验对象的纯粹概念与统觉的关联以及最终与时间的关联）。

但是我们知道，这个对象的概念不能通过我们的经验而得来，而是它对我们来说是先天可能的。这也就是说在康德哲学中对象的对象性或者说客体的客体性同样也在我们主体之中。那么对康德来说对象到底是什么？什么是对象的本质（对象的概念）呢？我们所说的一般对象（object in general）或对象的概念到底是什么意思呢？现在我们首先回顾一下康德提出的对象概念这个问题对我们知识的必要性，然后来回答这个问题。对康德来说，对象成为对象，对象之所以能置于我们的对面原因就在于我们自己的能力。“因为我们在我们的知识之外毕竟没有任何东西可以置于这个知识的对面与之相应的东西。”[②] 同时就知识与对象的关系而言，一个对象的概念是必需的。“我们的知识并不是以碰运气或随意的方式，而是以先天的方式被规定的，因为由于这些知识应当与某个对象发生关系，它们也就必须在与该对象的关系中相互间必然地协调一致，也就是必须拥有那构成一个对象概念的统一性。”[③] 很显然，康德这里首先是认为我们只有通过我们自己才能把对象置于我们的对面，同时为了让我们知识与对象之间具有一种依照某种规则的协调性和一致性，我们必须拥有构成一个对象概念的统一性。康德在这里所说的“对象概念的统一性”到底是什么意思？关于对象概念的统一性，关于为什么从知识与对象的关系的协调一致中要引出对象的概念的存在方式（对象的先验的存在方式）。这首先是为

① ［德］康德：《纯粹理性批判》，邓晓芒译，人民出版社 2004 年版，A109，第 121 页。

② 同上书，A104，第 118 页。

③ 同上。

了回答对象如何可能的问题，同时也说明了这种关于知识和它的对象的关系所带有的必然性的先验基础——回答对象的对象性之所在。对这句话的深入理解其实关系到我们对前面所说的第三个综合的理解。在我看来，海德格尔对第三个综合与时间的关联的论述之所以很模糊，原因就在于他没有对这句话进行解释。虽然事实上海德格尔的结论是与康德的思想基本一致的，但它并没有就康德自己的思想的具体剖析来得出自己的结论。

康德在此的意思是：为了让我们和对象之间的关系成为可能，我们事先必须具有一种纯粹的先天的关于对象的整体把握，我们事先要先天地与对象相遇；只有从这个相遇出发，我们才可以把对象领会为对象自身，从而对象对我们的认识具有规定作用，我们的认识才总是朝向对象的；同时只有从这个相遇出发，我们事先给出的统一性才会在一种综合活动中起到规则的作用，即我们才可以形成一种自我约束、将想象力只施加于与现实对象有关的知觉。康德在这里用“概念”这个词来标明我们的能力的表达方式无非是说这个构成是先天的、纯粹的、非经验的，因为在康德那个时代逻辑学的词汇最能说明某种东西的非经验性了。那么康德这里在概念之后加一个“统一性”的目的是说明我们关于对象的先天的纯粹的把握的整体性，因为只有在众多的作为一个统一的对象世界中的对象与对象之间，某个对象才是可把握，一个单个的对象是无法被把握为对象的。由此可见，这里所说的“我们必须拥有构成一个对象概念的统一性”的真正意义就在于对对象的对象性之所在的揭示——在我们主体之中。现在，我们就不难理解海德格尔在论述第三个综合时所认为的，“第三个综合其实是一种前认知，是把自然（对象）作为一个整体加以筹划并由此与时间关联”。同时我们看出，如果没有这样的“一个对象概念的统一性”的构成能力和事先给予，我们也无法在概念中形成一种认定的综合，因而对象就不可能成为我们的对象而出现。

在概念中要实现一种认定的综合，某种事先的在我们主体之中的一个对象概念的统一性是必需的。虽然康德在这里强调的是我们“必须拥有那构成一个对象概念的统一性”，强调的是我们拥有构成这个统一性的能力。但事实上，在概念的认定的综合开始之前，我们必须事先就具有这个统一性（事先具有对象概念），否则在这个综合中就不会完成一种同一性的认定。而能提供这个事先的对象概念的统一性的东西只有出自我们自身的一种能力，这个能力在康德看来就是统觉。对象的概念是我们形成概念中认定的综合的前提，但对象的概念（概念作为对象的概念必须具有统一性）的给予依赖于我们的一种能力——统觉。这里我们也可以看出为什么海德格尔认为第三个综合与统觉的关系显得更为密切的原因。其实，只从这一点出发，我们同意康德的观点：统觉是第三个综合的纯粹形式，因为我们发现，从第三个综合的可能性出发，一种本源的事先的来自我们自身的对象概念的统一性是必需的。这也回答了康德为什么在第三个综合那里会提出统觉的问题。统觉既然能提供出对象概念的统一性、提供出对象概念，或者说让对象拥有一种主观的根据，那么统觉其实就构成了对象本身，构成了对象的对象性。重要的问题是，这个统觉是如何可能的（这关系到意识、时间与主体之间的关联问题）。

因此，海德格尔认为在康德哲学中"对象"的真正意思是："'对象'意味着那个与之相反的东西——与一种随意的、独立的、混乱的将表象结合在一起的方式相反。'对象'意味着那个提供一个关于所有经验知识的事先的先天的规则的东西。这个将所有的经验规定都约束于一个作为规定本身的先天规则的先天约束（a priori binding）本质上同时是对一些特殊规则的所有可能的经验知识的一种先天的统一。这样这些先天的综合规则用一个事先的统一性规定引导着所有的知识。同时这个统一性就是一般对象的概念，这个统一性防止任何随意性并事先规定着任何经验知识。"① 对象在此意味着对那些随意的、任意的、武断的表象的连接方式的拒绝（resistance），同时也意味着约束，这个拒绝是主体给予自己的，是一种自我拒绝。在海德格尔看来，这个约束和拒绝并不是来自一个外在的某物，而是来自我们主体自身。这个拒绝意味着一种自我的显示，"这个拒绝的能力在一种规则和约束中显示着自己"②。很显然这个自我拒绝是来自主体自己，是主体成为主体的核心所在。但问题是为什么这个拒绝在康德哲学中是一个"自我的显示"，是主体的主体性之所在呢？是不是这个拒绝向我们显明了我们作为主体的全部的内在可能性和结构呢？这是问题的关键所在。这对康德哲学来说是要命的，因为这直接关系到康德哲学中有没有主体以及有一个什么样的主体的问题。如果这个拒绝可以作为一种

---

① Martin Heidegger, *Phenomenological Interpretation of Kant's Critique of Pure Reason*, Translated by Parvis Emad and Kenneth Maly, Bloomington: Indiana University Press, 1997, p. 250.

② Ibid..

自我拒绝，那么这个拒绝和约束在本质上就是自由——那个本质上相对于外在的对象来说是来自我们主体自己的东西。

事实上，这个拒绝作为自我拒绝的关键就在于我能不能事先先天地和对象相遇并由此来领会这个相遇的境域的生成意义。从与对象的关系来谈统觉，统觉就是一种给定规则的能力、就是可以事先先天地给出对象概念的统一性的一种能力。由此可见，对象的对象性同时也在我们主体之中，认定的综合才成为可能。这也就是说，在康德看来，就单纯的与对象的关系而言，统觉是必须要提供出一个“我思”表象（现象）来。康德提出统觉这个东西的目的就是让一个主体的出现在他的哲学中成为可能。或者说，康德提出统觉的目的就是给他的哲学中提供出能形成和对象相对的主体这个东西。康德是在主体所以可能的意义上来谈统觉的。那么主体何以可能呢？这本身与统觉的先验本质有关，因此从这个本质出发统觉构成了主体的主体性。

二 统觉与主体性

统觉为什么能提供出一个主体的形象这个事情与统觉的本质有关。也就是说，康德只要证明了一个像统觉这样的东西对我们来说是先天可能的话。那么我们就可以说统觉是可以在与对象的关系中提供出一个主体来。其实统觉作为一个事先给予的统一性不只是具有对象概念的统一性的意义，而更重要的是关于对象的本质的说明启明了一个作为我们自身的现象——意识。我们只要证明了意识对我们而言的纯粹性质，我们就可以说统觉对我们自身来说的那种可能性。同时，这个对我们自身可能的意识还要是先验的，因为这个意识总是与对象的表象有关的意识——还要证明这个纯粹意识同时具有先验的可能性。也就是说，是意识本身的内在可能性决定了统觉作为统觉的——这属于先验如何可能的问题。正如康德所说：“一切必然性任何时候都是以某种先验的条件为基础的。”[①] 在康德看来，这个本源的先验条件不是别的，就是先验统觉。知识和其对象之间的必然性正是由统觉这个先验条件决定的，我们要做的就是找到这个意识统一性的先验基础。

如果某种东西作为条件和基础会带来一种必然性，那么这个东西必须

① ［德］康德：《纯粹理性批判》，邓晓芒译，人民出版社2004年版，A106，第119页。

具有某种力量性的态势（这个东西至少不是逻辑的推理物）。“……对象使之成为必要的那种统一性就不可能是任何别的东西，而只是在对表象的杂多的综合中的意识的形式统一性。”① “意识的形式统一性意味着一种关于一个统一性的意识知识，这个统一性是那些可以提供出来的任何东西的先天规定。”② 这个意识的形式的统一性就是对统一性的意识知识，是对统一性的清楚明白和知晓，是对意识统一性的纯粹意识。先验统觉作为事先的统一性是一个事先的对统一性的知晓。它是一个事先的独立的统一性知识。只有根据于此，任何外在的某物都要事先调整和改变自己以成为我们可以表象的对象。所以说，事先给予的统一性能作为综合活动的形式的关键原因就在于我们总是意识到这个统一性。这也就是说，意识统一性的先验基础就是意识意识到了意识自己，意识到自己的一切活动。这是意识的先验可能性所在，也是意识的本质所在。统觉在此其实是对意识作为先验意识的一种标识，它提供出主体这个事情本身是由意识的先验本质决定的。同时这个事先的统一性的构建和维持（敞开）都是与意识分不开的。这与意识的本质有关，同时也为意识的同一性和统一性提供了一个先验基础。所以，意识作为意识对我们来说本质上是一种纯粹意识，即我们任何的意识行为对我们自己来说都是可意识的，都是清楚明白的，都是用意识可把握的，都是出自我们自身的，从而意识可以成为我们主体的能力的一种的表达和显现。

在此，康德提出的关于统觉的问题本质上是对根据先验主体性的构建来说的，现在所说的对象和知识之间的问题最终关联的是主体性的构建问题。如果我们意识不到意识总是我们自己的意识，那么意识也就不是我们自己的意识。只有这样，意识才是我们的意识。由此出发，意识作为本源的意识才会提供出一个主体来。在康德哲学中，主体作为主体是自身可能的，因为意识总是属于我们的意识。先验统觉（对意识本身的意识）在此标明的无非是我们的主体性之所在。意识的形式的统一性无非是要表明我们事先必须具有一种纯粹的意识的统一性，同时这个具有统一性的意识可以作为关于对象经验的先验条件。康德说为了让知识和对象之间的关系

① ［德］康德：《纯粹理性批判》，邓晓芒译，人民出版社 2004 年版，A106，第 118 页。

② Martin Heidegger, *Phenomenological Interpretation of Kant's Critique of Pure Reason*, Translated by Parvis Emad and Kenneth Maly, Bloomington: Indiana University Press, 1997, p. 252.

成为可能，我们必须拥有那构成一个对象概念的统一性。这个能构成一个对象概念的统一性的东西就是先验统觉——先验统觉标明了主体具有一种构成纯粹的事先的统一性（意识的形式统一性）的能力。就我们对意识的分析而言，虽然已经说明了一种本源意识的可能性，但这个本源意识并不能保证这个事先的统一性的“朝向”，而只是说明了“在我们之中”的那种统一性的贯彻和通达。所以说，这里只是从意识本身来分析了一种本源意识的可能性，但并没有对其先验可能性和存在论意义给予说明。

关于这一点，康德认为：“不过，通常仅仅通过感官而知道整个自然的人，也通过单纯的统觉来认识他自己，也就是在他根本不能归于感官影响的那些行动和内部规定中认识自己，他对他自己来说当然一方面是现相（Phänomen），但另一方面，亦即就某些能力而言，则是一个单纯理知的对象，因为他的行动根本不能归入感性的接受性中。”① 我们是通过统觉来认识我们自己。“知觉（percipere）意味着把握（grasping），同时统觉（ad-percipere）意味着随同……一起把握（grasping along with）。但是这个‘随同……一起把握’不是意味着直观现实的某物，而是一个行动的把握，一个真正地在行动中对自己（oneself）的把握。它意味着在行动方面来把握自己；在‘我能够’（I am able to）和‘我能’（I can）意义上来拥有自己……统觉意味着自我拥有。这个在 ad-percipere（统觉）词中的‘ad’不是说某种东西仍将要被增加。而是‘ad’在‘朝向自己’（toward myself）意义上的被意味；‘ad’强调在‘我能’中‘把握自己’；它强调将自己转化入自己（transposing oneself into oneself）。”② 这也就是说，康德的先验统觉向我们表明的是我们是在“我能”意义上来把握自己的，那么我和对象之间的存在事实就构成了对“我能”的一种关于自己的有限性的启示。统觉意味着自我拥有，在统觉中思想能够意识到它的行动和它的能力并因此能把自己意识为一种能力（faculty）。那么，我和对象的关系成为可能的原因同时也在于“我能”。我的一切行为的本质就在于“我能”，是“我能”让我们把行为把握为我们自己的。我们的一切行动的根源都在于“我能”，都来源于我们自己。“我能”其实决定

① ［德］康德：《纯粹理性批判》，邓晓芒译，人民出版社 2004 年版，B574，第 442 页。

② Martin Heidegger, *Phenomenological Interpretation of Kant's Critique of Pure Reason*, Translated by Parvis Emad and Kenneth Maly, Bloomington: Indiana University Press, 1997, p. 254.

了我们主体的存在模式，我们的有限性的直接意义就是这个“我能”。在海德格尔看来，这种对自己的能力的意识（awareness of capability）是主体首要的存在模式（作为主体，它必须对自己的能力有所意识）。由于在统觉中，思想是来自它自己并因此作为思想本身，思想只关涉它自己，统觉因此可以被表达为一个“我思”（I think）。这是统觉之于主体的意义：在“我能”意义上来把握自己。这表明由统觉提供出来的主体必须是一个具有自身性的自我，必须是在“我能”意义上来把握自己的主体。

在康德看来，只有先验统觉才能产生出“我思”表象（现象）。统觉作为自我意识的先验的统一，只有统觉能提供出“我思”这个表象（现象），思想才可以作为我们自己的一种源始的存在方式，或者说作为我们自己的源始现象（思想与存在的同一）。否则，可以这样说，如果事情不是这样，即便我们思想了，但我们无法回答这个思想活动之于我们自身的意义——思想不足以构成作为我们本质特征（能力）的表达方式。对康德来说，他提出统觉这个东西的目的就是让统觉提供出一个“我思”现象来。或者说，康德就是从原则上证明一个可以思想的主体是存在的。至于这个“我思”为什么如此这般的思，那只有在其与时间的关联中才能说清楚。统觉和“我思”在本质上是一回事情。统觉与“我思”表达的是一个意思：“我能”——强调我的行动和活动的能力特征，即强调从我们之中产生出先天知识的可能性，强调我能用出自自己的方式来表达自己的本质，从而拥有自己。“我能”决定了我可以用思想的方式来存在，能在与对象的关系中来存在。那么在那种意义上说统觉是先验的？

现在我们来看看这样一个概念，它并未被列入上面的先验概念的一览表中，却必须被算入该表之中，而并不因此而对那个表有丝毫的改变和说明它有什么缺点。这就是这样一个概念或如果愿意的话也可称为判断：我思。但很容易看出，这概念是所有的一般概念的承载者，因而也是先验概念的承载者，所以它在这些总是伴随着它的概念之间形成起来，因而本身同样是先验的。但它不能有任何特殊的称号，因为它只是用于把一切思维作为属于意识的东西来引述①。

先验统觉或“我思”作为先验概念的承载者到底是什么意思？在海德格尔看来，康德主要是指出了“我思”作为最原始的范畴，其他范畴

① ［德］康德：《纯粹理性批判》，邓晓芒译，人民出版社 2004 年版，A341，第 288 页。

的运用都是以这个原始范畴作为基本前提。其实，康德在这里说得很清楚，“因为它只是用于把一切思维作为属于意识的东西来引述。”这也就是说，康德提出“我思”这个东西不只是为了说明范畴的运用前提，而是为了回答在思想和意识之间的关系问题，也就是为了回答范畴本质上是属于知性的源始活动。这也就回答了康德为什么能用范畴和概念作为我们的知性能力的一种表达方式的问题。那么，作为原始范畴（a primordial category）的“我思”究竟意味着什么？关于这一点，康德说得很清楚，“‘我思’必须能够伴随着我的一切表象；因为否则的话，某种完全不可能被思考的东西就会在我里面被表象出来，而这就等于说，这表象要么就是不可能的，要么至少对于我来说就是无”[①]。在康德看来，如果没有“我思”这个原始范畴，直观中给予的杂多表象就不会全都是我的表象。也可以这么说，如果没有“我思”，任何统一活动都不会表现为我的活动——没有“我思”就没有主体出现。任何统一活动都要以“我思”的先验统一为基础。“因此在这个关节处，关于先验统觉，康德说到，这个统觉引导一切思想（思维，thinking）作为意识，也就是说，作为统一性的源始知晓。因此，在所有可能变化中的一切综合只有在一个一般地源始的统一性的视域中才能获得。这个视域其实必须是先天的，也就是说必须存在于主体之中，因为它使对象本身成为可能——同时不是经验的东西。那么主体，就它作为活动来说的最内在的存在而言，必须完成这个事先给出统一性视域的源始活动。但是这个作为事先给出统一性视域的源始活动又正是先天地使某物属于一个我（a priori enabling something belonging to an I）。”[②]

正是“我思”或者先验统觉的引导，康德认为“一切知识的逻辑形式的可能性是必然基于对这个作为一种能力的统觉的关系的”[③]。这也就是说任何范畴、概念和判断的统一性都与统觉有关。我们知道，就概念中认定的综合而言，这个综合具有同一化的功能。但为了让这个同一化的综合成为可能，“这个进行综合活动的‘我’必须能够‘对这个同一性的功

---

① ［德］康德：《纯粹理性批判》，邓晓芒译，人民出版社2004年版，A341，第89页。

② Martin Heidegger, *Phenomenological Interpretation of Kant's Critique of Pure Reason*, Translated by Parvis Emad and Kenneth Maly, Bloomington: Indiana University Press, 1997, p. 255.

③ ［德］康德：《纯粹理性批判》，邓晓芒译，人民出版社2004年版，A117注，第126页。

能变得有意识'。心灵必须'使它的行动的同一性保持在它的眼前'"①。这也就是说，为了让具有同一性的综合活动成为可能，这个"我"必须首先是具有其行动的自我同一性。这个具有行动的自我同一性的"我"在康德看来就是由那个"持存的永久的我"保证的。同时这个"持存的永久的我"是由具有"我能"意义的统觉来维持的——我在"我能"意义上来拥有自己。据此，海德格尔认为，统觉意味着自我站立（self-standing），意味着能在自己的行动中拥有自己，意味着能有自己的站立方式，意味着能以自己的方式来站立（以一种确定的由意识而来的思想的方式来站立，因为思想都出自我们自己、都是我们自发性的体现），因此意味着一个"自我"（an self）。但不论怎么说，统觉还是一个本源的先验意识。所以，统觉在此只是意味着一个"自我"的可能性，统觉这个现象只是向我们启明了那个属于我们人类自己的那种自我的可能性。作为意识，统觉原则上只是一个对"我自己"的意识。这个对"我自己"的意识使康德哲学中一个"自我"的到来成为可能。康德自己也是这样认为的，"所以在我的知识中一切意识都属于一个（对我自己的）意识，这是绝对必要的"②。但这种自我意识在哪种意义上同时是一种先验意识呢？一种对自我的意识怎么会带来一个我和对象之间的必然性呢？

统觉不论作为事先给予的统一性，不论是作为一种在自己的行动中把握自己的"我能"，还是作为原始概念，都不足以表达统觉的先验本质。康德在这个问题上的论述是失败的。但至少让我们看到了康德的苦衷：**统觉构建了主体的主体性**。康德虽然从很多方面来说了统觉这个东西的先验可能性，但都回答不了统觉如何成为先验的这个事情。按照康德的语境，当我们说某个东西是先验的时，就意味着它和对象之间的能发生一种思想的（认识的）关系的必然性。正如康德所说："一切必然性任何时候都是以某种先验的条件为基础的……因为这个对象只不过是这个某物，其概念表达着这样一种综合的必然性。"③ 首要的问题是，统觉如何可以成为一个本源（源始）的先验条件（康德只是就经验如何可能的意义上来说这

---

① Martin Heidegger, *Phenomenological Interpretation of Kant's Critique of Pure Reason*, Translated by Parvis Emad and Kenneth Maly, Bloomington: Indiana University Press, 1997, p. 256.

② ［德］康德：《纯粹理性批判》，邓晓芒译，人民出版社 2004 年版，A117 注，第 126 页。

③ 同上书，A106，第 119 页。

个本源的先验条件的必要性，同时通过一种对意识的分析来说明其可能性，但并没有完全说明其先验性）。紧接着的问题便是，为什么一种来自统觉的对象概念就必然能带来一种我和对象的关系（对象的概念为什么能表达一种综合的必然性）。这些问题正是康德哲学中关于统觉思想的困境。就以上康德对统觉的论述而言，我们发现，这种先天的、纯粹的自我意识的统觉并不能完全让我在与外在的对象（物）的关系中表现为一种具有存在论意义的主体。作为一个自我意识的主体更像是一个为了经验得以可能而推论出来的主体。事实上，就康德哲学的内在可能性而言，在康德哲学中统觉如果不能带出一个存在论意义上的（用海德格尔的话说就是出离自身的）主体，那么在意识与思想之间、我和外在的对象之间的关系就没有必然性，统觉就不会作为一切必然性的先验条件，那么康德就实现不了一种意识向思想的过渡。那么整个康德哲学都是一种简单的逻辑推理，甚至像柯亨认为的那样，康德只是从一个事实开始，而后去追问该事实的可能性。因此，统觉必须能够带出一个具有存在论意义的主体来，以使统觉能够作为一种我们知识得以可能的根本能力。

统觉之所以能实现由意识向思想过渡的关键就在于统觉向我们启明了我们的存在之此（Da）。康德之所以面临这样的困境，原因就在于康德先验哲学的出发点不是存在问题，而是知识何以可能的问题。由知识何以可能的问题最终走向的是我们自身的意识，而不是我们自身的存在。这是一种由下而上的追问方式，这样追问的结果是康德会带出一个作为纯粹意识的主体，但不会带来一个与对象一起存在的存在者，也就是说不会带来一个“与世存在”的存在者而与对象之间产生一种境域性的关联。因此，不会把对象领会为一个整体，更不会把“世界”领会为一个“意蕴整体”。但是，在海德格尔看来，康德这个由下而上的追问所得出的最后的那个东西（统觉）会使康德的整个思想的全部内在可能性都在于一个自上而下的可能性。即主体的一切先天的可能性及其这种可能性的确定的表达方式（范畴、思想、知识的逻辑形式等）都由统觉决定的（统觉构成了先验的本质和核心，先验之所以可能就在于统觉）。这就要求由意识所标明的统觉必须能带来一个存在论意义上的主体，而不仅仅是一个认识意义上的使知识得以可能的认识主体。这个存在论意义上的主体不只是一个只会表象对象的“表象意义上的我”，而应该是一个具有自身性的“自我”。所以，统觉之所以构成一切必然性（等于康德的思想的内在可能性）的先验条件的基本原因就在于由统觉标明的主体本质上是一个具有自身性的自我（只有从自我出发，某种主观的东西才可以叫作对象何以可能的根据）。

第二节 时间、图型与存在

这一部分是康德哲学中最难理解的、康德自己没有表达清楚的地方，更是康德自己认为别人不理解他的地方所在。海德格尔对这部分的解读也是很晦涩的，而且表面上看好像是为了把康德哲学弄成存在论哲学而做出的一种解读。但通过我们深入的研究发现，海德格尔对这部分的解读更多是根据康德自己的理解以及按照康德哲学的内在可能性而言的。

一 先验哲学中的意识

康德要实现统觉向一个具有存在论意义的主体，或者说具有主体性的主体的过渡的一个基本前提就是他要形成对意识的现象学阐明。因为如果意识和“我”之间没有一种内在的存在论关联的话，不论他怎么去分析意识这个东西，也提供不出一个具有主体性的主体来。这是他先验哲学的先验要求所致，简单的意识分析是回答不了统觉构建了先验主体这个问题。因此，对先验哲学来说，在意识和“我”之间应该存在着一种现象学关联。如果说先验与我们的此在具有本质性关联，那么作为先验之核心的统觉就必然和我们的此在相关。统觉作为统觉总是由意识标明的，那么这里的问题是，我们对康德哲学中的意识这个东西做何理解。对康德来说，任何思想活动只有通过统觉的引导来说明它们都是属于一个（自我）意识时，这个思想活动形成的知识才可以说是具有真理性的知识，这个思想活动才可以说是出自我们主体自身的活动。这也就是说，意识对我们主体来说是一种确定的活动形式，任何活动只有作为一种意识活动它才属于（出自）我们自己的活动。意识与我们作为主体这个事情密切相关。那么我们现在追问的是，意识凭什么与我们作为主体这个事情有一种密切的关联呢？这个问题的答案对康德来说就是：那是由意识的本质决定的，意识能对意识本身形成意识，意识总是一种对自己的意识（统觉）。我们具有意识的一种形式统一性，而且这个意识对自己的意识行为总是先天的、纯粹的。通过对意识本质的发现，我们可以认为意识是先天的、纯粹的——

也就是说是出自我们自己的（因为我们拥有意识这个事情对我们来说是一个基本事实，作为近代哲学的特点，已经被康德顺理成章地接受了）。这个总是对自己意识的意识（统觉）为什么能与我们作为主体这个事情联系起来呢？因为除了意识之外，我们完全有可能用别的东西来表达我们的主体性本质（如权力与意志）。

按照康德的思路，要回答意识成为我们的一种活动（主体性之所在）的原因在于在他看来意识（统觉）可以提供出一个“我思”的表象来。这个“我思”的表象能够伴随着我的一切表象。依照前面我们讲过的康德由下而上的追问逻辑本质上是由上而下的一种逻辑（必然性）的基本事实，我们可以对“‘我思’能够伴随着我的一切表象”这句话做如下理解：在我们的意识活动中总是有一个能够作为主体的“我”出现，而且这个“我”总是与我们的意识及其表象分不开。简单地说，没有表象便没有这个“我”，“我”总是通过意识在与物（对象）的关系中把自己展现为一个“我”。这也就是说，在康德看来，我要作为具有自己的存在方式的东西（主体）出现总是与意识的运用分不开，像尼采的权力意志一样。就像我们因为拥有纯粹直观而拥有时间一样，我们因为拥有纯粹意识而拥有自己的存在方式（主体）。一种作为纯粹意识的意识对我们来说是可能的，意识本质上是自发的，与纯粹直观的自发一样。康德是在自发性意义上来把握“我”的，“我”而不只是一个“表象的我”。“这也就是说，这个对‘我’的把握总是自发的。”① 就“我”和意识的这种必然的伴随关系而言，我们可以说任何综合活动都是一种“我思”。因为只要思想，只要意识发动起来，这个“我”就会出现。反过来讲，如果没有这个“我”，我们任何思想活动都是不可能。

意识是谁的意识？对象的同一性问题如何解决，怎么保证我们现在意识到的东西和另一个时间意识到的东西是同一个东西呢。因此，意识本质上应该是出于同一个意识（本源意识），意识本质上是作为“我”的一种存在现象，只要有意识，“我”就会出现；同时只要我存在，我就意识。因此，按照先验哲学的内在可能性而言，先验哲学本质上应该是一种现象学。这个（意识）现象带出的是一个存在意义上的“我”，所以康德哲学

① Martin Heidegger, *Phenomenological Interpretation of Kant's Critique of Pure Reason*, Translated by Parvis Emad and Kenneth Maly, Bloomington: Indiana University Press, 1997, p. 257.

本质上是存在论的（因为如此，海德格尔把康德哲学叫作一种形而上学的奠基）。通过康德的这种存在论现象学，康德其实解决了困扰哲学家们的“思想与存在的同一性”问题，同时也回答了思想的表达形式（范畴、判断、命题等）的真理性问题（也就是先验逻辑作为真理的逻辑的问题）。

按照康德哲学的内在可能性而言，这里有一个重要的问题就是：如果康德哲学不是存在论的现象学，康德是回答不了统觉和“我思”之间的关系问题，也就是说统觉是不能提供出一个“我思”的表象。关于统觉提供出“我思”这个表象的问题，康德没有进行什么说明。只是说：“我把它称之为纯粹统觉，以便将它与经验性的统觉区别开来，或者称之为本源的统觉，因为它就是那个自我意识，这个自我意识由于产生出‘我思’表象……我也把这种统一叫作自我意识的先验的统一，以表明从中产生出先天知识来的可能性。”[①] 在《纯粹理性批判》的第一版中，康德把作为一切必然性的先验条件的统觉叫作“对意识本身的意识”[②]。如果在意识和“我”之间没有一种内在的现象学关联，如果意识不是“我”的现象，康德就无法回答这个问题。只有把意识把握为一种“我”的现象，康德哲学中的统觉与“我思”之间的关系问题对我们来说才是可理解的。这两者之间的关系问题直接关系到康德哲学是先验哲学，还是意识哲学的问题（如尼采所认为的那样）。这也就是说，就先验哲学的内在可能性而言，意识应该属于一种现象学的基本事实

其实，就康德的哲学时代而言，康德是不存在这样的过渡问题。受传统哲学的影响，“我思故我在”的问题是一个顺理成章的可以直接接受的问题。从意识出发来说明主体之主体性这个事情是一个早已被发现和认可了的事实，没有人会怀疑这两者之间过渡的合理性。与笛卡儿不同，康德是按照我们主体的内在结构来说这个问题，显得更具有说服力，笛卡儿的“怀疑”根本不会构成现象学的一个基本事实。在海德格尔看来，虽然康德的先验哲学是以意识主题为出发点，但走向的不是一个被自我意识所标明的主体，而是一个自我。意识作为先验意识、统觉作为先验统觉不只是为了提供出一个逻辑主体，而且是一个具有自身性的自我（此在）。先验

---

① ［德］康德：《纯粹理性批判》，邓晓芒译，人民出版社 2004 年版，B132，第 89 页。

② 同上书，第 119 页。

不只是意味着和对象关系的必然性，不只是意味着经验的可能性，而且意味着和此在的密切关联，意味着一种出自自身的体验。因此，在海德格尔看来，在康德哲学中先验如何可能的问题远比经验如何可能的问题显得更为根本。康德的现象学是存在论现象学，而不是意识的现象学。

在海德格尔看来，在先验哲学中，作为现象学基本事实的意识及“事情本身”不是胡塞尔的“意识及其对象性”，而是存在者的存在。因此，康德在此探讨的意识及其活动的主题不再是意识的结构，而是此在（自我）的内在结构。意识在此表达的是自我（我）和对象、我与自身之间的原初关联（我和世界的原初关联——这个世界的形成就在于意识的先验本质）。那么，先验哲学中是否存在“意识—主体—自我—世界”的进路，康德到底有没有这方面的思想。

二 时间、图型与“我思”

通过统觉提供出“我思”表象这个事实，我们可以说康德的“我”因此获得了一种主体的存在形式。这个我不只是一个“表象的我”，而且是一个可以作为主体的我。主体的主体性就在于意识的自发性（统觉）。意识和主体之间的过渡就在于意识与我作为主体而言的一种现象学关联。那么，意识是不是作为“我”的现象。正如康德所说“我们通过统觉来认识自己”，在海德格尔看来，康德试图通过由纯粹意识所标明的理论认识的主体来说明“我”（此在）的特点是令人无法接受的。主体只是我的一种相对于对象而言的一个形象，它并不是此在自身，并不包含此在自身所具有的任何源始体验。“主体概念源于反思，即此在对其理论认识的反思。但是，理论认识只是此在之存在的推理方式。而且，主体概念所表达的并不是自身的存在，而仅仅是它的自我意识。然而，自身的意识必须由自身的存在从存在论上加以阐释，而不是相反。”① 因此，在海德格尔看来，康德哲学中的意识问题不仅仅是就其主体意义而言，而且有其更深的存在论意义。康德哲学中意识作为现象表达的是此在（自我、我）和世界的原初关联，而不只是主体和对象的一种认识关系。

---

① ［美］约瑟夫·科克尔曼斯：《海德格尔的〈存在与时间〉》，陈小文等译，商务印书馆2003年版，第261页。

康德其实也认识到了这个问题。就统觉提出的“我思”而言，康德给出了如下说明：

> “我思”这件事表达了对我的存有进行规定的动作。所以存有由此就已经被给予了，但我应当如何规定它，即我应当如何把属于它的杂多设定在我之中，这种方式还没有因此而被给予。为此需要的是把一个先天给予的形式即时间作为基础的自身直观，这时间是感性的，并且是属于可被规定者的接受性的。如果我现在不再具有别的自身直观来把我里面的规定者——我只意识到它的自发性——提交于规定动作面前，如同时间把可规定者提交出来一样，那么我就不能把我的存有作为一个自动的存在者来规定，相反，我只能对自己的表象那思维活动即规定活动的自发性，而我的存有却仍然只是在感性上、即作为一种现象的存有才加以规定。不过，这种自发性却使得我将自己称之为理智。①

康德不但认为我们通过统觉（我思）可以认识自己，而且认为“我思”表达了规定我的生存的那个行动。为自发性的“我思”在这里作集中体现并标明了“我将自己称为理智（intelligence，Intelligenz）”这是事实。这个“理智”在此不只是就认识意义上而言，而且表明我们是作为一种具有自己有限能力的、能自己决定自己的存在形式的存在者，是一种具有自己内在决定性原则的存在者。理智在这里指的其实就是自由，就是属于我们自己的一种内在决定性原则。因为在这里我们看到康德提到了“别的自身直观”这个东西。这句话的英文翻译是这样的：“Now since I do not have another self-intuition which gives the determining in me (I am conscious only of the spontaneity of it) prior to the act of determining.”这也就是说，如果我们没有一种别的自身直观（如智性直观），那么我们就不可能把一种在我之中的事先的规定置于我的规定行为（活动）之前以让我们的活动是永远正确并有意义，那么我就不能把自己标榜为一个可以对自己的存在源始知晓的存在者（像上帝一样）。

很显然，我们没有这样的自身直观。“这意味着自我在它的现实的自

① ［德］康德：《纯粹理性批判》，邓晓芒译，人民出版社2004年版，B158，第105页。

我性（selfhood）上通过直观不会变得可通达。”[①] 通过直观，我们不会获得一个“自我”，不会通达自己的存在。但是，这并不意味着存在之路对我们的完全封闭。通过自发性，我们同样会获得一种对我们行为的事先规定，虽然这个规定是依赖于对象的给予。其实，统觉提供的事先的统一性视域就是对我们的综合行为的一种事先规定，虽然统觉同时依赖于“激动”（Affektion）[②]。因此，这里我们可以看出，康德说的“理智”这个词的意义是自由，是对“除了直观我们同样有通达自己存在的一种方式”的确定。“‘理智’这个表达意味着那个非经验和非接受性的东西——这个‘我’不是经验的而是可理解的（intelligible）——是理智的（intelligent），也就是说是自由的。”[③] 康德这里所说的“我只意识到了它的自发性”的意思不只是说我意识到了统觉（因为统觉提供这个事先的规定）的自发性，还意味着自发性（统觉）对我们来说是可以把握的。我虽然没有直观的方式来规定我的存在，但至少还有统觉这个方式。我除了这种自发性外，没有什么是自我确定的，没有什么所谓的自身直观。因此我们可以看出，康德这里所说的“这种自发性却使得我将自己称之为理智”其实隐含着由自发性走向我们自己存在的一种可能性。那么，康德的“通过统觉可以认识我自己”在这里其实表达了一种“意识的意识”与“自我认识”的等同关系。在这个等同关系中隐含着“自我认识”与“自我意识”之间的等同——对自我进行认识其实只有通过意识这个东西才是可能的。这意味着意识通过“主体”而走向“自我”的某种可能性。或者干脆说，在康德看来主体作为主体只有在存在论意义（此在、自我）意义上才是可能的。

因此，海德格尔对康德的“意识”做了如下的解读：“肯定地说，康德主张先验意识是现实的虚无（nothing actual）；肯定地说，康德主张这个意识就是可能性。但是‘现实的虚无’不是意味着‘根本不存在着’，而是意味着仅仅不在本性（nature）的意义上存在着，但在自由的意义上

---

① Martin Heidegger, *Phenomenological Interpretation of Kant's Critique of Pure Reason*, Translated by Parvis Emad and Kenneth Maly, Bloomington: Indiana University Press, 1997, p. 257.

② ［德］海德格尔：《路标》，孙周兴译，商务印书馆 2001 年版，第 541 页。

③ Martin Heidegger, *Phenomenological Interpretation of Kant's Critique of Pure Reason*, Translated by Parvis Emad and Kenneth Maly, Bloomington: Indiana University Press, 1997, p. 257.

存在着。同时这里的‘可能性’不是意味着来自矛盾的逻辑的自由；而是意味着被理解为我能（I can，actus）的能力。”[①] 由于意识与“我”的那种现象学联系，“这样这个‘我’在它的现实性（actuality）上而言就是纯粹的可能性；这个‘我能’正好是这个存在着的生存（the existing existence）”[②]。因此，由意识标明的统觉就能其提供出“我思”的表象以及“我思”在康德哲学中的意义而言，统觉作为一种自我意识不是把“我”作为一个像其他的外在对象的某物来感知（percerption）、来意识，统觉作为意识就是在“我能”意义上把“我”作为一种可能性来意识。统觉在此就是意味着在自己的能力方面来把握自己，在“我能”的意义上来把握自己。海德格尔在此要表明的是作为自我意识的统觉其实就是一种出自自我领会的东西，由统觉所标明的“主体”其实是一个具有存在论体验的“自我”——尽管这种体会的方式总是与意识有关。由于对意识这种自由的本质把握，先验哲学中的“我”因此可以被把握为“我思”。因为通过“我思”这个现象，我们可以走向自身，而不是对自己存在的遗忘。“我思”作为一种现象完全是来自主体自己的内在的基本结构。“我思”在此意味着自由。其实，在康德哲学中“我思”和统觉表达的是一回事：“我能”与“自由”——因为统觉总是意味着“我思”，总是提供出一个“我思”的表象。

但一般地说，对康德的“我”，我们只能说它存在着并行动着，但我们不能认识它。这个我只能被标明为“我思”，而且是“我思某物”。没有表象便没有我，我在与物的关系中把自己展现为我。对这个“我”，我们只能说它是作为一个具有逻辑意义的主体。除此之外，它好像没有一种对自身的作为。那么这个我如何是具有“我性”（I-hood）的自我呢？也就是说，这个由“我思”标明的主体具体的是如何成为一个“自我”的呢？虽然我们前面已经提出了很多关于“我思”的存在论的现象学特征。但康德哲学中到底有没有这方面的思想，因为不论怎样说，在康德哲学中，没有表象就没有我。这个作为主体的我要成为一个具有自身性的自我必须在表象因而在与对象的关联中来说明——我在与对象的关系中把自己

① Martin Heidegger, *Phenomenological Interpretation of Kant's Critique of Pure Reason*, Translated by Parvis Emad and Kenneth Maly, Bloomington: Indiana University Press, 1997, p. 258.

② Ibid..

把握为一个“自我”。虽然我们前面已经回答了对象的对象性在于主体的统觉，但在这里只是回答了我和对象之间关系的可能性的主观原因，并没有回答对象与我（主体）之间的那种境域关联的可能性。也就是说，主体虽然具有与对象相关联的一种主观原因，但并不意味着主体和对象之间关系的一种必然性。这里并没有把那个事先给予的统一性的朝向说清楚，因为这里并没有表达出某种主体和对象之间的关系作为一种原初关联的存在论解释。外在的对象在此并没有因此而成为那个让“自我”可以出现的一种“世界”原因。

在海德格尔看来，在对物的世界的揭示中我会把自己揭示为一个“在那儿”（out there，Da-sein）。海德格尔把这个“逸出态”称为人的生存的本质，并因此把“我”叫作此在。这个此在就是一个具有自身性的自我。此在的真正意思是：“处在存在的敞开中，又使存在入思的在场者，在存在尺度上运思的人。”① 我们之所以能出离自身，能在存在的尺度上运思，关键就是我能通过领会而形成一种境域性的“Da”。没有这个“Da”，我们不会让存在入思，也不会在存在的尺度上运思，因而不会走向自己的存在的存在者。对康德来说，没有这个“Da”，认识主体就不会在认识对象的过程中形成一种自我定位。在海德格尔的语境中，这个“Da”就是世界的统一性和我们生存的统一性，是一个被揭示出来的统一性。对康德来说，这个认识“Da”关涉对象的统一性与主体的统一性的一种存在论关联②。显然，康德哲学中缺少这样一个境域性的维度。那么为什么统一性与存在之间要具有这样的密切关联呢？

对海德格尔来说，存在之意义的生成首先是解释学的现象学，也就是“把某某东西作为某某东西加以解释”的这个现象的可能性在于一种“先”结构和在先的“作为”结构（在流俗领会的现象中，向来已经有一种东西先行显现了）。同时“先”结构和“作为”结构提供出一种统一的

---

① ［德］贡特·奈斯克、埃米尔·克特琳编著：《回答——海德格尔说话了》，陈春文译，江苏教育出版社2005年版，第6页。

② 与主体的统一性相关的是主体性问题——只有那个意义上的主体性才能把我在与物的关联中展现为一个具有统一性（三重综合的统一性）的主体，同时这个主体总是把自己维持为主体。这样能保证主体的统一性的主体性同样会提供出一个具有自身性的自我来，自我在与对象的关系中把自己维持为（同一个）自我。这样既保证了先验哲学的内在贯通，也保证了自我的同一性。事实上，在海德格尔看来，主体性是优先于自我的同一性的。

现象。如果能给这种统一的现象以存在论的解释，那么某物就作为某物自身而显现（得到领会）。而且存在之意义显现之所以可能，在于显现的一种境域性的视域（horizon）的给出。在海德格尔看来，这个视域不是由命题、判断等谓词经验所提供，而是由此在之生存（时间性）所给出，只有使此在自身时间化，此在才能实现其全部统一性。这也是把统一性分析要引入存在论的关键，因为这里才是源始发生的现象学。

对康德来说，主体的统一性与对象的统一性之间到底有没有一种存在论关联，康德哲学中到底有没有这个境域性的视域。在康德哲学中虽然意识总是与表象有关，但我和对象的关系的事先仍然要归于意识的自由本质。意识的自由本质意味着我和对象之间先天相关的可能性。这个“先天相关”不只是意味着我们先天的、纯粹活动的某种可能性，而且意味着在这种纯粹活动中对象已经作为一个具有统一性的整体与我们事先相遇了。这一点，从康德的图型论中会得到充分的说明。图型是一种时间规定，它是知性通过想象力作用于时间的结果。所以图型本质上是时间图型。“图型就其本身来说，任何时候都只是想象力的产物。”[①] 由于图型仅仅是根据范畴而由想象力产生一种时间的综合规定，图型是不同于具体对象的形象（image），它作为想象力的产物完全是先天地出现。图型虽然不同于形象，但它毕竟与像形象之类的东西有关，因为“一个纯粹知性概念的图型是某种完全不能被带入任何形象中去的东西”[②]。这也是海德格尔提出图型—形象（schema-image，das Schema-Bild）的理由所在[③]。它不是一个具体的对象的形象，但毕竟是个“草图”或“示意图”。图型之所以能中介现象和范畴的原因就在于图型作为一种与时间相关的东西。图型因为能先天地使经验可能，因此康德有时候把它叫作一种先验的时间规定[④]。就对象而言，某物只有进入时间图型，它才可以作为我们的对象。

但我们发现对象进入时间图型这个事情并不是作为自在之物的某物自愿进入的，也没有什么外力推动它，以使它不得不进入。作为自在之物的

① ［德］康德：《纯粹理性批判》，邓晓芒译，人民出版社 2004 年版，A140，第 140 页。

② 同上书，第 141 页。

③ 参见 Martin Heidegger，*Kant and the Problem of Metaphysics*，Translated by Richard Taft，Bloomington：Indiana University Press，1990，p. 68。

④ ［德］康德：《纯粹理性批判》，邓晓芒译，人民出版社 2004 年版，A138f，第 139 页。

某物，它只是存在着。为了使某物成为对象，我们必须构造出一个时间图型来。在这个时间图型中，我和外在的某物才能发生一种真正的关联，对象才可以向我们到来。这个某物的这个“进入”之所以可能的原因是“我让它进入”。因为我们知道图型的产生及其活动完全是先天地进行的，是出于我们主体自身的一种纯粹活动的结果。这就说明，我们事先让对象“在我之中到来”，我们具有这样的能力。那么我们为什么要让对象进入这个图型呢？我们为什么要事先与对象相遇呢？对这个问题的回答对康德来说关系到“先验如何可能”的问题。在康德哲学中一个最难实现的过渡就是由“先天”向“先验”过渡的问题。一种先天的、纯粹的活动是容易实现的，但为什么这种先天的活动总是意味着一种与对象先天相关的活动呢？也就是说，“先天”为什么在康德那里总要获得一种先验的规定呢？关于先天的纯粹的活动，在康德这里我们可以说连做梦这样的活动都应该是先天的、纯粹的、非经验的，因为康德这里并没有一种类似于笛卡儿的“怀疑”的方法作为保证。

其实，康德在这里提出的“我们根据范畴来形成一种时间图型”是一种比笛卡儿的怀疑方法更为彻底的一种自我确定的方法。具体地说，我们事先能通过时间（想象力）与对象相遇这件事情反过来保证了我们的先天活动的意义之所在。范畴作为知性的纯粹概念如康德所说是“由纯粹的综合”提供的，这个综合就是想象力的综合。同时，综合本身就意味着与对象的某种联系的可能性——至少是一种先天关联的可能性。这就意味着一个概念能作为知性的纯粹概念的基本条件就是能通过某种（先天）方式与对象相关。那些不能和对象相关的概念就不属于我们的知性的纯粹概念，那些带不来和对象的真实关系的出自我们自己的活动（如做梦）就不属于我们的先天活动。这其实就是对知性本身的一种（感性）规定，对我们先天的活动的一种“综合”规定。“把知性使用限制到经验上的做法同时开启了通向一种更源始的对知性本身的本质规定的道路。”①这个对知性本身的规定其实就是一种对先天的先验规定。因此，康德哲学中先验如何可能的问题就转化为“一种具有统一性的先天的综合活动是如何可能”的问题。在这里我们同时也可以看出在康德哲学中范畴与（时间）对象之间的本质关联。因为范畴作为范畴总是意味着一种“对—

① ［德］海德格尔：《路标》，孙周兴译，商务印书馆 2001 年版，第 542 页。

象”（ob-ject，objekt）（范畴总要有一个与之相应的由想象力构造出来的“象”）的可能性。范畴在此本质上需要一种对—象的客观实在性。换句话说，在康德哲学中，范畴总是与显示“存在者的存在”这个事情有关。那么，知性为什么要获得这样一个感性规定呢？因为对象都是通过时间才成为可能的，而时间作为纯粹直观提供了我们自己所特有的一种确定性，因而只有在时间的基础上产生的活动对我们来说才是可以把握的活动，才是可以把握为自己的活动。

所以，现在我们可以清楚看到，通过一种“象”的给出，知性作为一种自己的能力才可以是确定的。虽然也许我们有很多先天活动的能力，但对我们来说只有那些能运用于对象的那些活动对我们来说是确定的，所以先天活动对我们来说本质上是先验的。同时我们发现，通过这个“象”的给出，我们主体自身其实获得了一种综合意义上的统一性——知性的使用不是乱用，而是运用于对象。同时通过我们这个“象”的给出，我们能先天地与对象相关。由于“图型”不同于具体的形象但又作为一种与形象相类似的东西，这个图型因此在康德看来包含了一切具体形象的普遍性，所以在这个图型（象）中又提供出了对象的统一性——把对象作为一个具有统一性的整体来把握。这其实标明了我们和存在者的存在相遇的那种可能性。**没有图型，我们遇到的对象就不是存在论意义上的对象。或者说，没有图型，我们就不可能与对象本身相遇。如果我们没有事先与对象的存在相遇，那么存在之意义的生成就无从谈起。所以，我们说图型是想象力的产物的意思不是指图型是想象力产生出来的意思，而是说想象力的本质决定了我们和对象本身相遇的那种可能性。在这个相遇中有一个图型出现，这个出现的图型保证了相遇（先天）的先验性质。所以，图型属于想象力的本质结构。只要阐明了想象力的本质，那么康德哲学中的图型问题就解决了。康德提出图型的目的不是简单地说明感性和知性的结合问题，而更是将想象力的本质具体化。图型其实就是想象力的纯粹形态或者说是先验形态，是想象力作为一种先验能力的标识。图型的时间本质其实就回答了图型何以可能，或者说一种先验的想象力何以可能的问题。这里其实就意味着想象力的时间性本质。康德在此的主题是：图型论是想象力的时间性本质的一次具体的先验说明，这是想象力之所以具有先验功能的“几微”之处。**

那么现在的问题是，一种主体的统一性和对象的统一性的存在论关联在康德哲学中是如何可能的。通过以上分析，我们可以清楚地看出，通过图型知性获得了一种感性规定，这个规定本质上是知性的一种自我确定，是我们对知性的一种本质规定。这个自我确定意味着知性本质上是一种相对于对象而言的制定规则的能力，因为知性的先天活动只有能产生一种与感性对象的关系时它才可以确定这个活动的意义。这意味着只有我们事先把对象作为一个统一性的整体来把握时，知性自身便获得了规定。那么就具有统一性的主体而言，主体的统一性的完全实现与我们把对象作为统一性的整体而事先与之相遇这个事情分不开。这也就是说，主体作为主体而出现与对象本身是分不开的。主体本身与对象一道存在（否则主体本身也不会获得一种统一性的规定）。这正是主体的统一性与对象的统一性的一种存在论关联。在康德这里，能提供主体与对象由之产生的场所就是图型。由于这个图型（象）是主体成为主体、对象成为对象的那个发生域（对主体和对象来说只有通过它，存在才成为可能，一种存在方式的获得才成为可能），所以在其中主体和对象之间的关联是一种原初的关联。因此，图型在此便是那个境域性的视域。在其中主体和对象的统一（原初关联）得以可能，统一性本身得到最大可能性（存在论意义上）的实现和完成。所以，康德哲学中是存在着一个境域性的视域。因此，在海德格尔看来康德哲学中主体本身就是一个“出离自身”的主体，主体本质上就是一个自我。“我思”能作为一个能规定我的生存的那个行动的基本原因就在于我是一个具有自身性的自我。

能与对象相遇，这本质上是出自我们主体自身的一种先天的综合活动（三重综合）。在这种综合中，领会和再生都是以认定的“前认识”的综合为条件，第三个综合先行于前两者并引导着它们。那么就三重综合与统觉的关系而言，海德格尔认为第三个综合是在一个统觉给定的源始的统一性的基础上来统一三重综合的，这个统一性就是构建那个我们前面所说的“先天的源始的拒绝”的东西①。这个由统觉提供的统一性就是三重综合的统一性的根源。为了能表象对象，主体必须把这个统一性视域事先提交给自己，以让那些不可以作为我们对象的东西不在我们的统一性活动中出现，这意味着一种先天拒绝和自我约束。也正是在这个源始的统一性的基

① 参见 Martin Heidegger, *Phenomenological Interpretation of Kant's Critique of Pure Reason*, Translated by Parvis Emad and Kenneth Maly, Bloomington: Indiana University Press, 1997, p. 263。

础上，主体能够“出离自身”以与对象相遇[①]。也就是说，主体必须“在那儿”，否则一种真正的与对象的关联活动不会发生。这个主体之所以能有一种先天的自我约束的关键原因就在于“我们与对象（存在者）共在”。由于“与对象共在”的原因，我们必须事先对“对象与我们共在”这个事情有所领会，这样我们才能和对象发生一种真正的关联。这个领会其实就是源于“与对象共在”这个事情的一种自身领会——出离自身。对象作为与我们一道存在的存在者，它对我们显现的是其统一性的整体的意义。用海德格尔的话说，对象在此构成了一个“意蕴整体”。这就要求，我们必须有一种对一种源始的统一性的筹划和源始知晓，这个源始的统一性包括了其他一切统一性，它构成了其他统一性的发生域。没有这样的源始的统一性，对象不可能被理解为具有统一性的整体。因此，没有这个源始的统一性对象不会作为一个整体而产生对于我们的意义，因为我们根本没有能力将对象理解为一个具有统一性的整体，这样，一种自身领会也不会形成。

因此，一种源始的统一性的筹划在此是必需的，否则对象不会作为对象在我们面前出现。这个源始的统一性的筹划意味着主体必须出离自身以让我们能事先包围（encompass）并统一一个视域，这样一个统一性的视域才是可能的。“但是这个统一性视域的广泛包围（the wide-encompassing）正是它的事先被给予……这个统一性视域的广泛包围（the wide-encompassing）提供了一个先天的对自我的约束。”[②] 这个源始的统一性的可能性本身其实就包含了一个出离自身的主体的必然性。换句话说，正是在这个统一性（视域）的基础上，主体才能出离自身。在康德哲学中，这个源始的统一性就是由统觉（我思）提供的。对这个源始的统一性的筹划其实就意味着将“我”先天地约束到规则[③]。因为只有通过规则，我们才能形成统一性，才能和对象发生真正的关系。因此，“三重综合的统一性不是一个复合或者是一系列行为的总和。而是，这个统一性是主体在它的

---

① 参见 Martin Heidegger, *Phenomenological Interpretation of Kant's Critique of Pure Reason*, Translated by Parvis Emad and Kenneth Maly, Bloomington: Indiana University Press, 1997, p. 263。

② Ibid. .

③ 范畴就是综合的规则，同时必须注意的是，感性是由时间给以标明的，它不需要这样复杂的约束，但时间本身也是一种对感性的约束，而且是自我约束。

自我拥有中和自我站立中将它作为一种源始的表达与在这个表达中作为主体的一种通力合作的源始行为。首要的能力事先决定了每一个综合就其自己或在统一性里与其他的综合一起能完成的东西”①。统觉事先提供了一种源始的统一性，统觉作为首要的能力其实事先规定了每一个综合自己以及与其他综合一起应该完成的东西。“三重综合”其实都来自统觉，它们只是这个统觉（主体）的一种表达。主体正是在这个统觉提供的源始的统一性的基础上才能出离自身。这个主体显然不只是一个由纯粹意识标明的主体，而且是一个具有自身性的自我。因为在其中包含着一种来自自身的统一性筹划，包含着一种“与对象共在”的意象。这个源始的统一性的筹划和事先的被给予正是出自我们对自己的存在论境遇的领会。由此，我们不难看出，在康德哲学中确实存在着意识—主体（我思）—自我的进路。

三　时间、自我与统觉

现在在康德哲学中有一个理论上的难题：对海德格尔来说，此在只有使自身时间化，此在才能实现其全部统一性。对康德来说，就是自我与时间的关系。但我们现在看到的是一个由统觉（意识）标明的自我，统觉和时间并没有一种明显的关联。按照海德格尔的思路，如果在康德哲学中自我不与时间本质相关，那么主体的“出离自身”就不会变的可能，最多只是“出去”（reaching out），那么康德哲学中的主体就是一种知识何以可能的逻辑条件了。与此相关的是统觉与想象力的关系问题。首先，就三重综合是一种来自想象力的综合而言，它们本质上与时间相关。但同时我们发现它们是来自统觉，这就说明在想象力（时间）和统觉之间有很重要的关联。其次，就前面关于“图型”的论述中我们发现，在康德哲学中一种境域性的源始的统一性是在“图型”中的，而我们又说这种源始的统一性是由统觉提供的。图型作为想象力的产物，那么同样说明在康德哲学中统觉与想象力（时间）之间应该有本质性的关联。其实，不论是就“三重综合”，还是就图型来说，它们都关涉同一个问题：时间（想象力）与统觉（我思）。我们如果弄清楚了这个问题，那么康德哲学中

---

① Martin Heidegger, *Phenomenological Interpretation of Kant's Critique of Pure Reason*, Translated by Parvis Emad and Kenneth Maly, Bloomington: Indiana University Press, 1997, p. 263.

“三重综合”与“图型”的关系问题也就弄清楚了。

1. 时间与我思——想象力作为根本的能力

康德哲学中时间与我思之间的晦暗不明的联系是海德格尔重点批判之处，同时也是赋予康德哲学一个非常重要的地位所在，因为康德在一定程度上预见了他的理论。海德格尔要实现对康德哲学的存在论解读首先就是要建立在康德哲学中时间和我思之间的决定性联系。将先验想象力解读为人的根本能力的目的就是给时间一个重要的位置。先验想象力实际上在他看来已经是我们形成知识和认识的最基本能力。这一点说明我们有一种内在的时间构成机制。“但是如果与对象一般的联系同样源始地根源于先验统觉之中——它（统觉）同样构建自我性，同时如果自我将时间提供给自己，那么没有一种与时间的源始关联的话，自我就不可能被思。”[①] 这也就是说，统觉如果不和时间具有一种源始关联的话，那么我们就不可能“通过统觉来认识我们自己”，“我思”也不可能是一个可以表达我的生存规定的行动。因此，统觉必须要具有时间性本质，统觉的本质及其先验功能首先应该建立在时间之上。

康德从来没有提到过统觉与时间（想象力）的关系问题，但就前面的分析我们可以看出这两者应该是有关系的。“三重综合”综合的统一性在于时间的统一性，同时统觉又作为“三重综合”的根源——三重综合从统觉那里得到其统一性。这就说明统觉（我思）与时间之间有本质的关联。就统觉的时间性特征，海德格尔有时试图把统觉理解为一种源始时间，有时只是说“统觉的时间性本质”是必要的，但没有给出统觉的具体的时间性向度（orientation）。其实，统觉与时间的关联在本质上决定了它所提供的事先的统一性视域的“朝向”“何所向”。因为康德的由下而上的先验演绎只是说明了一个事先统一性视域的给予的必要性，但没有回答这个东西应如何给予。虽然康德通过对意识的分析说明了我们有一种本源的意识，但这只是说明了我们可以作为主体这个事实，只是说明了统觉会提供出一个“我思”的表象这个事情，没有说明这个“我思”主体的存在意义。也就是说没有回答为什么通过统觉可以认识我们自己，没有回答“我思”为什么是一个可以表达我的生存规定的行动。所以，事先给

① Martin Heidegger, *Phenomenological Interpretation of Kant's Critique of Pure Reason*, Translated by Parvis Emad and Kenneth Maly, Bloomington: Indiana University Press, 1997, p. 266.

予的统一性对我们来说只能是一种事先统一性的给予，这里要回答这个“给予”的如何可能。那么对意识的统觉说明本质上是对主体的内在结构的说明，统觉本质上显明着时间的意义，指示着时间。或者说，对我们来说，统觉是让我们可以通达时间的那种东西。

康德之所以没有建立统觉和时间的关系的原因就在于康德从来没有思考过时间作为自我激动的思想意义。在海德格尔看来，康德哲学中“三重综合”中所体现的时间是一个具有统一性的时间，就是一个作为“自我激动”的时间①。或者说，在他看来，这个时间就是具有时间性的时间，就是那个“逸出态”的时间。康德哲学中的时间的时间性其实就表达了主体作为一个结构性整体所具有的统一性。与此相关，海德格尔分析了康德哲学中时间（想象力）与统觉的关系。

统觉与想象力之间的关系在康德哲学中是很模糊的，究其原因是在康德哲学中“综合”与统一性的区分造成的。统觉讲统一性，想象力讲综合。对康德来说，为了形成知识，综合的统一性和“综合”都是需要的。我们只有阐明了这两者在康德哲学中的关联后，我们才能阐明统觉和想象力的关系。如前所述，在范畴的先验演绎中，康德论证了意识的形式统一性（统觉）的必要性。海德格尔认为康德对这个统觉的统一性的必要性的说明其实是在说我们主体的有限性。在康德哲学中“统觉的意思是：一、预先在一切表象中与之相随而起着统一作用；二、在这种对统一性的预先确定中同时依赖于情感”②。那么现在的问题便是，为什么在康德哲学中统觉的统一性总是一种综合的统一性，或者说为什么意识总是要通过综合与感性直观（对象）相关联从而实现其统一性呢？在康德哲学中究竟是统一性（统觉）优先、还是综合（想象力）优先。这个问题直接关系到我们对康德整个哲学的理解问题。首先来看海德格尔是怎么解读康德的这部分的思想的。

康德关于这个问题的论述如下：

> 于是，在一个主体中杂多的统一就是综合性的：所以纯粹统觉就

---

① 参见 Martin Heidegger, *Phenomenological Interpretation of Kant's Critique of Pure Reason*, Translated by Parvis Emad and Kenneth Maly, Bloomington: Indiana University Press, 1997, p. 164。

② ［德］海德格尔：《路标》，孙周兴译，商务印书馆2001年版，第541页。

> 提供了一条在一切可能直观中杂多的综合统一性原则……但这种综合统一性是以一种综合为前提的，或者包含有一种综合，并且如果前者要是先天必然的，那么后者也必须是一种先天的综合。因此统觉的先验统一就与想象力的纯粹综合、即与一个认识中杂多的一切组合之可能性的先天条件相关……所以想象力的纯粹的（生产性的）综合的必然统一这条原则先于统觉而成了一切知识、特别是经验知识的可能性基础。[①]

同时，我们知道康德也认为统觉是想象力的综合的统一性原则。事实上，康德对这个问题的论述很模糊。海德格尔特别重视对这一段话的解读。通过康德的以上论述，我们确实发现想象力是优先于统觉的，统觉是以想象力为基础的。那么“在一个主体中杂多的统一就是综合性的”究竟是什么意思？通过对这一句话的前面部分的阅读，我们发现康德首先是为了说明“任何直观（对象）只有以某方式和意识发生关系时，关于这个对象的经验（知识）才是可能的”[②]，即一切表象都要汇合到意识中来。同时由于意识在任何表象中的同一性，所以我们说意识为杂多提供了统一性。但这并不意味着这个统一性就是综合性的。意识为什么能提供出这样的一个统一性呢？不难发现，康德是在论述知识和经验何以可能的时候才提出的意识的统一性问题。也就是说，对知识的形成来说，或者说对象要获得一种先验逻辑的存在方式，这个统一性是需要的。但这里根本提供不出这个统一性的现象学原因，而只是一种逻辑原因。

很显然，知识可能不只意味着有一个东西（意识）可以为杂多提供一个得以容纳自己的场所，而且在这个场所中还要进行真正的游戏（组合）。这就需要一种“综合”，因此“在一个主体中杂多的统一（必须）就是综合性的”。就意识本身而言，它在此根本不能回答意识何以成为构成知识的基本条件的问题。或者说就意识的本质而言，我们无法回答统一性何以必须是一种综合的统一性的问题。我们只能说，对象在其不同时间的显示中总是可以统一于意识的（与意识有关的）、总是可以获得一种意

① ［德］康德：《纯粹理性批判》，邓晓芒译，人民出版社 2004 年版，A117—118，第 125—126 页。

② 同上书，第 125 页。

识的表象的存在方式，但在这里康德还没有给出这个表象何以获得先验逻辑的存在方式（被我们先天地遇到）。除非，意识的统一性本质上就是综合性的。因此，海德格尔认为“在统觉的这个统一性中有这个三重综合的源始综合；也就是，意识的统一性本质上就是这样一个与时间相关的想象力综合的统一性”①。“意识的统一性本质上就是这样一个与时间相关的想象力综合的统一性”，这本身就是对意识的统一性（统觉）的规定，这意味着意识之所以能具有统一性的关键就在于与综合的（时间）关系。通过前面的论述我们发现，如果康德不认为“意识的统一性本质上就是综合性的”，那么他就根本不可能把意识作为一种知识的可能性条件。

其实，这一点由我们前面在范畴部分论述的康德关于“综合提供出范畴（范畴首先意味着一种统一性）”的思想同样进行说明。“上面的论述……想说的是意识的统一性，也就是统觉，本质上是综合的。统一性的视域……是一个综合的统一性视域，也就是一个先天地在综合中被奠基的统一性”②，这也就是说，统一性是根植于综合的统一性，综合本身就意味着统一性。因此可以这样说，想象力的综合的统一性是优先于统觉的统一性的。其实，对康德来说，在意识中所表象的东西必须是能够在其统一性的视域中能够被遇到的，而且是事先地“被遇到”的。否则，我们无法说康德的哲学是一种先验哲学。因为，我们虽然可以说统觉提供了一个统一性的视域，但在其中的表象并没有获得一种来自外在对象本身的保证（这个表象就不一定是关于外在对象的表象）。外在对象（存在者）对我们来说是事先给予的，这是我们认识的有限性所在。前面说过，这个“事先给予”的先验可能性在于统觉（的那个源始的统一性）。但如果没有一种境域性的“图型”（来自想象力）的时间规定，外在的对象不可能作为意识的表象而获得其统一性。这就说明意识的统一性本质上是综合性的。因此，在海德格尔看来，想象力是直接导致了这个源始的统一性表象（统觉）的那个源始的统一力量。统觉意味着在“我能”意义上来拥有自己，这个“我能”的基本原因就是想象力。想象力和统觉的关系正如海德格尔所说的，统觉能够保持想象力的综合“在它的眼前”，或者说在场

① Martin Heidegger, *Phenomenological Interpretation of Kant's Critique of Pure Reason*, Translated by Parvis Emad and Kenneth Maly, Bloomington: Indiana University Press, 1997, p. 277.

② Ibid., p. 278.

(in the presence)，但作为一种活动而言，想象力的综合是业已完成的，因此想象力更为源始[①]。这也就是说，统觉好像是对想象力的综合统一性的反思，以使我们的活动对我们自己来说总是被意识到的，“使心灵成为一个心灵”[②]，来源于想象力的统一性筹划活动其实从根本上保证了统觉的何以可能。

其实统觉本质上就是综合性的、时间性的——“时间已经存在于统觉之中”[③]。时间和我思本来就是一样的，只不过康德没有从主体性中将这两者的关系发展出来。对康德哲学来说，真正的“在场”应该是我和对象的一同的先天在场（通过图型论部分的说明，这只能通过想象力来完成。在康德哲学中，能带来我和对象之间的存在论关联的只能是想象力）。因此，对康德来说，只有说明源始的统一性本质上是综合性的统一性，他的先验演绎才可以说是成功的。现在，我们明白了想象力与我们的其他能力的关系——想到了真正的理解。

由此，我们也不难看出，那个来自统觉的范畴的统一性也是来自想象力，作为统觉（知性）和感性的总根源并中介着这两者，同时因为这种与想象力的关系，统觉和感性都得想象力的综合，本质上是综合性的——与时间相关的。“这样，作为综合的规则，这些属于纯粹想象力综合的统一性与它们先天可能的变化以一种先天的方式规定了每一个对象。这样，这些统一性（这些范畴）本质上就是那样一些规定，这些规定建立在想象力的生产性综合之上，它们与那些使综合转变成一种图像并使图像能被看到的东西相联系——它与时间相关联，因此先天地规定着这个作为经验对象的现象。”[④] 范畴作为综合的规则与时间一起才能先天地规定对象的对象性。它们之所以能通力合作，就是因为它们都是来自纯粹的想象力。同时由于纯粹想象力的时间性特征，纯粹想象力能把自己的行为只限制在与对象有关的知觉上，这种限制行为本质上是一种自我限制和自我约束、自我拒绝，同时也是一种自由的自身给予。它实际上是来自我们关于自己

① Martin Heidegger, *Kant and the Problem of Metaphysics*, Translated by Richard Taft, Bloomington: Indiana University Press, 1990, pp. 56-57.

② Ibid., p. 134.

③ Ibid..

④ Martin Heidegger, *Phenomenological Interpretation of Kant's Critique of Pure Reason*, Translated by Parvis Emad and Kenneth Maly, Bloomington: Indiana University Press, 1997, p. 285.

存在的一种纯粹领会。“康德曾经把模式论的想象力称为一种本源的演示。但是这种本源性就是一种展示，即一种表现的展示、一种关于自由的自身给予的展示，而这也就意味着对一种接受活动的依赖性。”① 这个纯粹的想象力本身上是先验的想象力。一种范畴无论作为一些来自统觉的统一性，还是作为属于知性的概念，它们的客观实在性就在于它们反思着先验想象力的综合统一性这个事实。范畴作为范畴总是意味着对—象，总是意味着这个于对—象的某种可能性。范畴因此是一个反思着的概念。其实，在康德哲学中，不论是什么样的统一性，它们本质上都是综合性的、时间性的——统一性总是一种与对象有关的统一性。

2. 时间与自我（此在）——时间作为先验的本质

在海德格尔看来，康德之所以没有清楚地给出先验统觉的统一性的综合性特征的理由就在于他在想象力面前的退缩，就在于他没有从主体性本身发展出一个有限的主体来。从主体性本身发展出来的有限主体的有限性不再是一个与本源的直观相对而言的有限性，而是一个出自有限主体自身的有限性。对海德格尔来说，只有主体将自己的存在时间化为时间，我们才从其中能发展出一个有限的主体来。

现在对海德格尔来说，最关键的问题便是他要从想象力综合的时间性特征中发展出一个有限的能自我关涉主体（自我）来。这个问题其实也是统一性与综合的关系问题。统觉作为一个事先的源始的统一性的提供者，“三重综合”因而从它那里得到了统一性。现在的问题是，统觉提供的那个事先的统一性是如何可能的？也就是说，统觉如何可能事先能领会对象的意义而站在对象的对面的呢？因为我们在前面说到，康德是在讨论关于对象的本质的联系中来讨论统觉的本质的。对象在此其实意味着对—象，意味着自我约束和先天拒绝。统觉凭什么预先在一切表象之中并与之伴随而起着统一作用，同时凭什么这个表象总是关于对象的表象？或者说，统觉所标明的“表象总是（属于）我的表象”的可能性何在？这就要求我们事先必须理解对象本身之于我们的意义。只有在此基础上我们才能形成一个总是与对象（表象）相伴的统一性，只有在此基础上我们才

① Martin Heidegger, *Davos Disputation Between Ernst Cassirer and Martin Heidegger*, *Kant and the problem of Metaphysics*, Translated by Richard Taft. Bloomington: Indiana University Press, 1990, p. 197.

能形成一个能为对象提供统一性的事先的统一性。因此，在我们给出这个事先的统一性之前，一种“我”和对象的境域关系已经被事先给予了。只有“我”和对象之间事先发生一种真正的境域性的存在论关系，统觉所提供的事先的统一性才可能总是朝向对象的，总是包含着一种与对象之间的契合关系，总是表象着对象的表象——而不是表象着一些根本不存在者的表象，因而获得其相对于对象而言的规则能力。因此，在康德哲学中，一个能与对象建立一种境遇性的存在论关系的“我”的出现是必然的，当然建立这种关联的方式必须是先天的。

“我”和对象的先天的境域性关系的建立只能体现在我和对象的先天遭遇中。反过来讲，就是我先天的遭遇对象的方式本身会提供一个能站在对象的对面的“我”。这个遭遇的方式在康德哲学中就是“三重综合”，因为它表达了我在和对象的相遇中所具有的源始活动。“三重综合的统一性不是一个复合或者是一系列行为的总和。而是，这个统一性是主体在它的自我拥有中和自我站立中将它作为一种源始的表达与在这个表达中作为主体的一种通力合作的源始活动。”[①] 由于我们遭遇对象的方式是先天的，因而这个“我”完全出于自身。我们能先天地遭遇对象的能力在康德哲学中只能是来自想象力，这同时意味着接受性和自发性——接受性保证了我们遭遇的是对象本身及作为整体的对象，自发性保证了这个遭遇是我们的遭遇：保证了这个遭遇的先天与纯粹性质。

海德格尔认为：“然而，如果这三个出去（reaching out）和包围（encompassing）的方式只是作为‘我思’——康德也把它叫作‘我综合’——的‘我’的首要的活动的一种源始的被统一（着的特征）的表达。那么，作为首要活动的统一性，主体自己就是一个本质上能在出去中从自己中出现（emerges）的东西，不是简单地将自己遗留。正好是它的（从自己中）的出现构建了这个能保证某物属于我的那种可能性的维度（dimension）。我们把这个……主体的出现叫作‘主体的逸出态’（the ecstasis of the subject）与它的逸出性（ecstatic）特征。”[②] 在此，我们可以看出，主体正是在其与对象的源始的遭遇方式（综合活动）中从自己中

① Martin Heidegger, *Phenomenological Interpretation of Kant's Critique of Pure Reason*, Translated by Parvis Emad and Kenneth Maly, Bloomington: Indiana University Press, 1997, p. 263.

② Ibid., p. 264.

出现，从而与对象相遇。这个从自己中出现的主体其实就是一个具有“我性”的“我”，就是一个具有自身性的“自我”。因为这个“出离”是纯粹的先天的，是自己从自己中走出，从而把自己立身为一个能站在对象对面的“我”。这本质上就要求“我”能对自己的存在（与对象共在）形成领会，从而作用于自己而形成一种源始体验（对自己的存在或者说存在本身的领会）。同时，这个主体从它自己中的“出现”“构建了这个保证了‘某物属于我’的那种可能性的维度”。这其实就回答了我们前面所提出的问题：统觉的先验功能是建立在一个“我”（具有自身性的自我）的出现的基础之上的；或者说统觉的先天活动的先验规定只有在一个“我”的出现的基础上才是可能的。这个具有逸出性的主体其实就是一个能出离自身的主体，就是一个“我”。由此，“出离自身”，从而站在对象的对面原本就属于主体（此在）的生存，因为这个“出离”原本就属于“我与存在者共在”这个现象的存在论事实。我与对象的遭遇方式本身就决定了这个“出离”的可能性。那么，康德哲学中的“表象着的主体”本质上就是先验的，因为主体的这个出离自身保证了先天的先验进路（因为先验对康德来说总是意味着我们先天地和对象相关）[①]。

这个“我”的出现同时依赖于我对自己的存在的领会。在康德哲学中，这个领会的可能性就在于对象的先天的整体的给予，只有这样我们才首先领会对象的“世界”意义，只有这样康德哲学中的先天才能获得一种先验的规定。因为是先天地给予，那么这个给予其实就是一个自我给予——是自己给自己的。因此这个“自己给自己”其实决定了这个“我”的出现本身。那么在康德哲学中，什么东西才是自己给自己的东西。

很显然，就是时间，因为时间是“自我激动”——自我将时间提供给自己。想象力的综合是一个存在论的综合，它表达了在我和对象的先天

---

① 海德格尔在此对康德的先验主体的主体性的追问是有道理的。因为我们知道一个作为逻辑条件的先验主体是回答不了主体自己的如此这般的表象（行动）的问题——主体为什么只表象现实存在的对象，而不表象不存在的对象。或者说，康德演绎出来的先验主体不能给出这个主体的行动的那种存在论原因。或者说，这个演绎出来的先验主体和康德对这个主体所应承担的思想使命不符合。主体的行动原则对主体来说只能来自自己而不能来自对象，也就是说主体的先天表象活动的可能性就在于主体自身的一种“出离”的可能性。同时，因为这个出离而使主体作为一个具有主体性的主体。由这个主体性出发，我们看到了一个康德哲学中的具有自身性的自我——自我总是把自己维持为自我（自我同一性的可能性所在）。

地和纯粹地境遇中我们自己的纯粹状态和活动，它同时具有接受性和自发性，因而是在我和对象的境遇中自己给予自己的东西。时间是保证想象力能把自己只施加在知觉上的那个东西，时间其实就是那个让一种纯粹领会成为可能的东西，是那个事先的统一性得以给予的东西（时间让一种对统一性的筹划成为可能）①。时间在一种与对象的先天相关中给予了这个统一性的东西，统觉只对这个统一性的运用中不可缺少的能提供出主体角色的必要环节。显然，时间其实在思想意义上显得比想象力更为根本，因为想象力如果没有时间性，想象力只能被标明为"先天的"能力，而不能标明为"先验的"能力，因而想象力本身也就不能必然地带来一种我和对象的关系，也就不能必然地带来经验。

总之，想象力如果没有时间性特征，一种"先天综合判断"就不可能，因为这个判断根本就不可能是综合的。因此，时间是先验的可能性所在，时间构成了先验的本质。通过时间的自我给予的这种能力，我们会发现一个我们本质上是一个"此在"（到场之在、如是之在），虽然这样的发现表现出来的只是一种"区域存在论"。但这样做至少表明了我在先验意义上的"到场"的某种能力，并因此对我自身的存在意义的理解提供了一个可以依据的视域。因此，由具有时间性特征的想象力提供出来的我和对象之间的关系本质上是作为一个"在场"的事件而发生。想象作为一种我们自身的先天能力本质上是作为一种让我们"到场"的先验能力而具有其存在论意义。从想象力出发而来理解的主体本质上就是一个具有自身性的自我，这个自我本质上就是一个"到场之在"。这个自我是在一种存在的尺度上运思着那个我和对象的关系的人，因而也是一个这个存在尺度（视域）构建者和其敞开状态的保持者。因此，这个自我是处在存在的近邻且是一个存在之音的聆听者，当然是一个能领会自身存在意义的存在者。由此，先验与自我（此在）的关系本质上就是时间与此在的关系。

不难看出，由想象力生发出来的时间本质上是一个自己给予自己的东西。在海德格尔看来就是纯粹的"自我激动"（Selb-staffektion，self-affection）的时间。"康德根据'自我激动'来认识时间，也就是说，作为'自我激动'它是先天地来自自我，刺激自我，与自我有关，并在此关联

① 需要说明的是，这与海德格尔的时间与统一性的思想有关。

中提供出先天的拒绝与约束。"[1] 想象力所提供出来的时间就是这个"自我激动"的与自我有关的时间。"那个主体的基本的综合活动所出入（reach out into）的时间就是那个先天地刺激主体的时间。"[2] 从学理上讲，对康德来说，如果主体不关涉主体自己，不通过一个什么东西来关涉自己，主体是不会给出规则的（先天的拒绝与约束），因为康德所讲的主体的活动总是纯粹的、先天的，而不论怎么说这些规则都是出于主体自身的。因此，这个纯粹的、先天的活动的"与对象相关"与"主体给出规则"之间只有通过一种"自我关涉"才是可能的，也就是说康德的先天和先验的过渡只有通过一种"自我关涉"才是可能的。那么，这个"自我激动"的时间不只是那个能保证每个对象就是对象本身的形式，而且是每个经验的自我相关性的形式。"作为自我激动，时间不是一种对现实的自我的敲打。相反，作为一种纯粹的东西它形成一个能自身关涉那样的东西的本质。然而，如果它属于一个能够被激活成为一个自我的有限主体的本质，那么时间作为纯粹的自我激动就形成了主体性的本质结构"[3]。

时间作为"自我激动"其实就是一个先天地来自我们自身的东西，它先天地刺激我们自己，并关涉着我们自己，因此它保证了我们自己的自身性。从时间出发来理解的我们自己（主体）其实就是一个具有自身性的自我。或者说，时间可以把一个认识的主体激活为一个自我，因此是它构成了主体性的本质结构。也就是说，时间就是那个主体能借此来和主体自己发生关系的一种视域模式。时间不只使对象本身成为可能，同时也使主体之于自己的关系成为可能。这正是时间之时间性在康德哲学中的具体体现。因此，时间作为自我激动其实表达了一种自我的时间性特征。由此，不难看出，康德哲学中的主体只有建立在一个自我的基础上才是可能的。"主体作为主体"本身需要一个主体性的保证，这个主体性的保证在康德哲学中是无法通过简单地作为先天的、纯粹的活动能力来提供的，因为它回答不了先验如何可能的问题，也就是说回答不了康德哲学中先天向先验的过渡

① Martin Heidegger, *Phenomenological Interpretation of Kant's Critique of Pure Reason*, Translated by Parvis Emad and Kenneth Maly, Bloomington: Indiana University Press, 1997, p. 265.

② Ibid..

③ Martin Heidegger, *Kant and the problem of Metaphysics*, Translated by Richard Taft, Bloomington: Indiana University Press, 1990, p. 132.

问题。主体的主体性在此只能是时间，时间构成了主体的基本结构，因此先验的本质也在于时间——时间在此作为一种内在的决定性原则。或者这样讲，就康德哲学的内在可能性而言（先天的先验规定），时间作为一个“自我激动”是必需的。因此，对康德来说，意识与对象的关联本质上是一种在“区域存在论”意义上的自我（此在）与世界的原初关联。所以通过对康德哲学的内在可能性的追问，我们可以看出康德哲学本质上是一种存在论，是一种为了使形而上学成为可能而必然要求的、人的此在的形而上学——为形而上学奠基，只不过康德没有像海德格尔那样对此在的生存论的基本结构展开具体分析。但从另一个方面说，康德在“知识何以可能”的追问中，他早已窥见了主体的内在结构及其之间的通力合作（主体的统一性），只是没有海德格尔那样彻底因而形成为其哲学的主题①。

海德格尔将康德的时间解读为纯粹的自我激动，目的就是为康德哲学提供出一个自我可以显现其自身性的视域，比康德哲学本身多出了一维，同时将康德模糊的时间学说明确化了。如果将先验想象理解为其他两种认识能力的来源，那么实际上就是将时间作为先验的本质，也就是作为所谓的主体的本质。在对康德的直观学说的解读中，海德格尔认为纯粹直观（时间）是一种“总揽”（synopsis），是一种前构形，在接受的同时有给定（giving），具有自发性意义上接受性。就知性及其范畴而言，范畴作为存在论谓词必须要受到时间的规定，否则它不能显现存在者的存在，具有接受性意义上的自发性。而就先验想象力而言，它是前两个能力的根源，本身就是时间，同时具有前两种能力的基本特征。这也就是说我的每种能力都要有时间有关联，时间构成了主体自身能力的内在统一性。没有时间，这三个能力的内在统一性无法建立，时间构成了主体的基本结构。这是就时间对主体自身内在结构的统一性而言。

把时间作为先验的本质的其一意义是，在主体与物的相遇中，我们的知识（先验逻辑）才可以说是关于对象的知识，也就是说是能显现存在者存在的知识，即对象获得一种先验逻辑的存在方式。因为在海德格尔看来康德的先验逻辑之所以成立主要是因为范畴是作为存在论谓词，即范畴要受到时间的规定。如果说在海德格尔看来存在论只有作为某种现象学才是可能的，那么在他看来康德的先验逻辑也只有作为某种存在论现象学才

① 事实上通过以上分析我们可以看出《纯粹理性批判》已经预示了《存在与时间》。

是可能的，更何况他认为康德哲学首先是一种存在论，哪怕是一种正如他所说的“区域存在论”。将时间作为先验本质的其二意义就是，就主体（自我）自身而言，正是由于时间提供给“我”的统一性现象，我在与对象（物）的关系中才能使自我作为一个完整的现象给实现出来，自我在与物的关系中将自我展现为自我。这样实现出来的自我是一个完整的自我，是一个与物共在的自我。对象（物）与我的关系不再是一个纯粹的建立在意识的基础上的认识关系，而是一种境域式的关联。总之，自我首先是时间性的，时间是一种发生域。由此可见，时间和我思之间的关系的建立是通过海德格尔将时间解读为先验的本质而给予完成。

经过海德格尔对自我的内在时间性（时间与我思的同一）的阐述，康德的自我已经不再是一个纯粹的意识主体的先验自我，而是拥有其自身性的自我。时间（纯粹直观）作为一种纯粹的接受性其实就是“自我激动”。任何思想的统一性行为都要受到这种作为自我激动的时间的规定。作为构成康德自我的最一般结构的自我意识同样受到时间规定，自我的行动本质是就是自我激动——自己触发自己。自我作为一个具有同一性完整性的和持存的东西总是永远伴随着我的表象并给杂多以统一性，这是自我的基本事实——**自我作为意识统一体永远不能和它所伴随的过程分开**。“这个联结是这样的类型以至于在思想中我也同样思想我自己。我不是简单地领会那个被思想和被表象的东西，我并不只是去感知它，而是在所有的思想中我与它一道来思想我自己。我不是感知，而是领会这个自我。统觉的综合统一就是这个区分性主体的存在论特征。”[①] 通过海德格尔的解读，这个在康德那里没有身份区分的自我已经被“人格”化了，时间就是这个康德那里没有区分的自我的自身性得以呈报的东西。时间的自身激动使自我关于其自身的存在及其构建成为必要。作为时间性的自我在此必须走向自身，而时间就是那个使自我走向自身的内在的能动机制。正如海德格尔所言，康德的作为我思的自我原本就是那个“作为先验人格（personalitas transcendentalis）的一种人格的形式结构”[②]。康德的自我其实就

① Martin Heidegger, *The Basic Problems of Phenomenology*, Trans. Albert Hofstadter, Bloomington: Indiana University Press, 1982, p. 127.

② Ibid., p. 129. 要说明的是，在《康德与形而上学问题》中，海德格尔同样提出了先验想象力是实践的自我意识的起源，并由此做出了对理性的解读——理性是一种纯粹感性的理性。

是作为最本己的人格的存在者来接受它自身的存在。由此，自我与主体的区分已经明确化，对康德来说主体只是那个意识的统一体，而自我在此在这种统一性行为中将自己展现出来，也就是说在与对象的表象式的境域关联中将自己具体化（这种具体化的自我就必然向它自身显明）。这种展现来源就是那个作为自我筹划核心的时间（先验想象力）及受其规定的图型。

那么时间（先验想象力）这样作为自我的核心又意味着什么呢？这与海德格尔自己的思想有关，他认为自我的自身性只有在超越中才能被找到，超越性构成了此在的自身性。“在基础存在论中，‘超越’这一术语是指此在富有特征的独特的东西。所以，这一术语不是指一种行为，而是此在之存在的基本构成性契机，而它恰恰先于一切实际行为。”① 对康德哲学来说超越在这里就指的是自我的存在论特征，它的构成性契机就是时间。时间体现了自我的内在的超越机制，“……在时间本质中就包含着一种内部的超越性；时间不仅是那种使超越成为可能的东西，而且时间本身在自身中就具有某种视域性特征”②。海德格尔论述此在的超越特征的目的是论述此在的有限性，因为最能从根本上体现自我具有有限性特征的主要是其超越性，而不是其主体性。“纯粹的自我激动提供了这种有限自我的先验的源始结构。”③ 纯粹的自我激动在自己触发自己的意义上就是一个“有限的自身”。有限就是来自一种可以被我们认为是本质特征的那个东西，是它给出了我们自己以自身性，同时也让我们成为一个“有限”，而哲学家只是“在思想的过程中做到，使此在本身的超越亦即这个有限生物的内部可能性与整体上的存在者发生关系，使它变的彻底”④。有限性来自这个让自我成为可能的东西——时间，并让自我作为同一的整体与对象相关。先验想象力的内在时间构成其实就是一种关于自我本源的演示，一种关于自由的自身给予的展示。时间对自我的有限性而言就是那个“能接受”，在接受性意义上进行自发性，同时具有自发性意义上的接受性，并

① ［美］约瑟夫·科克尔曼斯：《海德格尔的〈存在与时间〉》，陈小文等译，商务印书馆2003年版，第262页。

② 同上书，第264页。

③ Martin Heidegger, *Kant and the Problem of Metaphysics*, Translated by Richard Taft, Bloomington: Indiana University Press, 1990, p. 134.

④ Martin Heidegger, *Davos Disputation Between Ernst Cassirer and Martin Heidegger*, *Kant and the Problem of Metaphysics*, Translated by Richard Taft, Bloomington: Indiana University Press, 1990, p. 200.

由此将自我带入与对象的境域关联中，使自我走向自身。至此，他对康德时间学说的解读基本完成，时间就是那个能让自我能拥有有限并在有限中坚持有限性本身的东西。因此，康德的哲学思考（同样）是作为此在的坚决的超越性而发生的。这个自我就是一个能领会自己的存在意义的存在者，是一个从主体性中发展出来的有限的主体（自我）。这个自我本质上是存在论层次上的存在者。那么康德哲学的一切可能性都在于这个自我，在于时间，在于一种存在论意义上的现象学。

对康德的先验哲学来说，主体的可能性在于时间，因为只有具有时间性本质的自我才能承担康德赋予它的思想任务（即对象的在场问题——表象的复制问题）。这是对先验主体[①]的主体性保证。没有这个保证，先

① 对于康德的先验主体，可参见［德］康德《纯粹理性批判》，邓晓芒译，人民出版社2004年版，A346，第291页。康德在这里是说，在一种知识关系中我不可能向自身呈报，所以只是一个等于X的东西。或者说，通过一个思维的我或能思的我这个事情根本提供不出我的全部可能性，我们只能知道有一个作为主体的我在那里，但不可能回答这个主体的存在方式及其存在意义，不可能认识它，这就说明“我作为主体”还有更深的存在论原因，主体作为主体不是简单地从一种认识活动这个现象出发可以推论出来的——只能说我是个伴随着一切概念的意识（在康德看来意识是提供不出我的存在来）。在这里只是启明了主体存在的可能性，没有否定主体的存在，没有回答在此能作为一个主体的我的全部可能性，从而也没有回答主体的存在。同时康德这里还是强调了作为主体的我不能通过认识来把握这个事实，强调不要以认识的方式或者是推理的方式来对待我（主体）的存在，但没有否定“我作为主体存在”这个事实。先验演绎的最后就是那个“主体的出现”。事实上，作为启蒙者，康德就是要从一种现象（如自然科学）中来说明“我作为主体”而存在的可能性，就是要给“我”一个位置，就是要实现从匿名的我向有身份的我的过渡。在先验演绎中，康德首先的任务是“让主体出现”，我为什么可以作为主体出现，那是因为主体的内在结构和能力决定的。但对于主体的内在结构或者说主体性本身提供出了一个什么样的主体，主体的主体性具体何在，康德没有说。只是说我是一个先验主体，也就是说我是一个有自己的独立的自身的（先验）原因的主体（东西）。至于这个主体的存在，也许在康德看来，这是在知识论中不能解决的。因为在康德看来，我不只是自然的主人，而且是自己的主人。康德之所以在知识论中没有启明主体的存在，在海德格尔看来，是因为康德没有对主体的主体性进行考察，没有从主体性中发展出主体来。事实上主体性标明的主体就是一个存在论层次上存在者——具有自身性的自我。同时，必须注意，康德在先验演绎中有一种循环，究其原因就在于康德没有把主体的主体性给明确起来。这个循环是这样的，在《纯粹理性批判》的第一版中，康德是想通过经验现象来走向主体，让主体出现。但在这里他没有很好地处理给出主体的主体性何在，从而也没有给出一个真正的可以成为主体的主体来（自我）。在第二版中，康德干脆从主体出发，认为“我作为主体”就是事实，所以就没有考虑主体性的问题。这也是康德在第一版中重点谈统觉，在第二版中重点谈知性的原因。康德的这个循环的原因就在于他克服不了由经验现象向主体的过渡之间的断裂，因为虽然他也谈现象（表象），但在现象与现象之间总是由理性的推理方法来支撑的。说到底，他还是没有用一种现象学的方法来让他克服这些断裂，没有将主体的主体性明确起来，从而有一种来自主体性的贯彻。可以说康德是在现象学与传统哲学之间的一个徘徊者。

验主体是完不成康德所赋予的主体的思想任务和使命。也就是说，只有一个具有时间性本质的自身性的自我才能有资格去做这个“先验主体”，才能作为“主体”。离开时间，康德单凭统觉这个东西是提供不出一个可以完成他所赋予的思想任务的主体来的。或者说只有我们的意识具有时间性本质，统觉才会提供出“我思”表象，才会告知有一个主体“在那儿”(真实存在的主体)。或者说，只有一个具有时间性本质的自我才可以成为一个有出自自身原因的主体（先验主体——通过前面的分析，我们知道在康德哲学中，先验主体不是作为一个逻辑的条件的主体，而是一个有自己的先验——出自自身的——原因的主体)。以上回答了康德先验哲学中“主体何以可能”这个问题，但同时也敞开了先验哲学中的“存在问题”。

四　先验哲学中的存在问题

就先验哲学中的存在问题，海德格尔在《现象学的基本问题》《康德的存在论题》《康德与形而上学问题》《对物的追问》《存在与时间》以及与卡西尔的论辩中都给予了不同程度的说明。通观整个海德格尔对康德的解读，他对康德哲学中的存在问题的论述都是建立在《纯粹理性批判的现象学解读》的基础之上。其实，只要阐明了时间在康德哲学中的基础地位，那么康德哲学中的存在问题就会按照海德格尔阐明存在问题的方式进行了，是故这里只是简单地交代一下海德格尔追问康德哲学中存在问题的基本思路。

在与卡西尔的达沃斯论辩中，海德格尔坚持认为“康德寻求的是一种关于存在一般的理论……他寻求的是一种普遍存在论……一种以批判的方式得以奠基的一般形而上学”[①]。在海德格尔看来，任何存在论首先是要充分澄清存在的意义并把澄清存在的意义理解为自己的基本任务[②]。否则，它无论具有多么紧凑的范畴体系，归根结底都是盲目的。所以，现在

① Martin Heidegger, *Davos Disputation Between Ernst Cassirer and Martin Heidegger, Kant and the Problem of Metaphysics*, Translated by Richard Taft, Bloomington: Indiana University Press, 1990, p. 196.

② ［德］海德格尔：《存在与时间》，陈嘉映、王庆节译，生活·读书·新知三联书店 1999 年版，第 13 页。

的问题就是：我们要回答“康德寻求的是一种普遍存在论”这个问题，我们首先要阐明康德哲学是如何澄清存在的意义的。关于存在的意义问题，众所周知，在海德格尔看来首先应该是要赢得一个解释存在的视域，然后通过这个视域来把握存在本身的意义。因此对康德的解读也好、还是在《存在与时间》中对此在的基本的生存论分析也好，都是为了赢得一个能显示存在之意义的视域，不同的是对康德的解释是通过“一种真正的知识如何可能”（先天综合判断何以可能）的问题为导入口的，而《存在与时间》中是以此在的存在意义为切入口的。在海德格尔看来，要说明此在之存在意义就必须说明此在之时间性本质，因为具有时间性的时间构成了那个显现存在意义的视域——时间的时间性在此是最为根本的问题。所以一切存在论的核心就在于它正确看出的和解说的时间现象以及它如何根植于这种时间现象的。当然，康德也不例外，如果我们认为康德寻求的是一种普遍存在论的话。所以，要回答康德是不是对一种普遍存在论的寻求的关键就在于阐明康德的“自我”的时间性本质。

虽然海德格尔认为康德没有先行对主体之主体性进行存在论分析，从而耽误了存在问题。但是通过他的解读我们发现，在康德哲学中主体作为主体本质上首先是一个存在论意义的“自我”。这个“自我”之所以是存在论层次上的存在者的原因就在于构成这个自我的核心的想象力本身就包含着一种“筹划”的本质结构（在《存在与时间》和《现象学的基本问题》中，海德格尔同时把这个筹划的本质结构归之于统觉和知性）。为了让统觉提供出的那个事先的统一性的先验功能成为可能，这个想象力的筹划在本质上是一种生存论的筹划——从想象力（时间）中发展出一个有限主体来。通过这个筹划，康德的主体（自我）其实已经获得了一种先验的时间规定。这个时间本质上规定着主体之生存，规定着主体本身的存在。因为时间是纯粹直观，同时直观作为思想的直观，因此这个由时间规定的主体本质上是一个既向其他存在者，又向自身敞开的存在者，即此在。因此，时间其实构成了主体的源始现象，主体本质上是时间性的。这个时间就其与主体的存在而言本质上被标明为时间性的。事实上，这个主体就是一个存在论意义上的具有自身性的自我。至此，我们可以说通过海德格尔的解读，康德哲学本质上是一种存在论。同时，我们发现，海德格尔以上关于康德哲学的存在论的论证都是按照康德哲学的内在可能性来说的。具体地说，海德格尔是在追问康德哲学中的“先天如何可能”与

"先验如何可能"（总体来说就是"先天综合判断如何可能"）的道路上来完成康德哲学的存在论解释的。这个追问的结果便是自我（先验、此在）的时间性。

海德格尔认为康德对存在的论述总是"插曲式的"，康德并没有以合乎其内容和意义的方式把这个论题当作一个体系的原命题提出来，并且没有把它展开为一个体系。海德格认为，在不同的插话中总是表达出康德的一种源始沉思，而这种源始沉思决不误以为自己是最后封闭的沉思①。他认为存在在康德那里意味着实在性，但存在不是实在的谓词。因为对康德来说，"实在的"（real）一词有更为源始的意义，它指的是某个 res（物）、某个实事、某个事态所包含的某个东西。"实在的"对康德来说并不意味着我们今天在谈论那种考虑事实、现实的实在政治（Realpolitik）时所指的东西，实在性并非现实性，而是实事性（Sachheit）。因此，存在也不是什么实在的东西。比如，我们说"这块石头存在"中的存在，它并不是说石头之为石头所是的东西，而是说石头所包含的东西在这里实存，即存在情况②。

那么何谓存在呢？用康德的话说就是："存在"只是对于一个事物或者对于某些自在的规定本身的断定③。海德格认为这个"只是"并非限制，而是把存在引向一个领域，只有从这个领域而来，存在才能得到纯粹地标画④。"只是"在此意味着纯粹，这个领域在康德这里至少不是对象性的东西。"存在是断定"（康德）表明了这种断定是纯粹的断定，它的根源在人类认识的主体性领域之中。断定在这里其实就是设定和摆置的意思。纯粹的断定就是对被设定者本身的在场设定。但反过来讲，这个设定本身又不得不是存在的告知，它之所以可能的原因就在于主体的时间性本质。所以，"存在是断定"既表达了存在对我们的存在意义，同时也是存在本身的意义。存在其实早就作为一个思想的事件了，只是我们遗忘了它。

但是，康德并没有遗忘，"康德本人生活在那种确信中，他确信已经

---

① 参见［德］海德格尔《路标》，孙周兴译，商务印书馆 2001 年版，第 525 页。

② 同上。

③ 同上书，第 526 页。

④ 同上书，第 531 页。

获得了一个位置，由之而来，对存在者之存在的规定可以进行了”①。存在和实存取决于那种与知性的使用关系。这与《存在与时间》多么相似，海德格尔同样认为他获得了一个位置（时间性），由之而来，对存在者之存在的规定可以进行了。但是，为什么非得要在此在的基本结构中才能获得这个位置呢？或者说为什么非得要把人弄成个“此在”才能获得关于存在的视域呢？为什么不直接面对存在本身呢？这一点，海德格尔后来是意识到了，我想也是所谓“转向”的一个原因。但是就对康德的解读而言，自我的时间性乃是最关键的。

统觉的的综合统一性原理中的“统一性”并不只是意味着共在，而且是既统一着又聚集着，是原初意义上的逻各斯，只是转移到自我主体身上了②。先验哲学的存在问题不是根植于思考对象领域的形式逻辑，而是根植于由统觉的源始综合统一性所规定先验逻辑。海德格尔揭示了先验哲学的思想主题：存在与思想。

“思想始终有先验统觉来规定，并且始终通过感官而与情感相联系。思想深入到人的那种被感性所关涉的、也即有限的主体性中。‘我思’意味着：我根据对统觉统一性的先行洞见，把一种感性地被给予的表象之多样性联结起来。”③ 所以康德的存在论题——存在只是断定——与一般的形而上学的关于实体的存在问题不同，它指的是对象之对象性与人类认识之主体性的纯粹关系。“可能性、现实性、必然性乃是对于这种关系的不同方式的断定。不同的被设定状态是从源始的设定源泉中获得规定的。这就是先验统觉的纯粹综合。它乃是思想的原始行为（Urakt）。”④ 因此，海德格认为，在康德哲学中，存在有其主体性渊源，即思想的渊源。存在的主体性渊源从根本上说就在于主体性本身的存在论本质。主体的全部内在可能性就在于我们与对象本身的事先的存在论相遇，从而使存在之意义的生成成为可能。“存在是断定”，能形成“断定”的根源就在于时间性的时间。所以，就海德格尔对康德解读而言，最核心的问题就是“对康德的时间的时间性追问何以可能”的问题——康德哲学的时间是不是一种具有出离本质的时间性时间，这正是整个解读的主题。

① ［德］海德格尔：《路标》，孙周兴译，商务印书馆 2001 年版，第 540 页。

② 同上书，第 542 页。

③ 同上。

④ 同上书，第 549 页。

结语　存在的事件

现在的问题是：按照海德格尔的解读，他把康德哲学引向存在论会向我们展示出关于康德哲学的哪些运思维度，会告知康德哲学中哪些思想事件，同时会把康德弄成一个在什么意义上从事思想事业的康德呢？那么，这样的解读会把康德最终带向何处？

一　存在的真相

首先，我们用海德格尔的话来为他对康德的解读做一个总结："康德的纯粹理性批判的积极成果也在于着手清理出一般地属于自然的东西，而不在于一种知识'理论'。他的先验逻辑是关于自然这一存在领域的先天的事质逻辑。"① 康德在对"先天综合如何可能"的解决中其实事先领会了物的本质意义。对康德来说，物首先是物自身，而不是别的（不是上帝的创造），这是属于物的自身原则。对物的自身原则的确认是物的出场的先决条件。对康德来说，他要追问的是物的"自然"（在存在意义上而言），而不是首先是对物的认识。与"自然"相关，康德追问的是：什么同时属于这个"自然"。或者说自然之物的意义在于什么？对康德来说，这个问题的答案就在于作为对象的对象性，在于对一种"自我拒绝"的要求。我们不是首先去认识物的本质，而是首先关注着我们何以能和具有自然意义的物的相遇。康德要阐明的问题是：什么样的我才能和物相遇？这本身就提供了对匿名的我和我们（Wir）的一种明确性要求。同时，具有自然意义的物也提供了一个可以让我们形成自我确认的参照。所谓的"三重综合"其实就是对一个能和物发生关系的"我"的内在可能性的分析。我要和物形成一种相遇关系的关键就在于我事先具有形成先验对象

① 海德格尔：《存在与时间》，陈嘉映、王庆节译，生活·读书·新知三联书店 1999 年版，第 13 页。

（等于 X）的能力，这样物才会到来。要形成这样的先验对象的关键就在于一种统一性的筹划，在于时间。这样才能保证相遇的境域性，才能保证我和物的“自然”发生一种纯粹的先天的关系而不破坏（扭曲）物本身。这是物的“自然”意义，同时也启明了“我”的存在。

我作为主体能和物相遇，这是“我们”人类存在者不同于其他存在者的关键所在。主体作为匿名的我的基本形象（存在模式）在物的参照下在哲学史上第一次在康德这里赢得了属于自己的存在论起源。很显然，康德哲学中主体不简单是作为逻辑主体，虽然康德认为这个主体是不可推论的，不可认识的，但并没有否认这个主体的存在本身，因而也没有否认**主体性的存在论意义**。作为一个启蒙者，康德强调的是主体的一种属于自身的起源，是雅典向耶路撒冷的宣告。海德格尔对时间的强调就是为了说明康德并不是简单地通过一种演绎的方法来引出一个逻辑主体来，而是要说明在康德看来作为一个能与物相遇的主体所必须具有的主体性。康德并没有简单地通过自我意识这个东西来提供出一个关于我们的主体形象来，而是“让物的出场”作为主体性的决定性事件。时间的秘密就是让物本身出场，让物的在场成为可能。物在表象中的现象同时也是物对我们的显现，是我们的对—象（Objekt）。所以说，没有时间，没有想象力，康德是不会提供出一个主体的形象来，而且这个主体也不会具有一种和对象境域关联的能力（图型）。

与物的在场的思想事件相对应的是“我”作为一个具有自我性的主体的出现——这个主体能把自己在与物的共在中维持为一个主体。这是先验的决定性原则，也是先验与自我的内在存在论关联所在。因为由自我意识提供出来的主体根本不会在康德那里具有一种和对象先天相关的能力，根本首先不会领会物的“自然”，不会领会我与物的共在，因而物也不会成为对—象。更彻底地说，没有物的参照，我们根本不会有自我意识。即便有（像在上帝面前的自我意识），那也不会催生出一个康德所说的能和物先天相遇的主体。因此，在康德哲学中，主体的秘密就在于主体的存在事实，在于一种对属于“自然”的东西的厘清。

但反过来讲，对康德来说，作为一个启蒙者，主体的出现乃是一种必然。从先验演绎的基本精神我们可以看出，物的出现及其意义的显现与我们自身的全部内在可能性相关。这就是说，对康德来说，世界的起源的核心同样在于我们自身之中，康德同样必须而且能够把我们界定为一种

"在世"。通观整个海德格尔对先验演绎与先验感性论的解读，我们会发现康德论述的目的就是通过"我能够和物相遇""我能够言说、能够形成判断"这个基本事实来提供出一个主体这个东西来。对康德来说，主体能够而且必须作为"在世"。

就康德对主体的出现的必然性的制定而言，我们可以清楚地看到他与海德格尔的共通之处。不同的是，海德格尔从"在世"现象直接出发，把此在之"在世"直接把握为现象，而康德从追问我们与物的相遇的可能性出发而让现象（世界）本身成为可能，从而使这个主体原则上能够被界定为"在世"（只有从这里出发，康德才能对属于我们人类自己一种判断力的"缘何而起"的问题做出回答）。对康德来说，这个"在世"的秘密就在于使我们自身在与物的关系中获得一个属于自己的"位置"的先验（时间），在于自我（自由）的自身让予。就康德的运思来说，物的出场、人（主体）的出场是决定性的。与此相关，康德的思想任务就是把"在场"变得可能（让在场），因而使传统形而上学的在场（presence）作为在场（presencing）的事件（event，Geshehen）而发生。同样，按照海德格尔的解读，实践的自我意识也起源于想象力。在康德那里，在场还包括神的出场。"物、人、神（god）的在场"这本来就属于存在的真相，只有在"物与神"的交会中（在场在场着）真正的哲学和思想才能发生，人才能赢得一个相对于存在而言的优势——这正是存在的意义也是存在之真相。这不但构成了康德的运思维度，同时也标明了康德哲学中所发生的思想事件——时间与存在，而且规定了思想本身及其道路。在海德格尔看来，这个道路本质上是通向存在本身的道路。

同样，存在之意义的持续的在场状态其实在康德的运思中一直起着规定作用，康德是一个在存在尺度上运思的人。或者说，康德是一个领受（Vernehmen）了存在之意义的哲学家。那么这个能领受存在之意义的哲学家在关于"人是什么"的回答本质上就要求人是一种由存在遣送而来的"人"，而不是一个只在与上帝的关联中进行思考所得出来的"人"。因此，这样的"人"乃是一个具有设定能力（给定规则）和自由的自身给予能力的人，而不是一个去发现那些已经被设定的规则的人。与此相关，先验哲学本质上不是开始于一个已经被设定的事实，而是要发现这个设定的根源（即时间）。通过这个根源其实说明了康德那个"结构"式（我能知道什么，我应该做什么，我可希望什么）的对人的分析以及由此做出对“人是什么”的回答本质上是源于他对人的那个原本的统一性结构的洞察，源于对那个能提供这个统一性结构的人的有限性本质的洞察。这个设定本身其实暗含了人的有限性（时间性），暗含了存在之意义的支配作用①。因此，这个“人”在康德那里是一个由存在之意义支配而具有整体性的统一性能力的人，是具有时间性的自我，是一个可以领会存在之意义的人（此在）。这个时间性的自我在康德哲学中是理论自我和实践自我的统一体，它同时提供了这两者的可能性。由此可见，康德实际上是一个领会了传统同时又告别了传统进而开启了传统的哲学家：他告别了西方传统的经验主义和唯理主义对主体的把握方式并把主体引入了一种存在论的境遇，从而使他自己成为一个关于存在之意义的道说者，并因此使“存在与时间”成为值得思的东西始终保持在思想家的视野中，使思想和思想家自己一起得到了思想的规定——存在与思想由此获得了属于自己的哲学可能性。思想的可能性就在于存在本身之于思想的那种可能性。

二　解释的力量和思想的矛盾与挣扎

现在的问题是：海德格尔这样的解读最终会把康德带向何处？答案是：思者的隐退。好像海德格尔把康德想说的东西给说完了，只要你跟着海德格尔的思路走，那你就别想回头。的确，这一方面是解释的力量之所在，使康德的思想得以彻底化，是思想复兴的征兆；另一方面也表现为一种解释的阴谋，使康德缺少一种原有的思想的节制美德；使作为思想者的康德退出思想的舞台。

毫无疑问，经过海德格尔解释的康德已经不是原本意义上的康德了，从前面的解读我们可以看出这个康德已经是原来的康德（先验哲学）、海德格尔（存在问题）和胡塞尔（现象学的方法）组合而成的新康德了。海德格尔对康德的解读就是以现象学的方法为基础、以存在问题为牵引来解读康德的。这样的解读使康德哲学中的主体性以及与之相关的道德自我和先验自我的断裂问题得到了彻底的解决，使我们（包括胡塞尔）对康德的诘难不复存在，这是对康德哲学一种终结性的处理方式。这是康德思

① 康德只由这三个方面来提供出关于人的本质的回答其实已经暗含了一种存在之意义的领会，因为这里具有明显地对人的制定原则存在——只有从这三个方面出发才能阐明“人是什么”的问题。这里面暗含着匿名的“我”向具有确定性的具体的“人”的过渡问题。

想的复兴也是其终结。

虽然海德格尔一直声称他是从康德哲学中看到存在问题在形而上学历史中所表现出来的多样性，但这样做的危险在于把康德哲学作为一个例证来引出他的存在问题。康德作为海德格尔的例证被重新摆置了，但同时也完全显明了康德之思想（?）。康德哲学中的主体性问题的灰暗不明是黑格尔以来很多人所批判的问题，认为康德对主体的说明不够明确、主体的主体性的贯彻不够彻底。海德格尔替康德回应了这些批判者（包括尼采），把康德推进了存在问题的旋涡，但是这个推进同时也存在对康德的反叛——但愿解释者一同属于那个被解释者。我们反过来看，就可以看出康德思想所固有的思想的节制美德。

康德在先验哲学中没有把主体这个形象彻底地提出来，或者说没有从主体性中发展出一个有限的主体来的原因并不在于康德没有注意到主体的构建问题。康德已经意识到了在我和物（对象）的知识关系中总是有一种存在论关系作为基础，所以我和对象的知识关系的可能性只是显现了我能作为主体这个事实。但在这里并不能直接从一种让知识关系成为可能的主体性中发展出一个有限的主体来，虽然在康德看来让知识关系成为可能的是存在论关系（这一点可以从先验主体 X 与物自身的关系中可以看出）。所以，先验哲学在此只是显示了一种存在论关系的可能性，并没有直接走向存在。在这部分康德关注的主要问题是数学和自然科学如何可能的问题，而不是作为有限主体的人是如何可能的问题。在这里只是通过知识论启明了存在论，启明了物的存在论意义，从而启明了让一种有限性成为可能的东西，但在这里并没有直接给出这个有限性本身。根据康德的学理，是因为一种知识论而让存在论可能，而不是存在论让知识论可能，虽然最终还是存在论决定知识论。这样就避免了把存在论本身作为一种逻辑条件的危险。

因此，康德在先验哲学中谈论的问题首先是知识论问题，用中国哲学的话说就是知识论开出了存在论，更彻底地说，我们只有看（认识）到应该看到的东西，我们才会明白看不到的东西，从而那些看不到的东西才具有意义（这正是人忠实于自己有限性的体现），因此一种真正的领会才可以发生。康德先验哲学中的“先验”只是一种知识论意义上的方法论设定，使我们的认识保持在它自身的范围（清楚明白）之内。他把这个范围之外的东西交给了沉默或者矛盾或者别的东西，但同时也会让我们清楚明白地认识到自己的界限。也许在康德看来，以主体的方式去实现人的最大统一性是一种冒险，因为存在始终在支配着我们；同时不能因为存在的支配而忘记人对自身的职分（在康德看来人不是存在的牧者，而是人的守护者）。这是一种非主题化的主题，其实以一种隐讳的方式让有限性成为思想的主题的做法，是思想的节制美德在思想家那里的发生，也是思想家的隐讳所在。也许，人类思想本身就处于一种矛盾与挣扎状态之中，任何彻底性的思想性追问都不可能使思想本身透彻。如果人类没有了思想难题，那么人还有什么。

海德格尔的康德解读的关键之处就是他直接揭穿了康德的隐讳之处，直接来面对康德哲学的核心问题，并通过现象学这个怪物（对康德来说）从康德的隐讳处来直接把康德思想的奥秘给连根带土地拉出来以大白于天下。海德格尔够狠！把康德直接拉回到存在，然后在存在的光照下来看康德。康德从此无话可说，自行隐退。也许有一天，另一个貌似海德格尔的人会这样对待海德格尔。这本无可厚非。其实，如果一个思想者能在解释中呈现思想的地形学，那他也必将与被解释者一起自行隐退！思想构造思想的地形，但思想离不开伟大的思者！思者很多，思想只有思想本身！问题是：海德格尔是否以他的存在问题返达了思想本身？

三　存在是一个事件：在马克思、康德与海德格尔之间

其实，在早期海德格尔看来，先验哲学本身就是一个存在的事件，或者说属于存在的事件。存在是一个事件，但是正如海德格尔在晚期讨论班中所言，作为存在的存在对于人不再存在①。存在是一个事件在此意味着，对存在的遗忘本身已经成为一个事件，同时，存在本身是一个事件，不但存在一直在，古来有之，而且存在这个事件正在以事件的方式回归。这是海德格尔在康德先验哲学中所发现的一个有关人类近况的一些隐秘的迹象，因为先验哲学的根基之处恰好是我们关于世界的领会，只有从这种领会出发，存在才有可能在场。先验哲学是存在的“契机”，但是稍有不慎，这种“契机”就化为乌有。这种领会意味着我们关于“整体”的知识，也意味着人的内在必然性的制定，这种必然性可以适当地被理解为一种“存在的必然性”，或一种天命，这是人之有限性所在。这也就是说，一种彻底的有限

① 参见［德］海德格尔《讨论班》，《海德格尔文集》第十五卷，商务印书馆 2018 年版。

性是以某种领会和关于整体的知识为前提，意识的直接性为这种必然性提供了必要的支持，意识的直接性能为“必然性”（先验演绎）提供支持，但不能为“应当”问题提供支持，除非我们首先获得一种关于“整体”的知识（这样我们才能源始占有有限性）。正如施特劳斯对这一问题的廓清：

> 所有的知识，无论其多么有局限或多么“科学”，都以一个视域、一种知识在其中成为可能的完备的观点为先决条件。所有的理解都以对于整体的一种根本的意识为先决条件：先于对具体事物的任何知觉之前，人的灵魂必定有一种对于诸种理念的洞见，一种对于环环相扣的整体的洞见。无论激励着不同社会的这种完备的洞见如何差异巨大，它们全都是同一种洞见——关于整体的洞见。[①]

但是，在海德格尔看来，获得一种关于整体的知识只是此在通达存在的条件，关于整体的知识不是存在本身的存在的现身条件或者是海德格尔后期所说的“本有”（Ereignis）的现身条件。在先验哲学中，一种领会，或关于世界整体的知识（事先的统一性）都根植于时间性的想象力，同时由时间性想象力而来的领会又反过来为想象力本身制定唯一性的道路（领会会让我们将想象力一定施加在知觉之上），这正是时间的奥妙。在《存在与时间》中，“‘时间’乃是对那个作为存有之本现的真理而在本有过程的唯一性中发生的东西的指引和回响”[②]。对海德格尔来说，时间开辟了一种本真的存在之路，而且是唯一性的道路。此在之时间性源始体验使此在作为一种坚决的超越性，使此在之“此”成为可能，真正的“他者”会因此来临，超越因此是人的基本生存结构，人处于超越之中并且作为超越，一种由此在之“此”而来的决断构成了超越的核心。决断是拯救存在或人的唯一方式，决断不是选择，而是作为决心而发生的，决断可以创造最艰难但又最壮丽的东西，“决断意味着建基和创造”[③]。存在是一个事件，这个事件对海德格尔而言意味着一种本真的存在之路。存在之

① ［美］施特劳斯：《自然权利与历史》，彭刚译，生活·读书·新知三联书店2003年版，第126页。

② ［德］海德格尔：《哲学论稿》，商务印书馆2012年版，第81页。

③ 同上书，第108页。

路的可能性在于存在本身之于我们的规定性何以可能。关于存在之路，对于现时代的我们来说，我们可以深切感知，但我们无法清晰地给出这一道路的具体结构与特征。但我们可以说，这是一条自由与真理之路，在其中，作为整体的自然和世界本身能完成与人的真正照面，人的历史可以展现为存在的历史。存在之路对人类来说是一个悬而未决的事情，任何想为此路做出筹划的现实与历史努力都是一种对存在之路的背叛，也许存在之路在未来的某个历史拐点会获得其“时机性”开端，在现实的道路没有终结之前，存在之路就不会现形。

与海德格尔一样，康德也认为“存在是一个事件”。对康德来说，“存在是一个事件”意味着存在预示了人类自身由有限性而来的必然性原理。存在在此意味着一种对人的道路的必然性制定，关于存在本身，我们不能认识它，但可以思考（thinking）它。先验理念可以调节范导人类的行为，以追求更大的人与世界的统一性。康德通过自由（先天、先验和思想）暗示了人的最大思想统一性的可能性，即一种最大可能的理性统一性。存在在此意味着一种源自人的自由能力的一种对自由之路的必然性制定。因此，在康德那里，存在之路是一个边界清楚、方向清楚的必然性之路（真善美之路），存在的意义就在于人通过理性及其各种能力（自由）接受存在的派送，存在通过人的“先天”而源始地发生并成为一个真正的事件——把存在本身据为己有，同时，人通过存在而理解了自己——人是什么。在此意义上，是存在给人设定了目的，人的目的并不是人自身的设定，没有存在，人无法认识自己。我们的任务是去发现存在或作为整体的自然留给我们的线索，因为大自然从来不做徒劳无功的事情。正是基于自然的目的论，我们才可以说，存在存在着，正如康德所说，“存在是一个断定”。伟大思想家的伟大之处就在于，他能形成洞见，把深藏于自然本身的存在语言转为人类语言。康德的这种语言转释为人类的现代性事业赢得了一个来自世界本身的开端。人的有限性原则和思想的统一原则构成了人类现代事业的基本原则，只是黑格尔把在人那里有限的东西转化为一种无限的“绝对”。有限性原则和统一性原则并不冲突，真正的统一性是基于有限性的统一性，知性的统一性和理性统一性各自为人类开辟了道路。基于理性统一性原则和有限性原则，人事先知晓了自己的目的。人是以自身为目的而生存的东西，但人之所以能成为目的本身，是因为人事先知晓了人的目的（比如政治上的目的、道德上的目的与认识上的目的）。目的塑造人，但前提是人要以自己的目的为目的，只有这样“人本身才成为自身的目的”（忠实于人的有限性）。存在是一个事件，是一个关于人的存在本身及其存在之路的断定，虽然康德没有通过“人是目的”这一事实充分阐释人之存在的基本特征，但他揭示了人的存在之路。

与康德、海德格尔一样，对马克思而言，存在是一个事件。马克思也是一个语言的摆渡人，马克思力图实现存在的历史与人的历史的本质性统一。自然的存在语言通过人的劳动而展开为一种历史过程。在马克思看来，人及其世界存在着一种自然发生学原理，这就是马克思所说的“自然界的人的本质”问题。工业等人类的实践创造物都是“一本打开了的关于人的本质力量的书”，是人的本质的公开展示，真实再现了自然对人的历史性关系。正如海德格尔在《关于人道主义的书信》中所思，“行动的本质是完成”，“完成就是：把一种东西展开出它的本质的丰富内容来，把它的本质的丰富内容带出来”①。在此意义上，劳动就是一种行动，劳动本身是一种生产性活动，不但生产产品，而且生产人及其历史本身。通过劳动，自然本质的丰富性在人的历史中得到展现，历史因此是自然的历史也是存在的历史。马克思是自然存在语言的摆渡者，正因为如此，海德格尔认为，“从存在的历史意义看来，确定不移的是，一种对世界历史意义的东西的基本经验在共产主义中自行道出来了”②。对马克思而言，存在是一个事件意味着，我们应该在“对象中直观自己”，应该发现存在的真理并走在探索真理之路上。对人来说，马克思的存在之路是一个实践（行动）之路，也是一个探索真理之路。

现在的问题是，一种真正的行动是如何可能的。在马克思看来，在存在的历史及其世界历史意义上，真正的行动就是一种无产阶级的行动，无产阶级的行动本质上是一种全面改变社会的运动，因为只有无产阶级的运动是一种没有被特殊利益所驱动的独立的运动，它代表着人类普遍利益的运动及其现实化③。无产阶级探索人类的社会真理并使真理社会历史化，

---

① ［德］海德格尔：《关于人道主义的书信》，《海德格尔选集》，熊伟译，孙周兴选编，生活·读书·新知三联书店1996年版，第358页。

② 同上书，第384页。

③ 参见［德］马克思《共产党宣言》，《马克思恩格斯文集》（第二卷），人民出版社2009版，第21、42页。

无产阶级的运动代表着普遍利益的社会化运动，代表着一种“世界”的可能性。正如马克思的宣谕：“无产者在这个革命中失去的只是锁链。他们获得的将是整个世界。”[①] 在这里，“他们获得的将是整个世界”并不是指无产阶级统治世界，而是指无产阶级让世界成为“应该是”的世界，只有“应该是”的世界才是世界历史意义上的世界。世界历史的意义第一次在“工业”显示了出来，马克思世界历史经验正是基于“工业”的存在历史经验。存在的历史与世界历史本属一体，马克思的存在之路同时也是人类的世界历史之路。在行动与探索中，在实践与求真中（实事求是），人类最终会走向一种世界历史之路，趋向一种使世界成为可能的真正共同体。

康德把握住了思想与统一性的关联，马克思则抓住了实践（行动）与统一性的关联，思想的统一性原则并不能完全给出存在的历史与意义，它虽然指示了未来，但没有展现未来，而实践及其统一性则意味着一种在现实历史中所显示出来的统一性，它指示着人及其未来，是存在之历史的真正发现，它具体展示了“这个世界究竟如何”。存在是一个事件，存在本身开显了人类的未来之路，未来之路本质上应该是存在之路，也是我们无法逃避的命运之路。存在是一个事件，是一个关于人本身的命运性事件。但我们因此也不能把一种存在的命运强加给我们人类自身，像黑格尔那样，把思想的统一性上升为一种绝对，毕竟这个世界不只是思想的世界，在实践与现实中总是会闪烁着某些扑朔迷离的东西，人类还需要继续徘徊在人与自然之间，存在的天命、实践性反思以及不可预计不可左右的现实性都在构造着人类生活。

---

① 参见［德］马克思《共产党宣言》，《马克思恩格斯文集》（第二卷），人民出版社 2009 版，第 66 页。

附录　康德先验哲学中的时间与“我思”问题

康德先验哲学中的时间和我思的关系问题对康德自己来说是悬而未决的，将这个问题形成为主题的是海德格尔。海德格尔是在对康德进行存在论解读时建立了时间与我思的决定性联系。本文拟就分析并论述海德格尔建立这个决定性联系的原因所在——按照康德先验哲学的内在可能性而言，这个联系的建立是必需的。与此相关，本文主要回答的问题是：(1) 海德格尔凭什么会在康德的先验哲学中建立时间和“我思”的决定性联系；(2) 这个联系对康德的先验哲学来说有什么思想意义。

一

关于“我思”，康德是在《纯粹理性批判》中论述统觉的源始综合的统一性时提到的，认为只有统觉才能提供出“我思”表象来。康德在论述统觉的源始综合的统一性时，就开门见山地说“我思”并不是偶然。由于在统觉中，思想只与自身相关，统觉因此能被表达为一个“我思”。所以，对康德来说，统觉和“我思”是一回事情。统觉是一种意识、一种本源意识，而“我思”对康德来说表达的是就单纯的与对象的关系而言，我（人）可以作为主体，能立身于对象的面前（“我思”必须能够伴随着我的一切表象）。因此，正如康德所说的，在此要说明这个可能的本源意识的综合本质。

关于统觉的本质，在海德格尔看来：“……康德是在与一个关于对象的本质的讨论的联系中来说明先验统觉的本质。”① 关于对象的本质问题，康德在这里提出了先验对象（等于 X）的概念。“从现在起，我们将可以

① Martin Heidegger, *Phenomenological Interpretation of Kant's Critique of Pure Reason*, Translated by Parvis Emad and Kenneth Maly, Bloomington: Indiana University Press, 1997, p. 249.

对我们有关一个一般对象的概念作出更为准确的规定了……这些现象不是自在之物本身，而只是一些自身又有自己的对象的表象，而这一对象则不再能够被我们所直观，因而可以被称为非经验性的，即先验的对象，等于X。”① 在康德看来我们所有关于存在者的经验都依赖于一个先验对象的纯粹概念。没有这个一般对象的概念我们不会在经验中形成与一个具体的对象的关系。只有具有了对象的概念，我们才可以在经验中依照某种规则来对对象进行比较、抽象等活动。总而言之，这种先验对象的纯粹概念，就是一般来说能够在我们的一切经验性的概念中带来与一个对象的关系，即带来客观实在性的东西。或者说，是让统觉的先验统一成为一种客观统一的东西，以与主观统一区别开来。

那么对康德来说对象到底是什么？什么是对象的本质（对象的概念的统一性）呢？现在我们首先回顾一下康德提出的对象的概念的统一性这个问题对我们知识的必要性，然后再回答这个问题。对康德来说，对象成为对象，对象之所以能置于我们的面前，原因就在于我们自己的能力。“因为我们在我们的知识之外毕竟没有任何东西可以置于这个知识的对面与之相应的东西。”② 同时就知识与对象的关系而言，一个对象的概念是必需的。“我们的知识并不是以碰运气或随意的方式，而是以先天的方式被规定的，因为由于这些知识应当与某个对象发生关系，它们也就必须在与该对象的关系中，相互间必然地协调一致，也就是必须拥有那构成一个对象概念的统一性。”③ 这也就是说，为了“我”和对象之间的认识关系成为可能，我们必须事先就拥有一个关于对象的概念的统一性。对康德来说这个对象的概念的统一性是我们先天可能的，不可能来自经验和对象。据此，海德格尔认为这个对象的概念的统一性的获得，只有我们事先地与对象先天相遇中获得，这个对象的概念的统一性，本质上是一个先天可能的，事先给予的统一性视域。这也就是说，为了让我们和对象之间的关系成为可能，我们事先必须要具有一种纯粹的先天的关于对象的整体把握，我们事先要先天地与对象相遇。只有从这个相遇出发，我们才可以把对象领会为对象自身，从而对象对我们的认识具有规定作用——我们的认识才

---

① ［德］康德：《纯粹理性批判》，邓晓芒译，人民出版社2004年版，第121页。

② 同上书，第118页。

③ 同上。

总是朝向对象的；同时只有从这个相遇出发，我们事先给出的统一性视域才会在一种综合活动中起到规则的作用。

因此，海德格尔认为在康德哲学中“对象”的真正意思是：“‘对象’意味着那个与之相反的东西——与一种随意的、独立的、混乱的将表象结合在一起的方式相反。‘对象’意味着那个提供一个关于所有经验知识的事先的先天的规则的东西。这个将所有的经验规定都约束于一个作为规定本身的先天规则的先天约束（aprioribinding），本质上同时是对一些特殊规则的所有可能的经验知识的一种先天的统一。这样这些先天的综合规则用一个事先的统一性规定引导着所有的知识。同时这个统一性就是一般对象的概念，这个统一性防止任何随意性并事先规定着任何经验知识。”[①] 对象在此意味着对那些随意的、任意的、武断的、表象的连接方式的拒绝（resistance），同时也意味着约束，这个拒绝是主体给予自己的，是一种自我拒绝。但在海德格尔看来，这个约束和拒绝并不是来自一个外在的某物，而是来自我们主体自身。这个拒绝意味着一种自我的显示，“这个拒绝的能力在一种规则和约束中显示着自己”[②]。很显然这个自我拒绝是来自主体自己，是主体成为主体（主体性）的核心所在。

二

现在的问题是，这个对象的概念的统一性对康德先验哲学来说是如何可能的。很显然，在康德看来就是统觉（意识）提供的，“……对象使之成为必要的那种统一性就不可能是任何别的东西，而只是在对表象的、杂多的综合中的意识的形式统一性”[③]。由此可见，在康德看来，就单纯的与对象的关系而言，统觉必须要提供出一个“我思”表象（现象）来。康德提出统觉这个东西的目的，就是让一个主体的出现在他的哲学中成为可能。或者说，康德提出统觉的目的就是给他的哲学中提供出能形成和对象相对的主体这个东西。事实上，康德作为一个启蒙者，“主体的出现（显身）”，或者说“我（人）可以作为主体”这个事情也是他的初衷。

---

① Martin Heidegger, *Phenomenological Interpretation of Kant's Critique of Pure Reason*, Translated by Parvis Emad and Kenneth Maly, Bloomington: Indiana University Press, 1997, p. 250.

② Ibid., p. 249.

③ ［德］康德：《纯粹理性批判》，邓晓芒译，人民出版社2004年版，第118页。

这个对象的概念的统一性的获得是统觉能提供出“我思”表象的根本原因所在。在这个意义上我们把统觉所提供的统一性可以叫作综合的统一性。但问题是，凭什么康德把这个综合的统一性叫作源始的综合统一性。对这个问题，康德的答案是思维的自发性。但是我们发现，正如康德所说，这个自发性不是盲目的，而是有朝向的（不是以碰运气或随意的方式，而是以先天的方式被规定的——朝向对象的）。那么现在的问题就是，统觉凭什么可以提供这个事先的统一性视域，或者说这个事先的统一性视域的给予成为问题，同时是什么保证了这个事先给予的统一性的朝向（对象）。正是对这个问题的追问中，海德格尔触及了康德先验哲学中的时间与“我思”问题，并建立了两者之间的决定性联系，从而将康德的先验哲学动机与他的存在问题关联了起来。

在《纯粹理性批判》的主观演绎部分，康德在论述“概念中的认定的综合”时提到了统觉，并认为统觉是这个综合得以可能的先验条件。由此进路，我们可以说统觉便是主体性所在。但不论怎么说，统觉毕竟是一种意识，在意识与“我作为主体”这个事情之间的断裂仍然没有得到解决。就此而言，康德并没有对意识本身进行现象学的分析（胡塞尔在这个意义上是康德的继承者），没有揭示出我和对象之间的意识关联是一种原初关联。因为只有通过对意识本质的分析，我们才可以回答“我作为主体”这个事情。康德在此的主要问题是没有从主体性中发展出一个有限的主体来。海德格尔在此就是要从康德哲学的内在可能性出发来对康德的意识进行本质分析，从而来发现在康德哲学中意识的时间性本质。正如著名哲学家 SHEROVER 指出的：“演绎（指范畴的先验演绎）说明了我们概念地认识时间这个主题——也就是对时间的意识，对我们知识的可能性而言是内在的，时间不只是直观的，而是‘包括在我们所有原则中的时间性因素’，在这个演绎之下的真正主题是‘人类意识的这个本质的时间性’。”① 其实，在海德格尔看来，康德的时间不仅在于直观的形式，而在于一种任何先天行为的时间性本质。正是在此时间性基础上，作为经验条件的先验才是先天可能的。

“意识的形式统一性意味着一种关于一个统一性的意识知识，这个统

① Charles M. Sherover, *Heidegger*, *Kant & Time*, Bloomington: Indiana University Press, 1971, p. 69.

一性是那些可以提供出来的任何东西的先天规定。”① 这个意识的形式的统一性就是对统一性的意识知识，是对统一性的清楚明白和知晓，是对意识统一性的纯粹意识。先验统觉作为事先的统一性是一个事先的对统一性的知晓，它是一个事先的独立的统一性知识。只有根据于此，任何外在的某物都要事先调整和改变自己以成为我们可以表象的对象。所以说，事先给予的统一性能作为综合活动的形式的关键原因，就在于我们总是意识到这个统一性。因此，意识的形式的统一性无非是要表明我们事先必须具有一种纯粹的意识的统一性，同时这个具有统一性的意识可以作为关于对象经验的先验条件。同时，如前所述，康德提出的关于统觉的问题本质上是对根据先验主体性的构建来说的。也就是说，对象和知识之间的问题最终关联的是主体性的构建问题。如果我们意识不到意识总是我们自己的意识，那么意识也就不是我们自己的意识。只有这样，意识才是我们的意识。由此出发，意识作为本源的意识才会提供出一个主体来。在康德哲学中，主体作为主体是先天可能的，因为意识总是属于我们的意识。因此，统觉（对意识本身的意识）在此不是强加于意识之外的一个本源意识，而是就意识的本质来说的。

三

在这里就我们对意识的分析而言，虽然已经说明了一种本源意识的可能性，但这个本源意识并不能保证这个事先的统一性的“朝向”，不能保证这个统觉（意识）所提供的事先的统一性总是关于对象的概念的统一性。因此，在海德格尔看来，统觉（意识）事先所具有的统一性视域本质上是来自事先地关于对象的一种源始的统一性筹划。这个筹划的可能性就在于想象力的时间性本质。这一点，是海德格尔通过对“三重综合”的内在时间性制定来完成的。想象力构建了时间本身，同时想象力构建的时间本质上是作为“自我激动”的时间，想象力因此作为根本的能力。“相反，对综合的三个模式的内在时间性的制定将对如下事实形成最终的同时也是最有决定性的证据，那就是将先验想象力解释为其他两种能力的

① Martin Heidegger, *Phenomenological Interpretation of Kant's Critique of Pure Reason*, Translated by Parvis Emad and Kenneth Maly, Bloomington: Indiana University Press, 1997, p. 252.

根源不但是可能的，而且是必须的。”① 这个源始的统一性的筹划意味着主体必须出离自身以让我们能事先包围（encompass）并统一一个视域，因此一个统一性的视域才是可能的。“但是这个统一性视域的广泛包围（the wide-encompassing）正是它的事先被给予……这个统一性视域的广泛包围提供了一个先天的对自我的约束。”② 这也就是说，这个源始的统一性的可能性本身，其实就包含了一个出离自身的主体的必然性。“那么，作为首要活动的统一性，主体自己就是一个本质上能在出去中出现（e-merges）的东西，不是简单地将自己遗留。而正好是它的（从自己中的）出现，构建了这个能保证某物属于我的那种可能性的维度（dimension）。”③ 这也就是说，正是在这个源始的统一性（视域）的筹划的基础上，主体才能出离自身（对康德来说就是“主体的出现”）。同时，这个主体从它自己中的“出现”，“构建了这个保证了‘某物属于我’的那种可能性的维度”。

关于这个源始的统一性的筹划以及“主体的出现”，就先验哲学中的可能性而言，在海德格尔看来这是由先验哲学中意识的时间性本质决定的。即由于想象力的时间性本质（作为“自我激动”的时间），同时想象力作为根本的能力，“主体的出现”在康德先验哲学中才是可能的——来源于想象力的源始的统一性筹划，从根本上保证了主体的可能性。纯粹想象力作为对象不在场的一种纯粹活动能力，它保证了我和对象的事先地先天相遇的可能性，使对象的“在场”成为可能，从而回答了统觉具有的事先的统一性的“给予”问题。同时由于想象力的时间性本质，一种朝向对象的纯粹领会才是可能，使对象作为对象本身，从而回答了统觉具有的事先的统一性的“朝向”问题。也就是说，使对象的“在场成为可能”，从而一种由自我约束和自我拒绝而来的统觉（主体性）才是可能的。因此，海德格尔认为在康德的先验哲学中，意识的形式统一性本质上应该是综合性的、时间性的。“上面的论述（指康德对统觉与意识的论

---

① Martin Heidegger, *Kant and the Problem of Meta-physics*, Translated by Richard Taft, Bloomington: Indiana University Press, 1997, pp. 124-125.

② Martin Heidegger, *Phenomenological Interpretation of Kant's Critique of Pure Reason*, Translated by Parvis Emad and Kenneth Maly, Bloomington: Indiana University Press, 1997, p. 263.

③ Ibid., p. 264.

述）……想说的是意识的统一性，也就是统觉，本质上是综合的。统一性的视域……是一个综合的统一性视域，也就是一个先天地在综合中被奠基的统一性。”[①] 这也就是说，“在统觉的这个统一性中有这个三重综合的源始综合；也就是，意识的统一性本质上就是这样一个与时间相关的想象力综合的统一性”[②]。由此可见，统觉（意识）本质上应该是综合性的，时间性的。其实，在康德哲学中，不论是什么样的统一性，它们本质上都是综合性的、时间性的——统一性总是一种与对象有关的统一性。“我思”本质上就是时间性的。更何况，康德单凭一个纯粹意识意义上的统觉，是提供（发展）不出一个主体来——统觉只有具有时间性，它才可能提供出一个“我思”的主体形象来。主体性其实就是时间性，海德格尔正是从时间性（主体性）中，发展出康德先验哲学中的主体。由此，从康德先验哲学的内在可能性出发，海德格尔建立了康德先验哲学中时间与“我思”的决定性联系。

结语

由此可见，海德格尔之所以在康德先验哲学中来建立时间和“我思”的决定性联系，是就康德的先验哲学的内在可能性而言的。我们知道，包括黑格尔和尼采在内的哲学家对康德哲学的批判，主要就在于康德先验哲学中主体性的灰暗不明，并因此认为“康德思想中互不相关的术语之间竟然残存着不可思议的和谐”[③]。与此相关，“康德的先验原则是限定性的原则，却不是内在的起源性原则”[④]。海德格尔对时间的强调，就是为了说明康德并不是简单地通过一种演绎的方法来引出一个逻辑主体来，而是要说明在康德看来，作为一个能与物先天相遇的主体所必须具有的主体性。所以康德并没有简单地通过自我意识这个东西，提供出一个关于我们的主体形象来，而是“让物的出场”作为主体性的决定性事件。时间的秘密就是让物本身出场，让物的在场成为可能。与“物的在场”的思想

① Martin Heidegger, *Phenomenological Interpretation of Kant's Critique of Pure Reason*, Translated by Parvis Emad and Kenneth Maly, Bloomington: Indiana University Press, 1997, p. 278.

② Ibid., p. 277.

③ ［法］吉尔·德勒兹：《尼采与哲学》，周颖、刘玉宇译，社会科学文献出版社 2001 年版，第 77 页。

④ 同上书，第 133 页。

事件相对应的是“我”作为一个具有自我性的主体的出现——这个主体能把自己在与物的共在中维持为一个主体（在场在场着）。这是先验的决定性原则，也是先验与主体自我的内在存在论关联所在。所以说，没有时间，没有想象力，康德是不会提供出一个主体的形象来，而且这个主体也不会具有一种和对象境域关联的能力（图型）。因此，海德格尔建立时间和“我思”的决定性联系，其实是让康德的先验哲学赢得了一个起源，使康德的先验原则成为一种内在的起源性原则；使康德的先验原则不只是一种方法论原则，同时也是一种存在论的起源性原则。但不可否认的事实是，这一点同时也表现为海德格尔将胡塞尔的先验主体性向康德先验哲学的植入。可不论怎样，思想离不开伟大的思者，康德使那些值得思的东西保持在了思想家的视野中。其实，正是康德和海德格尔一起构造了思想的地形。

参考文献

一　中文文献

［德］埃德蒙德·胡塞尔:《逻辑研究》（第一卷），埃尔玛·霍伦斯坦编，倪梁康译，上海译文出版社 2006 年版。

［德］埃德蒙德·胡塞尔:《逻辑研究》（第二卷　第一部分），埃尔玛·霍伦斯坦编，倪梁康译，上海译文出版社 2006 年版。

［德］埃德蒙德·胡塞尔:《逻辑研究》（第二卷　第二部分），埃尔玛·霍伦斯坦编，倪梁康译，上海译文出版社 2006 年版。

［德］奥伊根·芬克:《对胡塞尔现象学还原的反思》，倪梁康等编著《中国现象学与哲学评论》（第二辑），靳希平译，上海译文出版社 1998 年版。

［德］比梅尔:《海德格尔》，刘鑫、刘英译，商务印书馆 1996 年版。

［德］恩斯特·贝勒尔:《尼采、海德格尔与德里达》，李朝晖译，社会科学文献出版社 2001 年版。

［德］F. W. v. 赫尔曼:《海德格尔与胡塞尔的现象学概念》，倪梁康等编著《中国现象学与哲学评论》（第四辑），上海译文出版社 2001 年版。

［德］贡特·奈斯克、埃米尔·克特琳编著:《回答——海德格尔说话了》，陈春文译，江苏教育出版社 2005 年版。

［德］海德格尔:《形式显示的现象学》，孙周兴编译，同济大学出版社 2004 年版。

［德］海德格尔:《人，诗意地安居》，郜元宝译，上海远东出版社 2004 年版。

［德］海德格尔/卡西尔:《卡西尔与海德格尔的达沃斯论辩》，辛启悟译，倪梁康等编著《中国现象学与哲学评论》（第五辑），上海译文出

版社 2003 年版。

［德］海德格尔：《存在与时间》，陈嘉映、王庆节译，生活·读书·新知三联书店 1999 年版。

［德］海德格尔：《路标》，孙周兴译，商务印书馆 2001 年版。

［德］海德格尔：《林中路》，孙周兴译，上海译文出版社 1997 年版。

［德］海德格尔：《尼采》（上），孙周兴译，商务印书馆 2002 年版。

［德］海德格尔：《尼采》（下），孙周兴译，商务印书馆 2002 年版。

［德］海德格尔：《海德格尔选集》（上），孙周兴译，上海三联书店 1996 年版。

［德］海德格尔：《海德格尔选集》（下），孙周兴译，上海三联书店 1996 年版。

［德］海德格尔：《海德格尔诗学》，冯尚译，上海译文出版社 2005 年版。

［德］海德格尔：《演讲与论文集》，孙周兴译，生活·读书·新知三联书店 2005 年版。

［德］海德格尔：《存在与在》，王作虹译，民族出版社 2005 年版。

［德］海德格尔：《在通向语言的途中》，孙周兴译，商务印书馆 2004 年版。

［德］海德格尔：《对亚里士多德的现象学阐释》，倪梁康译，倪梁康等编著《中国现象学与哲学评论》（第五辑），上海译文出版社 2003 年版。

［德］海德格尔：《面向思的事情》，陈小文、孙周兴译，商务印书馆 2002 年版。

［德］汉斯-格奥尔格·伽达默尔：《哲学生涯》，陈春文译，商务印书馆 2003 年版。

［德］汉斯-格奥尔格·伽达默尔：《哲学解释学》，夏镇平、宋建平译，上海译文出版社 2004 年版。

［德］吉尔·德勒兹：《康德与柏格森解读》，张宇凌、关群德译，社会科学文献出版社 2002 年版。

［德］康德：《任何一种能够作为科学出现的未来形而上学导论》，庞景仁译，商务印书馆 1997 年版。

［德］康德：《纯粹理性批判》，邓晓芒译，人民出版社 2004 年版。

[德] 康德:《实践理性批判》,邓晓芒译,人民出版社 2003 年版。

[德] 康德:《判断力批判》,邓晓芒译,人民出版社 2002 年版。

[德] 康德:《逻辑学讲义》,许景行译,商务印书馆 1991 年版。

[德] 康德:《论神义中一切哲学尝试的失败》,刘小枫、陈少明主编:《康德与启蒙》,华夏出版社 2004 年版。

[德] 康德:《纯粹理性批判》,李秋零译,中国人民大学出版社 2004 年版。

[德] 康德:《纯粹理性批判》,沈叔平译,商务印书馆 1991 年版。

[德] 康德:《道德形而上学原理》,苗力田译,上海人民出版社 1986 年版。

[德] 利茨玛:《康德、维阑与哲学的启蒙》,莫光华译,刘小枫、陈少明主编《康德与启蒙》,华夏出版社 2004 年版。

[德] 里夏德·克朗纳:《论康德与黑格尔》,关子尹译,同济大学出版社 2004 年版。

[德] 吕迪格尔·萨弗兰斯基:《海德格尔传》,靳希平译,商务印书馆 1999 年版。

[德] 曼弗雷德·弗兰克:《个体的不可消逝性》,先刚译,华夏出版社 2001 年版。

[法] 吉尔·德勒兹:《尼采与哲学》,周颖、刘玉宇译,社会科学文献出版社 2001 年版。

[法] 科耶夫:《康德的先验方法论》,刘小枫、陈少明主编《康德与启蒙》,华夏出版社 2004 年版。

[法] 勒维纳斯:《上帝·死亡和时间》,余中先译,生活·读书·新知三联书店 1997 年版。

[法] 米歇尔·福柯:《主体解释学》,佘碧平译,上海人民出版社 2005 年版。

[法] 雅克·德里达:《论文字学》,汪家堂译,上海译文出版社 1999 年版。

[法] 雅克·德里达:《声音与现象》,杜小真译,商务印书馆 1999 年版。

[荷] 泰奥多·德布尔:《胡塞尔思想的发展》,李河译,生活·读书·新知三联书店 1995 年版。

［美］帕特里夏·奥坦伯德·约翰逊：《海德格尔》，张祥龙等译，中华书局 2002 年版。

［美］施皮格伯格：《现象学运动》，王炳文、张金言译，商务印书馆 1995 年版。

［美］约瑟夫·科克尔曼斯：《海德格尔的〈存在与时间〉》，陈小文等译，商务印书馆 2003 年版。

［英］维特根斯坦：《维特根斯坦与维也纳学派》，徐为民译，同济大学出版社 2004 年版。

陈春文：《栖居在思想的密林中——哲学寻思录》，兰州大学出版社 1999 年版。

陈春文：《论海德格尔的思想坐标》，倪梁康等编著《中国现象学与哲学评论》（第五辑），上海译文出版社 2003 年版。

陈嘉明：《建构与范导——康德哲学的方法论》，社会科学文献出版社 1992 年版。

陈嘉明：《现代性与后现代性十五讲》，北京大学出版社 2006 年版。

陈嘉明：《知识与确证——当代知识论引论》，上海人民出版社 2003 年版。

邓晓芒：《康德哲学讲演录》，广西师范大学出版社 2005 年版。

高宣扬：《利科的反思诠释学》，同济大学出版社 2004 年版。

关子尹：《康德与现象学传统——有关主体性哲学的一点思考》，倪梁康等编著《中国现象学与哲学评论》（第四辑），上海译文出版社 2001 年版。

黄裕生：《真理与自由——康德哲学的存在论阐释》，江苏人民出版社 2002 年版。

靳希平：《海德格尔的康德解读初探．德意志思想评论》（第一卷），同济大学出版社 2003 年版。

靳希平：《海德格尔早期思想研究》，上海人民出版社 1995 年版。

柯小刚：《海德格尔与黑格尔时间思想比较研究》，同济大学出版社 2004 年版。

刘小枫主编：《海德格尔与有限性思想》，孙周兴译，华夏出版社 2002 年版。

倪梁康：《现象学及其效应——胡塞尔与当代德国哲学》，生活·读书·新知三联书店 1994 年版。

倪梁康:《现象学的始基——对胡塞尔〈逻辑研究〉的理解与思考》,广州人民出版社 2004 年版。

倪梁康:《自识与反思——近代西方哲学的基本问题》,商务印书馆 2002 年版。

倪梁康:《胡塞尔现象学概念通释》,生活·读书·新知三联书店 2000 年版。

倪梁康:《胡塞尔与海德格尔的存在问题》,倪梁康等编著《中国现象学与哲学评论》(第三辑),上海译文出版社 2001 年版。

彭富春:《无之无化——论海德格尔思想道路的核心问题》,上海三联书店 2000 年版。

彭富春:《评西方海德格尔研究》,倪梁康等编著《中国现象学与哲学评论》(第四辑),上海译文出版社 2001 年版。

孙周兴:《说不可说之神秘——海德格尔后期思想研究》,上海三联书店 1994 年版。

王庆节:《解释学、海德格尔与儒道今释》,中国人民大学出版社 2004 年版。

王恒:《时间性:自身与他者》,江苏人民出版社 2006 年版。

俞吾金:《从康德到马克思》,广西师范大学出版社 2004 年版。

张汝伦:《西方哲学十五讲》,北京大学出版社 2004 年版。

张祥龙:《海德格尔传》,河北人民出版社 1998 年版。

张祥龙:《海德格尔传》,商务印书馆 2007 年版。

张祥龙:《海德格尔思想与中国天道——终极视域的开启与交融》,生活·读书·新知三联书店 1996 年版。

张祥龙:《朝向事情本身》,团结出版社 2003 年版。

张祥龙:《当代西方哲学笔记》,北京大学出版社 2004 年版。

朱刚:《本原与延异——德里达对本原形而上学的解构》,上海人民出版社 2006 年版。

二 外文文献

Baltimore, Maryland, *Expanses of Thought: Interpretations of Space from Kant to Heidegger*, Ann Arbor: U.M.I, 2003.

Brian Elliott, *Phenomenology and Imagination in Husserl and Heidegger*, London and New York: Routledge, 2005.

Caitlin L.Dempsey, *The Relevance of Philosophy: Heidegger's problem with Kantian Metaphysics*, Ann Arbor: U.M.I, 2003.

Carol J.White, *Time and Death: Heidegger's Analysis of Finitude*, Aldershot: Ashgate, 2005.

Charles M.Sherover, *Heidegger, Kant & Time*, Bloomington: Indiana University Press, 1971.

Charles M. Sherover, *Time, Freedom and The Common Good*, Albany: State University of New York Press, 1989.

Charles M.Sherover, *From Kant and Royce to Heidegger*, Washington D. C.: The Catholic University of America Press, 2003.

David Wood, *Thing after Heidegger*, Malden: Polity Press, 2002.

Dennis Arnold Lynch, *The form of Time: Cassirer, Heidegger, and the Interpretation of Kant*, Ann Arbor: U.M.I, 1986.

Dominique Janicaud and Jean - Francois Mattéi, *Heidegger from Metaphysics to Thought*, Translated by Michael Gendre, Albany: State University of New York Press, 1995.

Einar Overenget, *Seeing the Self: Heidegger on Subjectivity*, Boston: Kluwer Academic Publishers, 1998.

Frank Schalow, *The Renewal of The Heidegger-Kant Dialogue*, Albany: State University of New York Press, 1992.

Franck Schalow, Imagination and Existence, Lanham: University Press of America, 1986.

Gary Banham, *Kant's Transcedental Imagination*, New York: PALGRAVE MACMILLAN, 2006.

Graham Harman, *Tool-Being: Heidegger and the Metaphysics of Objects*, Peru: Open Court, 2002.

Hans-Georg Gadamer, *Heidegger's Ways*, Translated by John W.Stanley, Albany: State University of New York Press, 1994.

Heribert Boeder, *Heidegger and the Limit of Modernity*, Translated by Marcus Brainard, Albany: State University of New York Press, 1997.

Jacques Derrida, *of Spirit: Heidegger and the Question*, Translated by Geoffrez Bennington and Rachel Bowlby, Chicago: The University of Chicago Press, 1989.

John Llewelyn, *Beyond Metaphysics*? New Jersey: M, 1988.

John Sallis, Force of Imagination, Bloomington: Indiana University Press, 2000.

John Sallis, *Echoes: After Heidegger*, Bloomington: Indiana University Press, 1990.

Kant, *Critique of pure Reason*, Translated by Paul Guyer and Allen W. wood, New York: Cambridge University Press, 1997.

Kant, *Kritik der Reinen Vernunft*, Hamburg: FELIX MEINER, 1956.

Kant, *The Critique of Judgement*, Translated by James Creed Meredith, Oxford: Oxford University Press, 1952.

Kant, *Practical Philosophy*, Translated and Edited by Mary J. Gregor, New York: Cambridge University Press, 1996.

Martin Heidegger, *The Essence of Human Freedom*, Translated by Ted Salder, New York: Continuum, 2005.

Martin Heidegger, *Vom Wesen der Menschlichen Freiheit*, Frankfurt am Main: Vittorio Klostermann, 1982.

Martin Heidegger, *The Basic Problems of Phenomenology*, Translated by Albert Hofstadter, Bloomington: Indiana University Press, 1982.

Martin Heidegger, *Die Frage Nach dem Ding*, TÜBINGEN: Max Niemeyer, 1975.

Martin Heidegger, *Logik: Der Frage Nach der Wahrheit*, ed. Walter Bieme, Frankfurt am Main: Vittorio Klostermann, 1976.

Martin Heidegger, *Die Grundprobleme der Phänomenologie*, Frankfurt am Main: Vittorio Klostermann, 1975.

Martin Heidegger, *Kant and the Problem of Metaphysics*, Translated by Richard Taft, Bloomington: Indiana University Press, 1990.

Martin Heidegger, *Kant und das Problem der Metaphysik*, Frankfurt am Main: Vittorio Klostermann, 1991.

Martin Heidegger, *Davos Disputation Between Ernst Cassirer and Martin*

Heidegger,.Kant and the problem of Metaphysics, Translated by Richard Taft. Bloomington: Indiana University Press, 1990.

Martin Heidegger, *Phenomenological Interpretation of Kant's Critique of Pure Reason*, Translated by Parvis Emad and Kenneth Maly, Bloomington: Indiana University Press, 1997.

Martin Heidegger, *Phänomenologische Interpretation von Kants Kritik der reinen Vernunft*, Frankfurt am Main: Vittorio Klostermann, 1977.

Martin Heidegger, *What is a Thing?* Translated by W. B. Barton, South Bend: Regnery /Gateway, 1967.

Martin Heidegger, The fundamental concepts of metaphysics: World, Finitude, Solitude, Translated by William McNeil and Nicholas Walker, Bloomington: Indiana University Press, 1995.

Martin Heidegger, *Being and Time*, Translated by John Macquarrie and Edward Robinson, New York: Harper & Row, 1962.

Martin Heidegger, Sein und Zeit, Tuebingen: Max Niemeyer Verlag, 2001.

Martin Heidegger, *The Concept of Time*, Translated by William McNeil, Oxford: Blackwell, 1992.

Martin Weatherston, *Heidegger's Interpretation of Kant*, New York: PALGRAVE MACMILLAN, 2002.

Niels Ole Bernsen, *Heidegger's Theory of Intentionality*, Translated by Hanne VØhtz, Pjentedamsgade: Odense University Press, 1986.

Otto Pöggeler, *Martin Heidegger's Path of Thinking*, Translated by Daniel Magurshak and Sigmund Barber, Atlantic Highlands: Humanities Press International, 1987.

Paola Marrati, *Genesis and Trace: Derrida Reading Husserl and Heidegger*, Stanford: Stanford University Press, 2005.

Philip Rothfield, *Kant after Derrida*, Manchester: Clinamen Press, 2003.

R. Kevin Hill, *Nietzsche's Critiques - The Kantian Foindations of His Thought*, Oxford: Oxford University Press, 2003.

Ronald.Morrison, "Kant, Husserl, and Heidegger on time and the Unity of 'consciousness'," Philosophy and Phenomenological Research, Vol. 39, No.2, December.1978.

Ronald Philip Morrison, *Man and The World*: *Heidegger and His Interpretation of Kant*, Ann Arbor: U.M.I, 1975.

Thomas M.Seebohm, *Kant and Phenomenology*, Washington, D.C.: University Press of America, 1984.